Business Model nouvelle génération

L'édition originale de cet ouvrage a été publiée aux États-Unis par John Wiley & Sons, Inc., sous le titre *Business Model Generation. A Handbook for Visionaries, Game Changers, and Challengers*.

Copyright © 2010 by Alexander Osterwalder and Yves Pigneur.

© 2011, Pearson Education France, Paris, pour l'édition française
Aucune représentation ou reproduction, même partielle, autre que celles prévues à l'article L. 122-5 2° et 3° a) du Code de la propriété intellectuelle ne peut être faite sans l'autorisation expresse de Pearson Education France ou, le cas échéant, sans le respect des modalités prévues à l'article L. 122-10 dudit code.
ISBN : 978-2-7440-6487-6

Business Model nouvelle génération

Un guide pour visionnaires, révolutionnaires et challengers

Écrit par
Alexander Osterwalder et Yves Pigneur

En collaboration avec
une équipe de 470 praticiens de 45 pays

Conception graphique
Alan Smith, The Movement

Traduit de l'américain par
Emily Borgeaud

PEARSON

En collaboration avec :

Ellen Di Resta
Michael Anton Dila
Remko Vochteloo
Victor Lombardi
Jeremy Hayes
Alf Rehn
Jeff De Cagna
Andrea Mason
Jan Ondrus
Simon Evenblij
Chris Walters
Caspar van Rijnbach
benmlih
Rodrigo Miranda
Saul Kaplan
Lars Geisel
Simon Scott
Dimitri Lévita
Johan ffñrneblad
Craig Sadler
Praveen Singh
Livia Labate
Kristian Salvesen
Daniel Egger
Diogo Carmo
Marcel Ott
Guilhem Bertholet
Thibault Estier
Stephane Rey
Chris Peasner
Jonathan Lin
Cesar Picos
Florian
Armando Maldonado
Eduardo Míguez
Anouar Hamidouche
Francisco Perez
Nicky Smyth
Bob Dunn
Carlo Arioli
Matthew Milan
Ralf Beuker
Sander Smit
Norbert Herman
Atanas Zaprianov
Linus Malmberg
Deborah Mills-Scofield
Peter Knol
Jess McMullin
Marianela Ledezma
Ray Guyot
Martin Andres Giorgetti
Geert van Vlijmen
Rasmus Rønholt
Tim Clark
Richard Bell
Erwin Blom
Frédéric Sidler
John LM Kiggundu
Robert Elm
Ziv Baida
Andra Larin-van der Pijl
Eirik V Johnsen
Boris Fritscher
Mike Lachapelle
Albert Meige
Pablo M. Ramírez
Jean-Loup
Colin Pons
Vacherand
Guillermo Jose Aguilar
Adriel Haeni
Lukas Prochazka
Kim Korn
Abdullah Nadeem
Rory O'Connor
Hubert de Candé
Frans Wittenberg
Jonas Lindelöf
Gordon Gray
Karen Hembrough
Ronald Pilot
Yves Claude Aubert
Wim Saly
Woutergort
Fanco Ivan Santos Negrelli
Amee Shah
Lars Mårtensson
Kevin Donaldson
JD Stein
Ralf de Graaf
Lars Norrman
Sergey Trikhachev
Thomas
Alfred Herman
Bert Spangenberg
Robert van Kooten
Hans Suter
Wolf Schumacher
Bill Welter
Michele Leidi
Asim J. Ranjha
Peter Troxler
Ola Dagberg
Wouter van der Burg
Artur Schmidt
Slabber
Peter Jones
Sebastian Ullrich
Andrew Pope
Fredrik Eliasson
Bruce MacVarish
Göran Hagert
Markus Gander
Marc Castricum
Nicholas K. Niemann
Christian Labezin
Claudio D'Ipolitto
Aurel Hosennen
Adrian Zaugg
Frank Camille Lagerveld
Andres Alcalde
Alvaro Villalobos M
Bernard Racine
Pekka Matilainen
Bas van Oosterhout
Gillian Hunt
Bart Boone
Michael Moriarty
Mike
Design for Innovation
Tom Corcoran
Ari Wurmann
Antonio Robert
Wibe van der Pol
Paola Valeri
Michael Sommers
Nicolas Fleury
Gert Steens
Jose Sebastian Palazuelos
Lopez
jorge zavala
Harry Heijligers
Armand Dickey
Jason King
Kjartan Mjoesund
Louis Rosenfeld
Ivo Georgiev
Donald Chapin
Annie Shum
Valentin Crettaz
Dave Crowther
Chris J Davis
Frank Della Rosa
Christian Schüller
Luis Eduardo de Carvalho
Patrik Ekström
Greg Krauska
Giorgio Casoni
Stef Silvis
Peter Froberg
Lino Piani
Eric Jackson
Indrajit Datta Chaudhuri
Martin Fanghanel
Michael Sandfær
Niall Casey
John McGuire
Vivian Vendeirinho
Martèl Bakker Schut
Stefano Mastrogiacoo
Mark Hickman
Dibrov
Reinhold König
Marcel Jaeggi
John O'Connell
Javier Ibarra
Lytton He
Marije Sluis
David Edwards
Martin Kuplens-Ewart
Jay Goldman
Isckia
Nabil Harfoush
Yannick
Raoef Hussainali
Ronald van den Hoff
Melbert Visscher
Manfred Fischer
Joe Chao
Carlos Meca
Mario Morales
Paul Johannesson
Rob Griffitts
Marc-Antoine Garrigue
Wassili Bertoen
Bart Pieper
Bruce E. Terry
Michael N. Wilkens
Himikel -TrebeA
Jeroen de Jong
Gertjan Verstoep
Steven Devijver
Jana Thiel
Walter Brand
Stephan Ziegenhorn
Frank Meeuwsen
Colin Henderson
Danilo Tic
Marco Raaijmakers
Marc Sniukas
Khaled Algasem
Jan Pelttari
Yves Sinner
Michael Kinder
Vince Kuraitis
Teofilo Asuan Santiago IV
Ray Lai
Brainstorm Weekly
Huub Raemakers
Peter Salmon
Philippe
Khawaja M.
Jille Sol
Renninger, Wolfgang
Daniel Pandza
Robin Uchida
Pius Bienz
Ivan Torreblanca
Berry Vetjens
David Crow
Helge Hannisdal
Maria Droujkova
Leonard Belanger
Fernando Saenz-Marrero
Susan Foley
Vesela Koleva
Martijn
Eugen Rodel
Edward Giesen

Marc Faltheim
Nicolas De Santis
Antoine Perruchoud
Bernd Nurnberger
Patrick van Abbema
Terje Sand
Leandro Jesus
Karen Davis
Tim Turmelle
Anders Sundelin
Renata Phillippi
Martin Kaczynski
Frank
Bala Vaddi
Andrew Jenkins
Dariush Ghatan
Marcus Ambrosch
Jens Hoffmann
Steve Thomson
Eduardo M Morgado
Rafal Dudkowski
António Lucena de Faria
Knut Petter Nor
Ventenat Vincent
Peter Eckrich
Shridhar Lolla
ens Larsson
David Sibbet
Mihail Krikunov
Edwin Kruis
Roberto Ortelli
Shana Ferrigan Bourcier
Jeffrey Murphy
Lonnie Sanders III
Arnold Wytenburg
David Hughes
Paul Ferguson
Frontier Service Design, LLC
Peter Noteboom

Ricardo Dorado
John Smith
Rod
Eddie
Jeffrey Huang
Terrance Moore
nse_55
Leif-Arne Bakker
Edler Herbert
Björn Kijl
Chris Finlay
Philippe Rousselot
Rob Schokker
Wouter Verwer
Jan Schmiedgen
Ugo Merkli
Jelle
Dave Gray
Rick le Roy
Ravila White
David G Luna Arellano
Joyce Hostyn
Thorwald Westmaas
Jason Theodor
Sandra Pickering
Trond M Fflòvstegaard
Jeaninne Horowitz Gassol
Lukas Feuerstein
Nathalie Magniez
Giorgio Pauletto
Martijn Pater
Gerardo Pagalday Eraña
Haider Raza
Ajay Ailawadhi
Adriana Ieraci
Daniël Giesen
Erik Dejonghe
Tom Winstanley
Heiner P. Kaufmann
Edwin Lee Ming Jin

Stephan Linnenbank
Liliana
Jose Fernando Quintana
Reinhard Prügl
Brian Moore
Gabi
Marko Seppänen
Erwin Fielt
Olivier Glassey
Francisco Conde Fernández
Valérie Chanal
Anne McCrossan
Larsen
Fred Collopy
Jana Görs
Patrick Foran
Edward Osborn
Greger Hagström
Alberto Saavedra
Remco de Kramer
Lillian Thompson
Howard Brown
Emil Ansarov
Frank Elbers
Horacio Alvaro Viana
Markus Schroll
Hylke Zeijlstra
Cheenu Srinivasan
Cyril Durand
Jamil Aslam
Oliver Buecken
John Wesner Price
Axel Friese
Gudmundur Kristjansson
Rita Shor
Jesus Villar
Espen Figenschou-Skotterud
James Clark

Jose Alfonso Lopez
Eric Schreurs
Donielle Buie
Adilson Chicória
Asanka Warusevitane
Jacob Ravn
Hampus Jakobsson
Adriaan Kik
Julián Domínguez Laperal
Marco W J Derksen
Dr. Karsten Willrodt
Patrick Feiner
Dave Cutherell Di Prisco
Darlene Goetzman
Mohan Nadarajah
Fabrice Delaye
Sunil Malhotra
Jasper Bouwsma
Ouke Arts
Alexander Troitzsch
Brett Patching
Clifford Thompson
Jorgen Dahlberg
Christoph Mühlethaler
Ernest Buise
Alfonso Mireles
Richard Zandink
Fraunhofer IAO
Tor Rolfsen Grønsund
David M. Weiss
Kim Peiter Jørgensen
Stephanie Diamond
Stefan Olsson
Anders Stølan
Edward Koops
Prasert Thawat-chokethawee
Pablo Azar
Melissa Withers

Edwin Beumer
Dax Denneboom
Mohammed Mushtaq
Gaurav Bhalla
Silvia Adelhelm
Heather McGowan
Phil Sang Yim
Noel Barry
Vishwanath Edavayyanamath
Rob Manson
Rafael Figueiredo
Jeroen Mulder
Emilio De Giacomo
Franco Gasperoni
Michael Weiss
Francisco Andrade
Arturo Herrera Sapunar
Vincent de Jong
Kees Groeneveld
Henk Bohlander
Sushil Chatterji
Tim Parsey
Georg E. A. Stampfl
Markus Kreutzer
Iwan Schneider
Michael Schuster
Ingrid Beck
Antti Äkräs
EHJ Peet
Ronald Poulton
Ralf Weidenhammer
Craig Rispin
Nella van Heuven
Ravi Sodhi
Dick Rempt
Rolf Mehnert
Luis Stabile
Enterprise Consulting
Aline Frankfort

Manuel Toscano
John Sutherland
Remo Knops
Juan Marquez
Chris Hopf
Marc Faeh
Urquhart Wood
Lise Tormod
Curtis L. Sippel
Abdul Razak Manaf
George B. Steltman
Karl Burrow
Mark McKeever
Linda Bryant
Jeroen Hinfelaar
Dan Keldsen
Damien
Roger A. Shepherd
Morten Povlsen
Lars Zahl
Elin Mørch Langlo
Xuemei Tian
Harry Verwayen
Riccardo Bonazzi
André Johansen
Colin Bush
Alexander Korbee
J Bartels
Steven Ritchey
Clark Golestani
Leslie Cohen
Amanda Smith
Benjamin De Pauw
Andre Macieira
Wiebe de Jager
Raym Crow
Mark Evans DM
Susan Schaper

Vous avez une âme d'entrepreneur ?

oui ________ non ________

Vous voulez créer de la valeur et développer de nouveaux marchés, améliorer et transformer votre organisation ?

oui ________ non ________

Les pratiques et méthodes d'hier vous semblent dépassées ?

oui ________ non ________

Si vous avez répondu « oui » à l'une de ces questions, bienvenue parmi nous !

Vous tenez entre les mains un guide pour visionnaires, révolutionnaires et challengers impatients de défier les modèles économiques dépassés et de concevoir les entreprises de demain. Un livre pour la *Business Model nouvelle génération*.

Un vent d'innovation et de renouveau souffle sur les *business models*. Les secteurs d'activité d'hier s'effondrent, d'autres voient le jour. D'ambitieux nouveaux entrants défient les acteurs traditionnels – dont certains se battent pour rester dans la course.

À quoi ressemblera le modèle économique de votre entreprise dans deux, cinq ou dix ans ? Ferez-vous partie des acteurs qui mènent le jeu ? Des concurrents brandissant de nouveaux modèles redoutables se dresseront-ils sur votre chemin ?

Ce livre vous ouvre les portes des modèles économiques – des plus traditionnels aux plus révolutionnaires. Vous y découvrirez leur logique et leurs méthodes d'innovation, mais aussi comment positionner votre modèle dans un environnement très concurrentiel et piloter sa refonte dans votre organisation.

Comme vous l'avez sûrement remarqué, cet ouvrage ne ressemble pas aux livres habituels de stratégie et de management. Il vous dira l'essentiel, dans un format visuel, rapide et facile à consulter. Vous y trouverez beaucoup d'images et de dessins, ainsi qu'une sélection d'exercices et de scénarios d'ateliers immédiatement utilisables. Au lieu d'écrire un ouvrage traditionnel sur les modèles économiques innovants, nous avons choisi de créer un guide à l'intention des visionnaires, des révolutionnaires et de tous ceux qui ont envie de concevoir ou de réinventer des modèles économiques. Et nous avons voulu qu'il soit beau afin de rendre sa lecture encore plus agréable. Nous espérons que vous aurez autant de plaisir à le lire que nous en avons eu à l'imaginer et à le réaliser.

Une communauté en ligne accompagne ce livre (et a participé à sa création, comme vous le découvrirez plus tard). L'innovation appliquée aux modèles économiques étant un domaine en pleine évolution, vous aurez peut-être envie d'aller plus loin et de découvrir de nouveaux outils en ligne. N'hésitez pas à rejoindre la communauté mondiale de professionnels et de chercheurs qui a créé ce livre avec nous. Sur notre plate-forme, vous pouvez participer à des discussions, apprendre des idées des autres et expérimenter les nouveaux outils fournis par les auteurs. Visitez le Business Model Hub sur www.BusinessModelGeneration.com/hub.

Les entrepreneurs n'ont certes pas attendu le XXIe siècle pour créer de nouveaux modèles économiques. Diners Club et la première carte de crédit en 1950 ; Xerox, pionnier de la location de photocopieurs et du système de paiement à la photocopie en 1959 ; et jusqu'à Gutenberg au XVe siècle : tous ont inventé des modèles innovants.

Mais jamais le phénomène n'a connu une telle ampleur, bouleversant le paysage économique. Pour les entrepreneurs, les dirigeants, les consultants et les universitaires, il est grand temps de prendre la mesure de cette évolution extraordinaire. C'est maintenant qu'il faut comprendre et répondre avec méthode aux défis de ce nouveau terrain privilégié de l'innovation.

Inventer des modèles économiques, c'est envisager de nouvelles façons de créer de la valeur, pour les entreprises, les clients et la société dans son ensemble. Remplacer des modèles obsolètes. Avec son iPod et son magasin en ligne iTunes.com, Apple a créé un modèle économique innovant qui a fait de la marque le leader du marché de la musique en ligne. En développant un modèle innovant basé sur la technologie « peer-to-peer », Skype a pu proposer aux consommateurs du monde entier des tarifs de communications internationales défiant toute concurrence et des appels gratuits. C'est aujourd'hui le plus grand opérateur mondial de communications voix. Grâce à la société d'auto-partage Zipcar, les citadins n'ont plus besoin d'être propriétaires de leur voiture : ils peuvent en louer une pour une heure ou une journée grâce à un système d'abonnement. Avec son *business model*, Zipcar a répondu à un besoin émergent des usagers et à la nécessité de réduire les émissions de CO_2. La Grameen Bank contribue à faire reculer la pauvreté grâce à un modèle novateur qui a permis aux plus démunis d'accéder au microcrédit.

Mais comment inventer, concevoir et déployer ces nouveaux modèles économiques ? Comment remettre en question et faire évoluer ceux qui sont devenus obsolètes ? Comment transformer des idées visionnaires en modèles économiques révolutionnaires défiant les acteurs traditionnels – ou leur donnant une nouvelle jeunesse ? L'ambition de *Business Model nouvelle génération* est de vous apporter des réponses.

Partant du principe qu'il vaut mieux faire que dire, nous avons adopté un nouveau modèle pour écrire ce livre. 470 membres du Business Model Innovation Hub ont nourri le manuscrit de cas, d'exemples et de commentaires critiques. Pour en savoir plus, rendez-vous au dernier chapitre.

Modèles économiques : les sept visages de l'innovation

Le dirigeant

Jean-Pierre Cuoni,
Président / EFG International

Focus : Implanter un nouveau *business model* dans un secteur ancien

Jean-Pierre est président d'EFG International, la banque privée au modèle économique le plus innovant de son secteur. C'est une transformation en profondeur des relations entre la banque, ses clients et les chargés de clientèle qui est à l'œuvre. Imaginer et déployer un *business model* innovant dans un secteur conservateur, aux acteurs en place depuis des décennies, est un art, un art qui a fait d'EFG International l'une des banques les plus dynamiques.

L'intrapreneur

Dagfinn Myhre,
Directeur de R&I Business Models / Telenor

Focus : Capitaliser sur les développements technologiques les plus récents grâce à des modèles économiques adaptés

Dagfinn dirige une unité dédiée aux modèles économiques chez Telenor, un des dix plus grands opérateurs de téléphonie au monde. Dans un secteur où l'innovation est vitale, il explore avec son équipe de nouveaux concepts d'activités et de nouveaux marchés, identifiant des modèles durables fondés sur les avancées technologiques les plus récentes.

L'entrepreneure

Marielle Sijgers,
Entrepreneure / CDEF Holding BV

Focus : Identifier les besoins non satisfaits des consommateurs et bâtir de nouveaux modèles économiques pour y répondre

Marielle est une entrepreneure à part entière. Avec son associé Ronald van den Hoff, elle fait souffler un vent nouveau sur le secteur des salons et des congrès grâce à des modèles économiques innovants. Guidé par les besoins non satisfaits des consommateurs, le tandem a inventé de nouveaux concepts, tel le service Seats2meet.com qui permet d'organiser à la volée des réunions dans des lieux hors du commun. Sijgers et van den Hoff jouent en permanence avec de nouvelles idées de modèles économiques et n'hésitent pas à créer des entreprises pour lancer les concepts les plus prometteurs.

L'investisseur

Gert Steens,
Président et analyste / Oblonski BV

Focus : Investir dans les entreprises aux modèles économiques les plus compétitifs

Gert gagne sa vie en identifiant les meilleurs *business models*. Il y va de sa réputation. Investir dans la mauvaise entreprise, au mauvais modèle économique, peut coûter des millions d'euros à ses clients. Repérer et décortiquer les modèles innovants est désormais une dimension essentielle du travail de Gert. Sans renoncer aux outils traditionnels de l'analyse financière, il traque les différences stratégiques susceptibles de conférer un avantage concurrentiel.

Le consultant

Bas van Oosterhout,
Consultant senior / Capgemini Consulting

Focus : Aider les clients à remettre en question leurs modèles économiques et à en concevoir de nouveaux

Bas fait partie de l'équipe Business Innovation de Capgemini. Il travaille main dans la main avec ses clients, et se passionne pour l'amélioration des performances et de la compétitivité grâce à l'innovation. Bas accompagne ses clients dans le déploiement de nouveaux modèles économiques, de la génération d'idées à leur mise en œuvre. Sa connaissance des *business models* les plus puissants, tous secteurs confondus, constitue un atout majeur.

La designer

Trish Papadakos,
Propriétaire / The Institute of You

Focus : Trouver le bon modèle économique pour lancer un produit innovant

Trish est une jeune créatrice de talent, particulièrement douée pour capturer l'essence d'une idée et la tisser dans la communication du client. Elle travaille actuellement sur son propre concept, un service d'accompagnement des personnes en phase de reconversion ou de changement de carrière. Après des semaines de recherches, elle vient de passer au stade de la conception. Elle sait que pour lancer son concept sur le marché, elle va devoir trouver le bon modèle économique. Experte de la relation client de par son métier de designer, elle manque en revanche d'une formation en gestion et va donc devoir acquérir le vocabulaire et les outils nécessaires.

L'entrepreneur responsable

Iqbal Quadir,
Entrepreneur responsable / Fondateur de Grameen Phone

Focus : Susciter des changements économiques et sociaux positifs grâce à des modèles économiques innovants

Iqbal recherche en permanence des *business models* novateurs susceptibles d'avoir un fort impact social. Grâce à son modèle économique innovant, qui repose sur l'utilisation du réseau de microcrédit de la Grameen Bank, plus de 100 millions de Bangladais ont accès à des services de téléphonie. Prochaine étape ? Développer un modèle permettant d'apporter l'électricité aux plus démunis, à des prix abordables. Directeur du Legatum Center du MIT (Massachusetts Institute of Technology), il promeut la technologie et la création d'entreprises innovantes comme voie de développement économique et social.

Table des matières

Ce livre est divisé en cinq parties : ❶ La matrice du modèle économique, un outil pour la description, l'analyse et la conception de modèles économiques ; ❷ Une typologie des modèles économiques, fondée sur les concepts des plus grands penseurs du monde de l'entreprise ; ❸ Des techniques pour vous aider à concevoir des modèles économiques ; ❹ Une réinterprétation de la stratégie à l'aune du modèle économique et ❺ Un processus générique pour vous aider à concevoir des *business models* innovants, exploitant tous les concepts, techniques et outils proposés dans le livre. Avant de conclure, nous proposons cinq problématiques à explorer pour l'avenir. Enfin, l'épilogue lève le voile sur les coulisses de la création du livre.

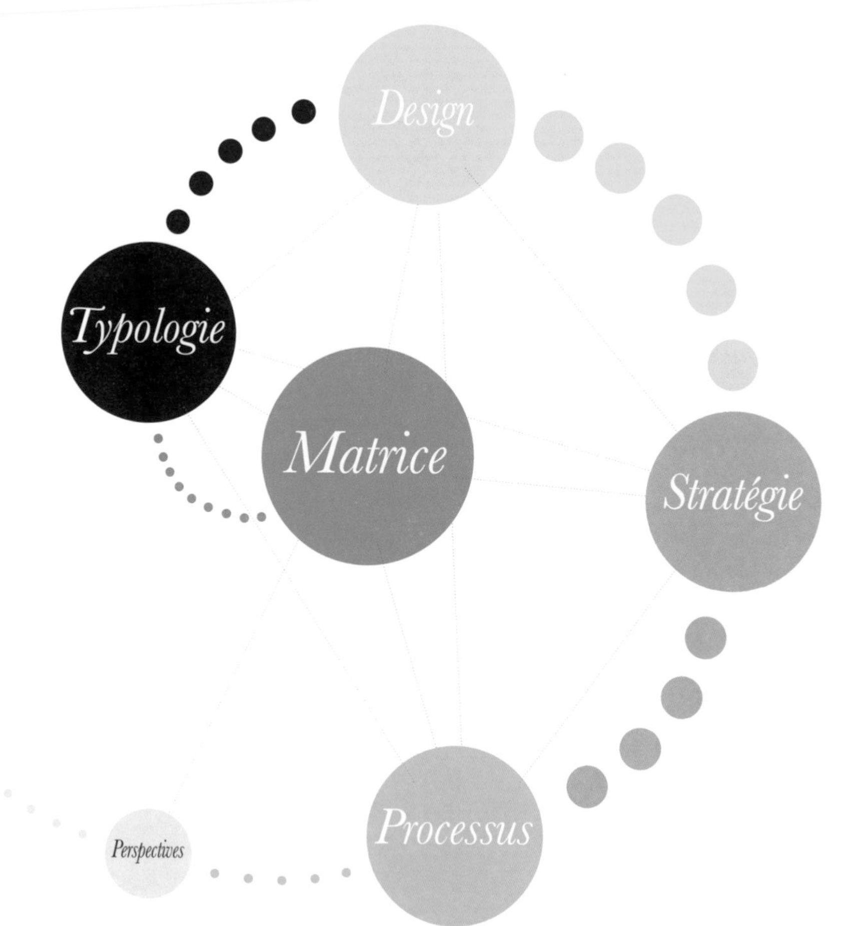

Mat

rice

La matrice du modèle économique

Un langage pour décrire, visualiser, évaluer et transformer les modèles économiques

Déf_Modèle économique

Un modèle économique (ou *business model*) décrit les principes selon lesquels une organisation crée, délivre et capture de la valeur.

Il ne saurait y avoir de discussion ou d'atelier de travail fructueux sur la création de modèle économique sans une compréhension commune de ce qu'est un modèle économique. Nous avons besoin d'un concept que tout le monde comprend, un concept qui rende possibles la description et la discussion. Il est essentiel que nous partions du même point et que nous parlions de la même chose. Toute la difficulté consiste à proposer un concept simple, pertinent et facile à comprendre sans pour autant simplifier à l'excès la complexité du fonctionnement des organisations.

Dans les pages qui suivent, nous proposons un concept qui vous permettra de décrire et d'analyser le modèle économique de votre entreprise, de vos concurrents ou de toute autre organisation. Il a été testé et mis en œuvre aux quatre coins de la planète, par des organisations aussi différentes qu'IBM, Ericsson, Deloitte, les Travaux publics et Services gouvernementaux du Canada, pour n'en citer que quelques-unes.

En vous appropriant ce concept, vous disposerez d'un langage pour décrire et manipuler des modèles économiques en vue de créer de nouvelles options stratégiques. Sans langage commun, il est difficile de remettre en question les hypothèses qui sous-tendent un modèle économique et d'innover avec succès.

Nous considérons qu'un modèle économique peut être représenté par 9 blocs qui décrivent l'économie d'une entreprise, la façon dont elle envisage de gagner de l'argent. Ces blocs couvrent les 4 grandes dimensions d'une entreprise : clients, offre, infrastructure et viabilité financière. Le modèle économique s'apparente au schéma directeur du déploiement d'une stratégie dans les structures, processus et systèmes de l'organisation.

Les 9 blocs de base

SC

1 Segments de clientèle

Une organisation cible un ou plusieurs segments de clients.

PV

2 Propositions de valeur

L'organisation cherche à résoudre les problèmes des clients et à satisfaire leurs besoins avec des propositions de valeur.

CX

3 Canaux

Les propositions de valeur sont apportées aux clients via des canaux de communication, de distribution et de vente.

RC

4 Relations avec le client

L'organisation met en place et entretient des relations avec chaque segment de clientèle.

R€

5 **Flux de revenus**

Lorsqu'une proposition de valeur trouve le succès auprès de sa cible, elle génère des flux de revenus.

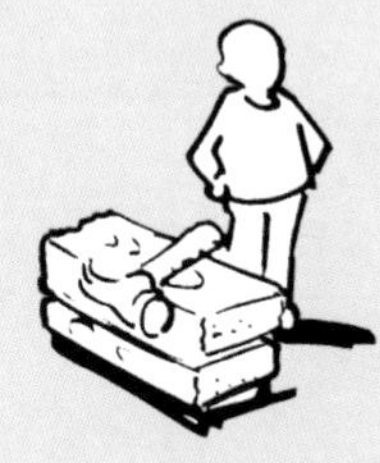

RES

6 **Ressources clés**

Les ressources clés sont les actifs requis pour proposer et délivrer les éléments décrits précédemment…

AC

7 **Activités clés**

… en accomplissant un certain nombre d'activités clés.

PC

8 **Partenaires clés**

Certaines activités sont externalisées et certaines ressources sont acquises à l'extérieur de l'entreprise.

C€

9 **Structure de coûts**

Les éléments du modèle économique engendrent la structure de coûts.

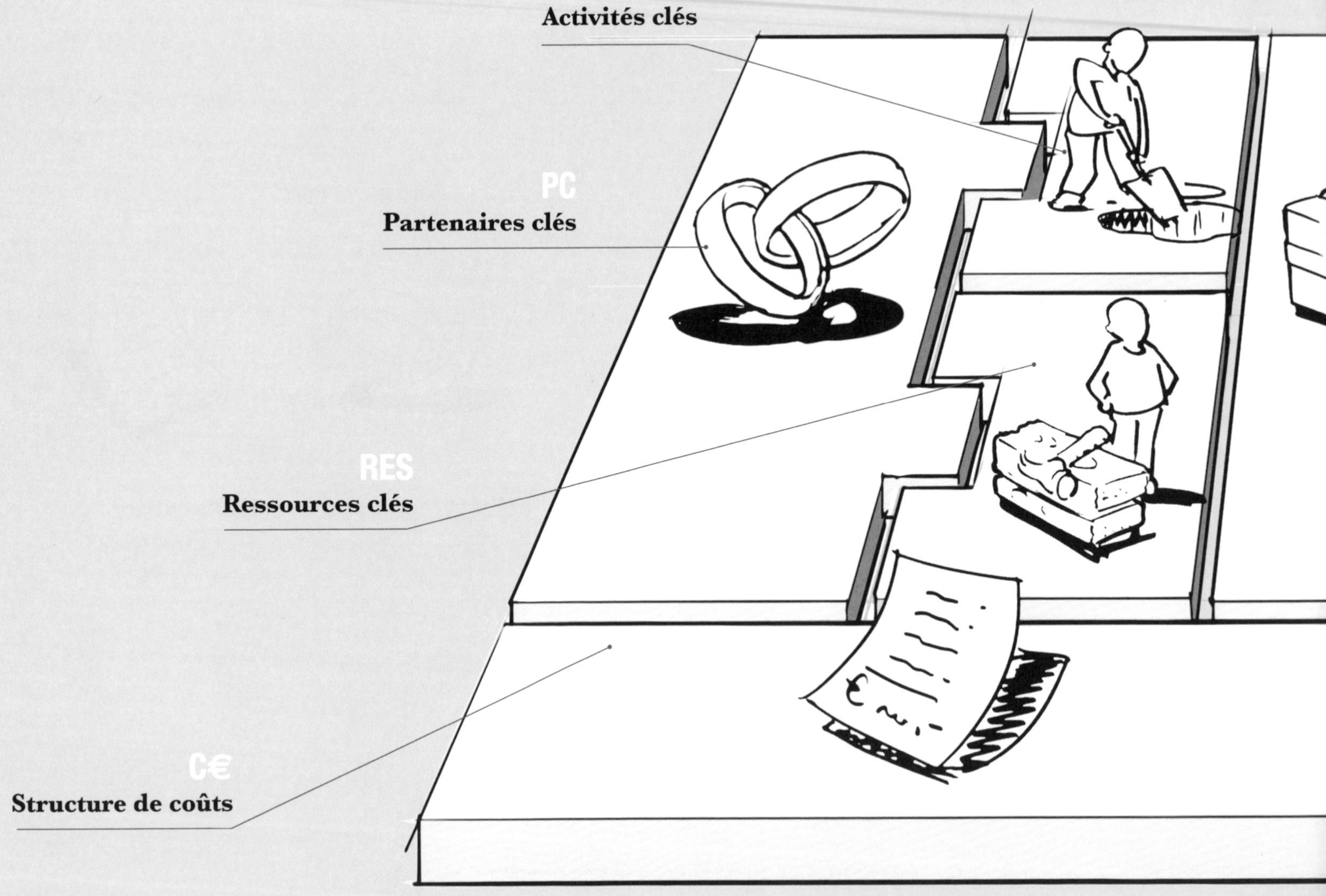
AC
Activités clés
PC
Partenaires clés
RES
Ressources clés
C€
Structure de coûts

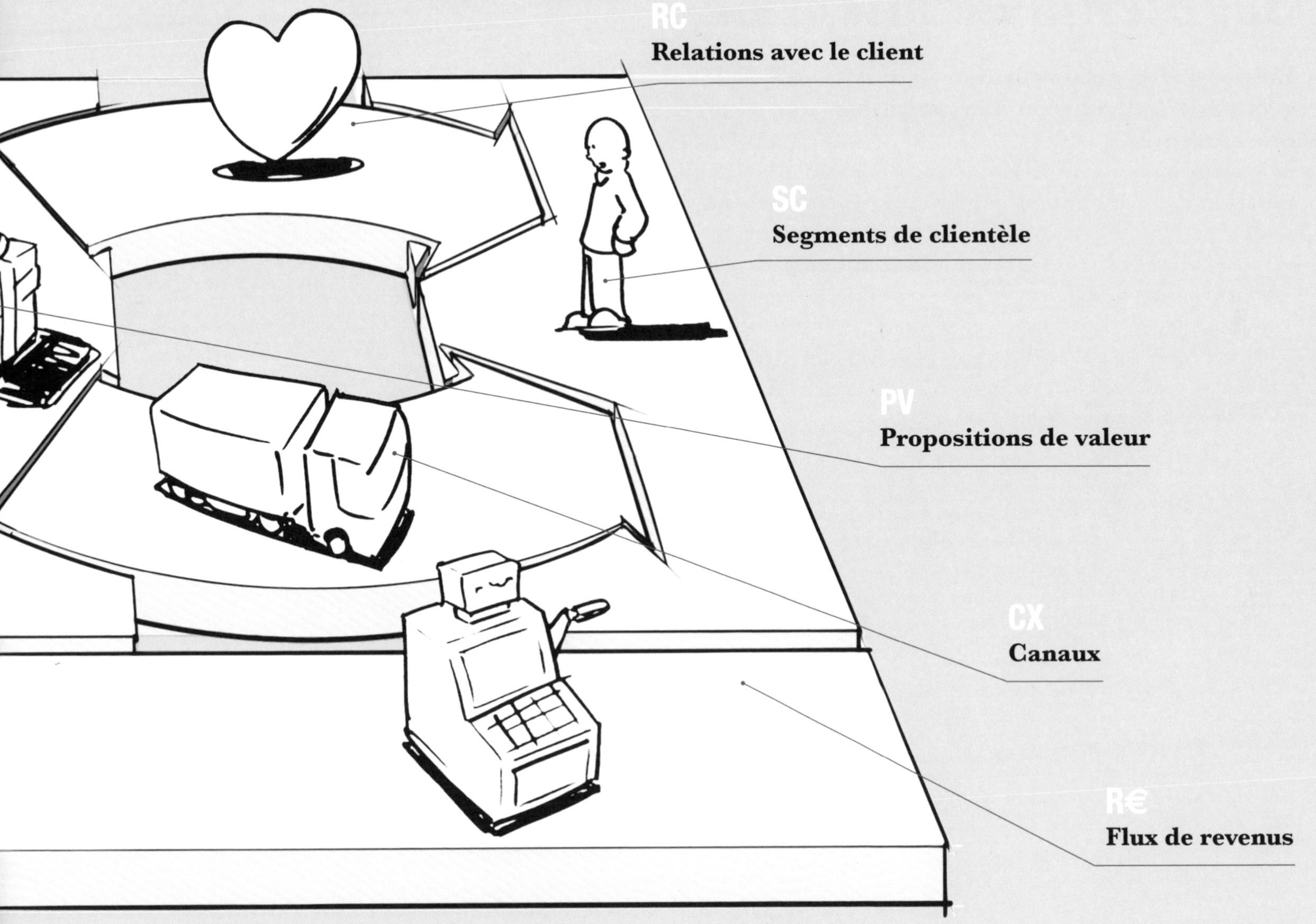
RC
Relations avec le client
SC
Segments de clientèle
PV
Propositions de valeur
CX
Canaux
R€
Flux de revenus

1

Segments de clientèle

Le bloc Segments de clientèle définit les différents groupes d'individus ou d'organisations que cible une entreprise.

Les clients sont au cœur de tout modèle économique. Sans clients (rentables), aucune entreprise ne survit bien longtemps. Afin de mieux satisfaire les clients, une entreprise peut les regrouper en différents segments présentant des besoins, des comportements ou d'autres attributs communs. Selon les cas, un modèle économique définira un ou plusieurs grands ou petits segments de clientèle. Une organisation doit décider quels segments servir et quels segments ignorer. Le modèle économique pourra alors être conçu à partir d'une compréhension fine des besoins spécifiques des clients.

Des groupes de clients constituent des segments différents lorsque :

- *leurs besoins requièrent et justifient une offre distincte ;*
- *ils appellent l'utilisation de canaux de communication différents ;*
- *ils exigent différents types de relations ;*
- *ils n'ont pas la même rentabilité ;*
- *ils sont prêts à payer pour des aspects différents de l'offre.*

Pour qui créons-nous de la valeur ?
Qui sont nos clients les plus importants ?

Il existe différents types de segments de clientèle.
En voici quelques exemples :

Marché de masse

Les modèles économiques centrés sur les marchés de masse ne distinguent pas plusieurs segments de clients. Les propositions de valeur, les canaux de distribution et les relations clients ciblent tous une masse de clients aux besoins et problèmes globalement similaires. On trouve souvent ce type de modèle dans le secteur de l'électronique grand public.

Marché de niche

Les modèles économiques ciblant les marchés de niche desservent des segments de clientèle spécifiques, spécialisés. Les propositions de valeur, les canaux de distribution et les relations clients sont définis en fonction des besoins spécifiques d'un marché de niche. Ce type de modèles économiques s'observe souvent dans les relations fournisseur-acheteur. Par exemple, de nombreux fabricants de pièces détachées automobiles sont très dépendants des achats de grands constructeurs.

Marché segmenté

Certains modèles économiques distinguent des segments de marché aux besoins et problèmes légèrement différents. L'activité de détail d'une banque comme le Crédit Suisse, par exemple, distinguera les clients dont les actifs n'excèdent pas 100 000 dollars de ceux possédant une fortune de plus de 500 000 dollars. Les deux segments présentent des besoins et des problèmes distincts – ce qui a des implications au niveau des autres éléments du modèle économique du Crédit Suisse, notamment les propositions de valeur, les canaux de distribution, les relations clients et les flux de revenus. Autre exemple, celui de Micro Precision Systems, spécialiste de solutions externalisées de conception et de fabrication micromécaniques. L'entreprise sert trois segments de clients – l'industrie horlogère, l'industrie médicale et le secteur de l'automatisation industrielle – et apporte à chacun des propositions de valeur légèrement différentes.

Marché diversifié

Une organisation au modèle économique ciblant des clients diversifiés sert deux segments de clientèle totalement distincts, aux besoins et problèmes très différents. En 2006, Amazon.com a par exemple décidé de se diversifier en vendant des services de *cloud computing* : utilisation de serveurs à la demande et espace de stockage en ligne. L'entreprise s'est ainsi positionnée auprès d'un segment de clients totalement différent – les sociétés Internet – avec une proposition de valeur complètement différente elle aussi. La logique stratégique qui sous-tend cette diversification réside dans la puissante infrastructure informatique d'Amazon, qui peut être partagée par ses activités de détail et la nouvelle unité de services de *cloud computing*.

Plates-formes multilatérales (ou marchés multilatéraux)

Certaines organisations servent plusieurs segments de clientèle interdépendants. Une société de cartes de crédit, par exemple, a besoin à la fois d'une large base de détenteurs de cartes et d'une large base de commerçants qui les acceptent. De la même manière, un groupe de presse éditant un journal gratuit a besoin d'un nombre élevé de lecteurs pour attirer des annonceurs, mais aussi d'annonceurs pour financer la production et la distribution. Les deux segments sont requis pour que le modèle économique fonctionne (sur les plates-formes multilatérales, voir p. 76).

2 Propositions de valeur

Le bloc Propositions de valeur décrit la combinaison de produits et de services qui crée de la valeur pour un segment de clientèle donné.

La proposition de valeur est ce qui détermine les clients à choisir une entreprise plutôt qu'une autre. Elle apporte une solution à un problème ou satisfait un besoin. Chaque proposition de valeur se compose d'un ensemble défini de produits et/ou de services répondant aux exigences d'un segment de clientèle donné. En ce sens, la proposition de valeur est une agrégation, ou combinaison, d'avantages proposée aux clients par une entreprise.

Certaines propositions de valeur sont innovantes et constituent une offre nouvelle ou de rupture. D'autres sont similaires à des offres existantes, mais présentent des caractéristiques et des attributs supplémentaires.

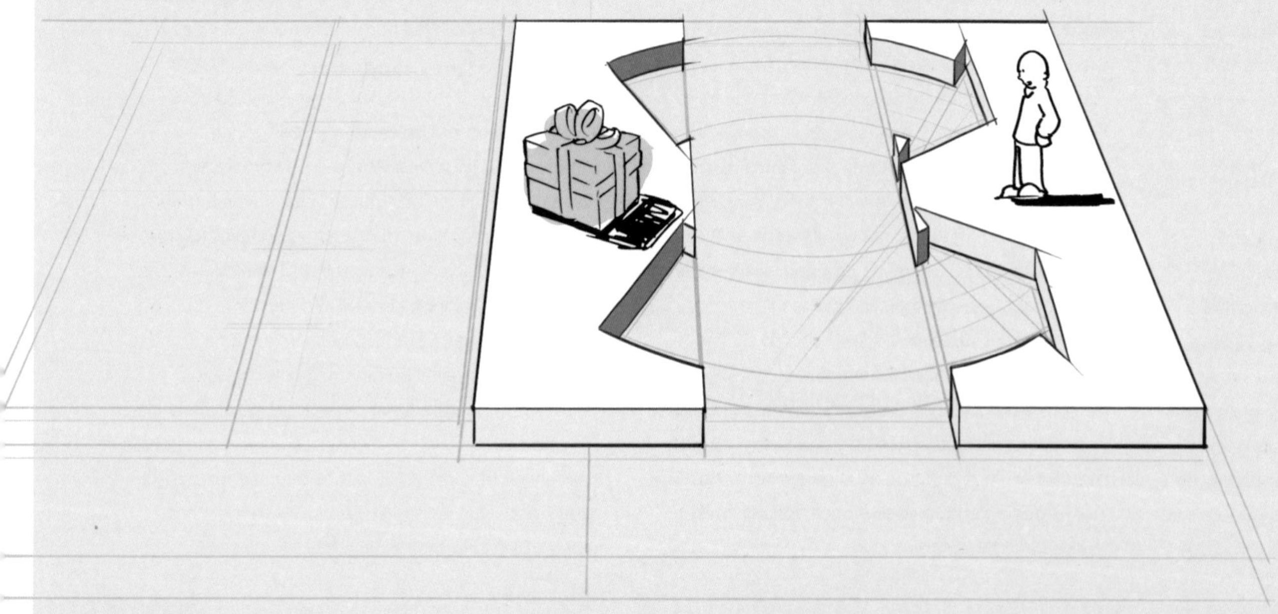

Quelle valeur apportons-nous au client ? Quel problème contribuons-nous à résoudre ? À quels besoins répondons-nous ? Quelles combinaisons de produits et de services proposons-nous à chaque segment de clients ?

Une proposition de valeur crée de la valeur pour un segment de clientèle par le biais d'une combinaison spécifique d'éléments répondant aux besoins de ce segment. La valeur peut être quantitative (prix, rapidité du service par exemple) ou qualitative (design, expérience du client par exemple). La liste ci-après, non limitative, répertorie des éléments qui peuvent contribuer à créer de la valeur pour le client.

Nouveauté

Certaines propositions de valeur apportent une réponse à un ensemble totalement inédit de besoins que les clients n'avaient pas perçus parce qu'il n'existait pas d'offre similaire. La technologie y tient souvent, mais pas toujours, une place importante. Les téléphones cellulaires, par exemple, ont donné naissance à toute une industrie autour des télécommunications mobiles. Dans un tout autre registre, les produits comme les fonds d'investissement éthiques ne doivent rien à l'innovation technologique.

Performance

Améliorer les performances d'un produit ou d'un service est une manière banale de créer de la valeur. Le secteur des ordinateurs personnels, par exemple, y a longtemps eu recours en mettant régulièrement sur le marché des machines plus puissantes. Mais la recette a ses limites. Ainsi, ces dernières années, le lancement de PC plus rapides, dotés de capacités de stockage plus importantes et de meilleures performances graphiques, n'a pas entraîné de progression correspondante de la demande pour autant.

Personnalisation

Adapter les produits ou les services aux besoins particuliers de clients ou de segments de clients crée de la valeur. C'est ainsi que les concepts de personnalisation de masse ou de co-création avec le client, par exemple, ne cessent de gagner en importance. Cette approche permet la personnalisation tout en conservant le bénéfice des économies d'échelle.

« Accompagner »
Il est possible de créer de la valeur en aidant simplement le client à accomplir certaines choses. C'est une démarche que Rolls-Royce a parfaitement comprise : ses clients de l'aéronautique s'en remettent totalement à Rolls-Royce pour fabriquer les moteurs de leurs avions et en assurer la maintenance. Les clients peuvent ainsi se concentrer sur la gestion de leurs compagnies aériennes. En échange, celles-ci payent à Rolls-Royce des honoraires pour chaque heure de fonctionnement des moteurs.

Design
Le design est un élément important mais difficile à mesurer. Un produit peut se différencier par son design. Dans les secteurs de la mode et de l'électronique grand public, il n'est pas rare que le design soit une composante majeure de la proposition de valeur.

Marque/statut
Les consommateurs peuvent trouver de la valeur dans le simple fait d'utiliser et d'arborer une marque donnée. Porter une Rolex, par exemple, est signe de richesse. À l'autre extrémité du spectre, les skate-boarders porteront les dernières marques « underground » pour montrer qu'ils sont « branchés ».

Prix
Proposer une valeur similaire à un prix inférieur est un moyen classique de satisfaire les besoins des segments de clientèle sensibles à cet aspect. Mais les propositions de valeur fondées sur des prix bas ont des répercussions importantes sur les autres composantes du modèle économique. Les compagnies aériennes low-cost comme Southwest, easyJet ou Ryanair ont conçu de A à Z des modèles économiques spécifiques. Un autre exemple de proposition de valeur basée sur le prix est la Nano, la voiture la moins chère du monde, conçue et fabriquée par l'indien Tata. Les offres gratuites pénètrent de plus en plus de secteurs – des journaux aux messageries Internet, en passant par les services de téléphonie mobile (voir p. 88).

Réduction des coûts

Aider les clients à réduire leurs coûts est un vecteur important de création de valeur. Salesforce.com, par exemple, vend une application de CRM (Customer Relationship Management) hébergée. Les entreprises s'épargnent ainsi la dépense et le tracas de devoir acheter, installer et gérer elles-mêmes des logiciels de CRM.

Réduction des risques

La réduction des risques associés à l'achat de produits ou de services est une dimension à laquelle les clients sont sensibles. Pour l'acheteur d'une voiture d'occasion, par exemple, une garantie de service d'un an réduit le risque de pannes et de réparations. De même, une garantie de niveau de service limite le risque encouru par l'acheteur de services informatiques externalisés.

Accessibilité

Rendre des produits et des services accessibles à des clients qui en étaient privés est une autre manière de créer de la valeur. Ce peut être le fruit d'un nouveau modèle économique, d'une innovation technologique ou d'une combinaison des deux. NetJets, par exemple, a adapté aux jets privés le concept de multi-propriété. Grâce à un *business model* innovant, NetJets permet aux particuliers et aux entreprises de se déplacer en avion privé, service jusque-là inabordable pour la plupart. Les fonds mutualisés sont un autre exemple de création de valeur par une accessibilité accrue. Ce produit financier innovant a donné la possibilité à des individus aux moyens financiers limités de se constituer des portefeuilles d'investissement diversifiés.

Commodité/Ergonomie

Rendre les choses plus pratiques ou plus faciles à utiliser peut créer une valeur substantielle. Avec iPod et iTunes, Apple a offert aux consommateurs une facilité sans précédent de recherche, d'achat, de téléchargement et d'écoute de musique numérique. La marque à la pomme domine désormais le marché.

3 *Canaux*

Le bloc des Canaux décrit comment une entreprise communique et entre en contact avec ses segments de clients pour leur apporter une proposition de valeur.

Les canaux de communication, de distribution et de vente constituent l'interface de l'entreprise avec ses clients. Points de contact avec les clients, les canaux déterminent en partie la qualité de leurs interactions avec l'entreprise.

Les canaux remplissent plusieurs fonctions :

- *Faire savoir aux clients que les produits et services de l'entreprise existent.*
- *Aider les clients à évaluer la proposition de valeur de l'entreprise.*
- *Permettre aux clients d'acheter des produits et des services donnés.*
- *Délivrer une proposition de valeur aux clients.*
- *Fournir aux clients un service après-vente.*

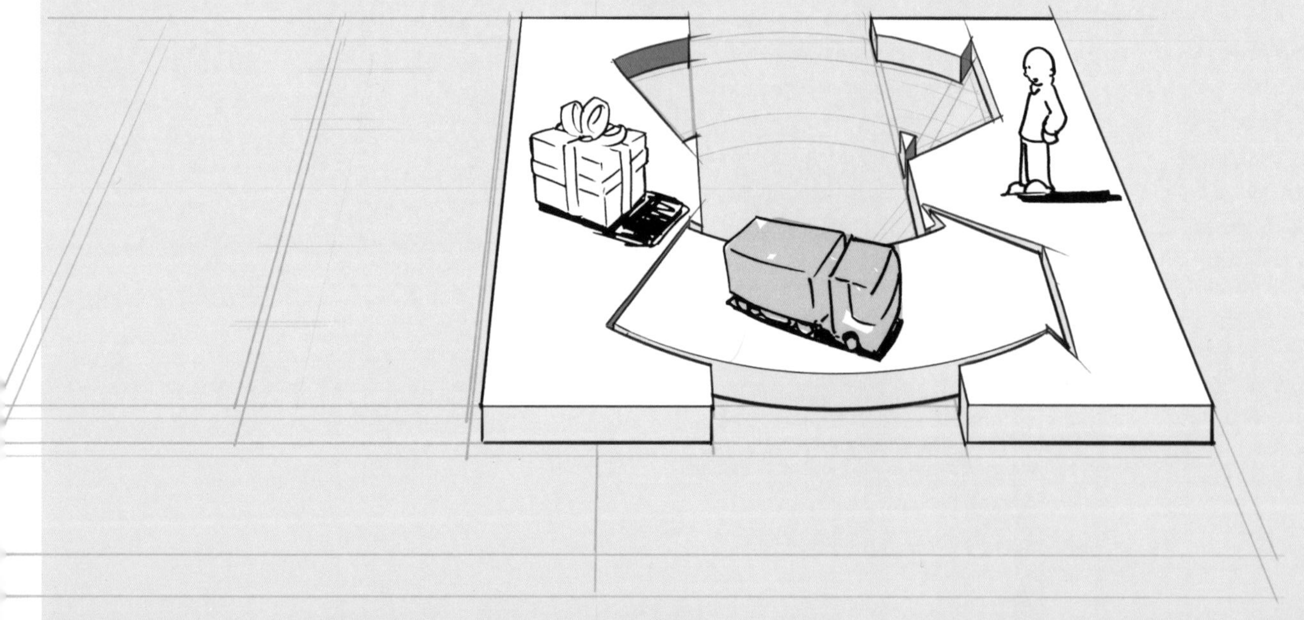

Quels canaux nos segments de clients préfèrent-ils ? Quels canaux utilisons-nous actuellement ? Nos canaux sont-ils intégrés ? Lesquels donnent les meilleurs résultats ? Lesquels sont les plus rentables ? Comment les intégrons-nous aux routines des clients ?

Les canaux comportent cinq phases. Chaque canal peut couvrir tout ou partie de ces phases. On peut distinguer les canaux directs des canaux indirects, et les canaux internes des canaux partenaires.

Trouver la bonne combinaison de canaux pour entrer en contact avec les clients selon leurs préférences est essentiel au lancement d'une proposition de valeur sur le marché. Une organisation peut choisir de toucher les clients via ses propres canaux, des canaux partenaires ou une combinaison des deux. Les canaux internes peuvent être directs – une force de vente interne ou un site Internet par exemple – ou indirects, ainsi des magasins possédés ou exploités par l'entreprise. Les canaux partenaires sont indirects et recouvrent un large éventail d'options – distribution de gros, détail, ou sites Internet appartenant à des partenaires par exemple.
Le recours à des canaux partenaires se traduit par des marges plus faibles, mais permet à une organisation d'étendre sa couverture et de bénéficier des points forts de ses partenaires. Les canaux internes, et en particulier les canaux directs, autorisent des marges plus élevées, mais peuvent se révéler coûteux à mettre en place et à gérer. Il s'agit donc de trouver le juste équilibre entre les différents types de canaux, de les combiner en tenant compte des préférences des clients et de maximiser les revenus.

Types de canal			**Phases**				
Interne	**Direct**	*Force de vente*					
		Ventes en ligne	**1. Reconnaissance** Comment faire mieux connaître les produits et services de notre entreprise ?	**2. Évaluation** Comment aidons-nous les clients à évaluer notre proposition de valeur ?	**3. Achat** Comment donnons-nous aux clients la possibilité d'acheter des produits et des services donnés ?	**4. Prestation** Comment apportons-nous une proposition de valeur aux clients ?	**5. Après-vente** Comment apportons-nous un support au client après son achat ?
	Indirect	*Magasins en propre*					
Partenaire		*Magasins des partenaires*					
		Grossiste					

4 Relations avec le client

Ce bloc décrit les types de relations qu'une entreprise établit avec des segments de clientèle donnés.

Une entreprise doit avoir une idée précise du type de relations qu'elle veut mettre en place avec chaque segment de clients, sur un continuum qui va de la relation interpersonnelle à la relation automatisée. La mise en place d'une relation avec le client peut répondre à différents objectifs :

- *Acquérir des clients*
- *Fidéliser des clients*
- *Réaliser des ventes supplémentaires*

Les opérateurs de téléphonie, par exemple, ont d'abord déployé des stratégies d'acquisition agressives en proposant des téléphones gratuits. Le marché arrivant à saturation, ils ont ensuite privilégié la fidélisation et l'augmentation du revenu moyen par client.

Le type de relations clients requis par le modèle économique d'une entreprise influence profondément l'expérience globale du client.

Quel type de relations chacun de nos segments de clients souhaite-t-il que nous entretenions avec lui ? Quel type de relations avons-nous établies ? Quel est leur coût ? Comment s'articulent-elles avec les autres éléments de notre modèle économique ?

On distingue plusieurs catégories de relations clients, qu'une entreprise pourra choisir d'utiliser conjointement à destination d'un segment de clientèle donné :

Assistance personnelle

Cette relation repose sur l'interaction humaine. Le client a la possibilité de communiquer avec un conseiller de clientèle pour obtenir de l'aide au cours du processus de vente ou à l'issue de l'achat. Cette interaction peut se dérouler sur le point de vente, via des centres d'appels, ou par courriels entre autres.

Assistance personnelle dédiée

Un conseiller de clientèle est dédié à un client donné. C'est le type de relations le plus personnalisé, qui se construit généralement sur le long terme. Dans le secteur de la banque privée, par exemple, des banquiers dédiés sont au service de clients présentant une valeur nette élevée. Ce type de relations s'observe également dans d'autres secteurs d'activité, c'est notamment le cas des gestionnaires de grands comptes qui entretiennent des relations individualisées avec des clients importants.

Self-service

Dans ce cas de figure, une entreprise n'entretient pas de relations directes avec les clients. Elle met à leur disposition tous les moyens nécessaires pour que ceux-ci se débrouillent par eux-mêmes.

Services automatisés

Ce type de relations combine une forme plus sophistiquée de self-service à des processus automatisés. Par exemple, les profils personnels en ligne permettent aux clients d'accéder à des services personnalisés. Les services automatisés sont capables de reconnaître les clients et leurs caractéristiques, et de leur fournir des informations relatives à des commandes ou des transactions. Les services automatisés les plus sophistiqués peuvent simuler une relation personnelle (par exemple, proposer des recommandations de livres ou de films).

Communautés

Les entreprises ont de plus en plus recours aux communautés d'utilisateurs pour s'impliquer davantage auprès des clients/prospects et faciliter les connexions entre les membres de la communauté. De nombreuses entreprises entretiennent des communautés en ligne qui permettent aux utilisateurs d'échanger des connaissances et de résoudre leurs problèmes. Les communautés peuvent également aider les entreprises à mieux comprendre leurs clients. Le laboratoire GlaxoSmithKline a ainsi créé une communauté privée en ligne lors du lancement d'Alli, un nouveau produit amaigrissant délivré sans ordonnance.
GlaxoSmithKline souhaitait mieux comprendre les difficultés rencontrées par les adultes en surpoids, et, partant, apprendre à mieux gérer les attentes des clients.

Co-création

Les entreprises sont de plus en plus nombreuses à aller au-delà de la relation traditionnelle acheteur-vendeur pour co-créer de la valeur avec leurs clients. Amazon.com encourage ses clients à écrire des critiques de livres et crée ainsi de la valeur pour les autres lecteurs. Certaines entreprises impliquent des clients dans la conception de produits nouveaux et innovants. D'autres, comme YouTube.com, sollicitent leurs clients pour créer du contenu qui sera disponible pour tous.

R€

5 *Flux de revenus*

Ce bloc représente la trésorerie que l'entreprise génère auprès de chaque segment de clientèle (les coûts doivent être retirés des revenus pour créer les bénéfices).

Si les clients sont le cœur d'un modèle économique, les flux de revenus sont ses artères. Pour quelle valeur chaque segment de clients est-il réellement disposé à payer ? C'est en répondant à cette question que l'entreprise pourra retirer un ou plusieurs flux de revenus de chaque segment de clients. Chaque flux de revenus peut reposer sur des mécanismes de prix différents – liste de prix fixes, négociation, enchères, marché, volume ou encore yield management.

Un modèle économique peut avoir deux types de flux de revenus :

- *Des revenus de transactions résultant des paiements ponctuels des clients.*
- *Des revenus récurrents résultant de paiements réguliers en contrepartie soit d'une proposition de valeur, soit d'un support client après l'achat.*

Pour quelle valeur nos clients sont-ils disposés à payer ? Pour quoi payent-ils actuellement ? Comment payent-ils ? Comment préféreraient-ils payer ? Quelle est la contribution de chaque flux de revenus au revenu global ?

Il y a plusieurs façons de générer des flux de revenus :

Vente de biens
Le flux de revenus le plus courant découle de la vente de droits de propriété sur un produit physique. Amazon.com vend en ligne des livres, des CD, des produits électroniques, et bien d'autres choses. Fiat vend des voitures que les acheteurs sont libres de conduire, revendre ou même détruire.

Droit d'usage
Ce flux de revenus est généré par l'utilisation d'un service donné. Plus le service est utilisé, plus le client paye. Un opérateur de télécommunications facturera ainsi à ses abonnés le nombre de minutes passées au téléphone. Un hôtel facture le nombre de nuits où les chambres sont utilisées. Un service de livraison fait payer aux clients l'acheminement d'un colis d'un lieu à un autre.

Abonnements
Ce flux de revenus découle de la vente d'un accès en continu à un service. Une salle de sport vend à ses membres des abonnements mensuels ou annuels en échange de l'accès à ses installations. Le jeu *World of Warcraft Online* permet aux utilisateurs de jouer en ligne moyennant le paiement d'un abonnement mensuel. Le service Comes with Music de Nokia donne accès à une bibliothèque musicale en ligne en contrepartie d'une cotisation.

Location/Prêt
Ce flux de revenus est créé en accordant de manière temporaire à quelqu'un le droit exclusif d'utiliser un actif donné pour un temps donné, en échange du versement d'une rémunération. Pour le loueur ou le prêteur, l'avantage est de bénéficier de revenus récurrents. La personne qui loue, quant à elle, ne consent la dépense que pour une période donnée au lieu d'assumer les coûts de propriété. Le concept de Zipcar en offre une excellente illustration. L'entreprise permet aux clients de louer des voitures à l'heure dans des villes d'Amérique du Nord, un service innovant qui a conduit de nombreux citadins à renoncer à l'achat d'une voiture.

Licensing
Est accordée aux clients l'autorisation d'utiliser de la propriété intellectuelle protégée en échange d'un droit de licence. Ce système permet aux détenteurs de droits de tirer des revenus de leur propriété intellectuelle sans avoir à fabriquer un produit ou commercialiser un service. Cette démarche est courante dans l'industrie des médias, où les propriétaires de contenu conservent leur copyright tout en vendant des licences d'utilisation à des tiers. De même, dans les secteurs technologiques, les détenteurs de brevets accordent à d'autres entreprises le droit d'utiliser leur technologie en contrepartie d'un droit de licence.

Frais de courtage

Ce flux de revenus découle de services d'intermédiation conduits au nom de deux ou plusieurs parties. Les fournisseurs de cartes de crédit, par exemple, gagnent de l'argent en prélevant un pourcentage de la valeur de chaque transaction commerciale réalisée entre les vendeurs et les acheteurs. Les courtiers et les agents immobiliers touchent une commission chaque fois qu'ils mettent en relation avec succès un acheteur et un vendeur.

Publicité

Il s'agit ici de commissions perçues pour la publicité d'un produit, d'un service ou d'une marque. L'industrie des médias et les organisateurs d'événements, par exemple, sont des secteurs traditionnellement dépendants de revenus publicitaires. Plus récemment, l'industrie du logiciel et le secteur tertiaire ont vu le poids de ce type de revenus augmenter.

Chaque flux de revenus peut avoir des mécanismes de prix différents, sachant que les revenus générés varieront sensiblement en fonction du type de mécanisme retenu. On distingue deux principaux types de mécanismes de prix : fixe et dynamique.

Mécanismes de prix

Prix fixes Les prix prédéfinis sont basés sur des variables statiques		**Prix dynamiques** Les prix changent en fonction des conditions	
Prix du catalogue	Prix fixes pour des produits, des services ou d'autres propositions de valeur	*Négociation*	Prix négociés entre deux ou plusieurs partenaires en fonction du pouvoir de négociation et/ou des compétences de négociation
Caractéristiques du produit	Les prix dépendent du nombre ou de la qualité des caractéristiques de la proposition de valeur	*Yield management*	Les prix dépendent des stocks et du moment de l'achat (généralement utilisé pour des ressources périssables comme les chambres d'hôtel ou les places d'avion)
Segment de clientèle	Les prix dépendent du type et des caractéristiques d'un segment de clients	*Marché en temps réel*	Le prix est établi de manière dynamique en fonction de l'offre et de la demande
Volume	Le prix est fonction de la quantité achetée	*Enchères*	Le prix est déterminé par le résultat d'enchères concurrentes

6 *Ressources clés*

Le bloc des Ressources clés décrit les actifs les plus importants requis pour qu'un modèle économique fonctionne.

Tout modèle économique est assorti de ressources clés. Ces ressources permettent à une entreprise de créer et de délivrer une proposition de valeur, de toucher des marchés, d'entretenir des relations avec des segments de clients et de générer des revenus. Selon le type de modèle économique, différentes ressources clés sont nécessaires. Un fabricant de microprocesseurs aura besoin d'investir dans des sites de production alors que le concepteur d'un microprocesseur se focalisera davantage sur les ressources humaines. Les ressources clés peuvent être physiques, financières, intellectuelles ou humaines et appartenir à l'entreprise, être louées par celle-ci ou obtenues auprès de partenaires clés.

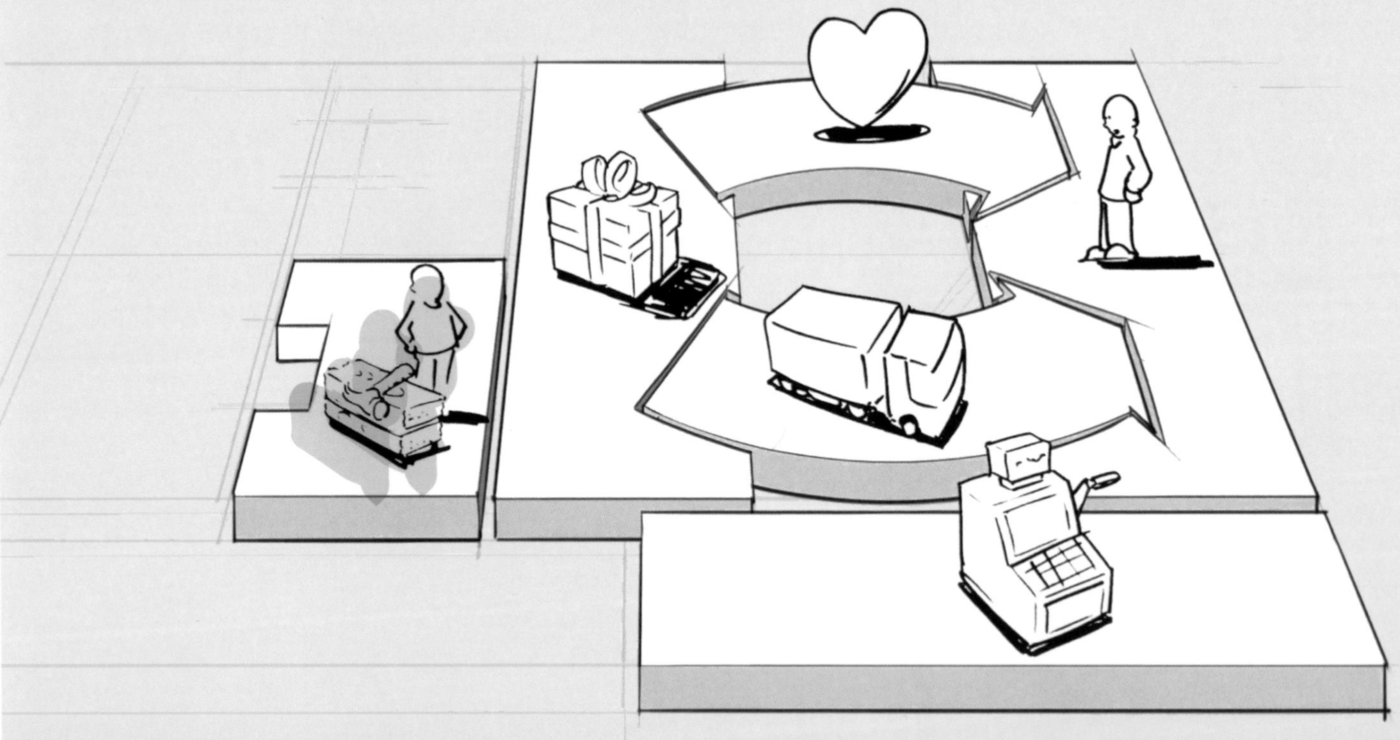

Quelles ressources clés nos propositions de valeur exigent-elles ? Qu'en est-il de nos canaux de distribution ? De nos relations avec les clients ? De nos flux de revenus ?

On distingue différentes catégories de ressources clés :

Physiques
Il s'agit des actifs physiques : sites de fabrication, immeubles, véhicules, machines, systèmes informatiques et réseaux de distribution. Les distributeurs comme Wal-Mart et Amazon.com sont lourdement dépendants de ressources physiques, souvent gourmandes en capital. Wal-Mart dispose d'un gigantesque réseau mondial de magasins et d'une infrastructure logistique à l'avenant. L'activité d'Amazon repose également sur de solides infrastructures : informatique, entrepôts et logistique.

Intellectuelles
Les ressources intellectuelles comme les marques, les savoirs propriétaires, les brevets et droits d'auteur, les partenariats et les fichiers clients sont des éléments de plus en plus importants du modèle économique. Ces ressources sont difficiles à développer mais, une fois créées, elles sont source d'une valeur substantielle. Les marques constituent une ressource clé particulièrement importante pour des fabricants de produits de consommation comme Nike et Sony. Dans le cas de sociétés comme Microsoft et SAP, il s'agira de logiciels et autres contenus brevetés développés au cours de nombreuses années. Qualcomm, concepteur et fournisseur de microprocesseurs pour les appareils mobiles broadband, a construit son *business model* autour de puces brevetées dont l'entreprise retire des revenus de licence importants.

Humaines
Toute entreprise a besoin de ressources humaines, mais elles sont plus proéminentes dans certains modèles économiques que dans d'autres. Elles sont essentielles dans les secteurs où la matière grise et la créativité sont au premier plan. Le modèle économique d'un laboratoire pharmaceutique comme Novartis repose ainsi sur une armée de chercheurs expérimentés et une force de vente étendue et spécialisée.

Financières
Certains modèles économiques exigent des ressources financières et/ou des garanties financières – trésorerie, lignes de crédit ou stock-options pour engager des collaborateurs clés. Ericsson, le fabricant de produits de télécommunications, a fait des ressources financières une composante centrale de son *business model*. L'entreprise peut ainsi décider d'emprunter de l'argent auprès des banques et des marchés financiers, pour ensuite utiliser une partie de ces fonds afin de proposer des solutions de financement à ses clients, s'assurant ainsi que des commandes soient passées auprès d'Ericsson plutôt que de ses concurrents.

7 Activités clés

Le bloc des Activités clés décrit les choses les plus importantes qu'une entreprise doit faire pour que son modèle économique fonctionne.

Tout modèle économique est assorti d'un certain nombre d'activités clés – les actions les plus importantes pour la réussite du projet de l'entreprise. À l'instar des ressources clés, elles sont nécessaires pour créer et délivrer une proposition de valeur, toucher les marchés, entretenir des relations avec les clients et générer des revenus. Et comme les ressources clés encore, les activités clés varient selon le type de modèle économique. Pour un fabricant de logiciels comme Microsoft, une des ressources clés sera le développement de logiciels.

Pour le fabricant informatique Dell, ce sera la gestion de la chaîne d'approvisionnement et pour le cabinet de conseil McKinsey, la résolution de problèmes.

Quelles activités clés nos propositions de valeur exigent-elles ? Qu'en est-il de nos canaux de distribution ? De nos relations clients ? De nos flux de revenus ?

Les activités clés peuvent être classées de la façon suivante :

Production
Ces activités concernent la conception, la fabrication et la livraison d'un produit dans des quantités importantes et/ou de qualité supérieure. L'activité de production domine les modèles économiques des entreprises de fabrication.

Résolution de problèmes
Il s'agit ici de concevoir et de proposer de nouvelles solutions aux problèmes de clients donnés. La résolution de problèmes est au cœur des activités des sociétés de conseil, des établissements hospitaliers et des organisations de services en général. Leurs *business models* exigent des activités comme la gestion des connaissances et la formation continue.

Plate-forme/réseau
Dans les modèles économiques qui ont une plate-forme comme ressource clé, les activités les plus importantes sont, en toute logique, liées à la plate-forme ou au réseau. Réseaux, plates-formes de mise en relation de l'offre et de la demande, logiciels et jusqu'aux marques peuvent avoir un rôle de plate-forme. Le modèle économique d'eBay nécessite que l'entreprise développe et entretienne son site Internet eBay.com. Le *business model* de Visa exige des activités liées à sa plate-forme de transactions pour les commerçants, les clients et les banques. Celui de Microsoft exige de gérer l'interface entre les logiciels d'autres marques et la plate-forme de son système d'exploitation Windows. Plus largement, les activités clés de ce type concernent la gestion et la promotion de la plate-forme.

8 *Partenariats clés*

Ce bloc décrit le réseau de fournisseurs et de partenaires grâce auquel le modèle économique fonctionne.

Les entreprises nouent des partenariats pour de multiples raisons, lesquels sont une composante clé d'un nombre croissant de modèles économiques. Les entreprises créent des alliances pour optimiser leurs *business models*, réduire le risque ou acquérir des ressources.

On peut distinguer quatre grands types de partenariats :

1. Alliance stratégique entre des entreprises non concurrentes.

2. Coopétition : partenariats stratégiques entre concurrents.

3. Joint-ventures pour développer de nouvelles activités.

4. Relation acheteur-fournisseur en vue d'assurer des prestations fiables.

Qui sont nos partenaires clés ? Qui sont nos fournisseurs clés ? Quelles ressources clés nous procurons-nous auprès de partenaires ? Quelles activités clés nos partenaires conduisent-ils ?

Il peut être utile de distinguer les partenariats en fonction des objectifs visés par les partenaires :

Optimisation et économies d'échelle
La forme la plus élémentaire de partenariat ou de relation acheteur-vendeur vise à optimiser l'allocation des ressources et des activités. Il est absurde pour une entreprise de posséder toutes les ressources ou de réaliser elle-même toutes les activités. On noue généralement ce type de partenariat en vue de réduire les coûts et il s'accompagne souvent de l'externalisation ou du partage des infrastructures.

Réduction du risque et de l'incertitude
Les partenariats peuvent contribuer à réduire le risque dans un environnement concurrentiel caractérisé par l'incertitude. Il n'est pas rare que des concurrents forment une alliance stratégique dans un domaine tout en étant en compétition par ailleurs. Le format de disque optique Blu-ray, par exemple, a été développé par un groupe réunissant les plus grands fabricants mondiaux de produits électroniques, d'ordinateurs et de médias. Les membres du groupe ont coopéré pour lancer cette technologie, ce qui ne les empêche pas d'être en concurrence pour vendre leurs propres produits Blu-ray.

Acquisition de certaines ressources et activités
Peu d'entreprises possèdent toutes les ressources ou réalisent elles-mêmes toutes les activités décrites dans leur modèle économique. Elles prolongent leurs capacités en se tournant vers d'autres entreprises, qui leur fournissent des ressources ou prennent en charge certaines activités. Ce type de partenariat peut être motivé par le besoin d'acquérir des connaissances, des licences ou d'accéder aux clients. Un fabricant de téléphones mobiles, par exemple, achètera sous licence le système d'exploitation qui équipe ses appareils au lieu d'en développer un en interne. Un assureur pourra choisir de s'appuyer sur des courtiers indépendants pour vendre ses polices au lieu de créer sa propre force de vente.

9 *Structure de coûts*

La Structure de coûts décrit tous les coûts inhérents à un modèle économique.

Ce bloc décrit les coûts les plus importants générés par l'utilisation d'un modèle économique donné. Créer et délivrer de la valeur, entretenir des relations avec les clients et générer des revenus, tout cela implique des coûts. Ils peuvent être calculés relativement facilement une fois définis les ressources, activités et partenariats clés. Certains modèles économiques, toutefois, relèvent davantage que d'autres d'une logique de coûts. C'est notamment le cas des *business models* des compagnies aériennes low-cost.

Quels sont les coûts les plus importants inhérents à notre modèle économique ? Quelles ressources clés sont les plus coûteuses ? Quelles activités clés sont les plus coûteuses ?

Naturellement, les coûts devraient être minimisés dans tout modèle économique. Mais les structures de coûts bas sont plus importantes pour certains modèles que pour d'autres. Dès lors, il peut être utile de distinguer deux grandes catégories de structures de coûts : celles fondées sur une logique de coûts (cost-driven) et celles fondées sur une logique de valeur (value-driven). De nombreux modèles économiques se situent entre ces deux extrêmes.

Logique de coûts

Les modèles économiques reposant sur cette logique visent à minimiser les coûts partout où cela est possible. Il s'agit de créer et de préserver la structure de coûts la plus légère possible, en recourant à des propositions de valeur fondées sur les prix bas, une automatisation maximale et une externalisation à grande échelle. Les compagnies aériennes dites low-cost, comme Southwest, easyJet et Ryanair, en sont l'illustration par excellence.

Logique de valeur

Lorsqu'elles conçoivent leur *business model*, certaines entreprises se préoccupent davantage de création de valeur que d'implications en termes de coûts. Propositions de valeur premium et haut degré de personnalisation du service caractérisent en général les modèles économiques *value-driven*. Ainsi en va-t-il par exemple des hôtels de luxe avec leurs somptueuses installations et les services exclusifs proposés à la clientèle.

Les structures de coûts peuvent posséder les caractéristiques suivantes :

Coûts fixes

Les coûts sont les mêmes quel que soit le volume de biens ou de services produits. C'est le cas des salaires, des loyers et des installations de fabrication. Certaines entreprises, ainsi des sociétés de fabrication, sont caractérisées par une proportion élevée de coûts fixes.

Coûts variables

Les coûts varient en proportion du volume de biens ou de services produits. Certaines activités, les festivals de musique par exemple, se caractérisent par une part élevée de coûts variables.

Économies d'échelle

Il s'agit des avantages de coûts dont bénéficie une entreprise à mesure que sa production augmente. Les grandes entreprises, par exemple, bénéficient de prix en volume plus intéressants que les petites structures. Le coût moyen par unité diminue avec l'augmentation de la production.

Économies d'envergure

Il s'agit des avantages de coûts dont bénéficie une entreprise du fait d'une activité plus diversifiée. Dans une grande entreprise, les mêmes activités marketing ou les mêmes canaux de distribution soutiendront plusieurs produits.

Les 9 blocs forment la matrice du modèle économique.

La matrice du modèle économique

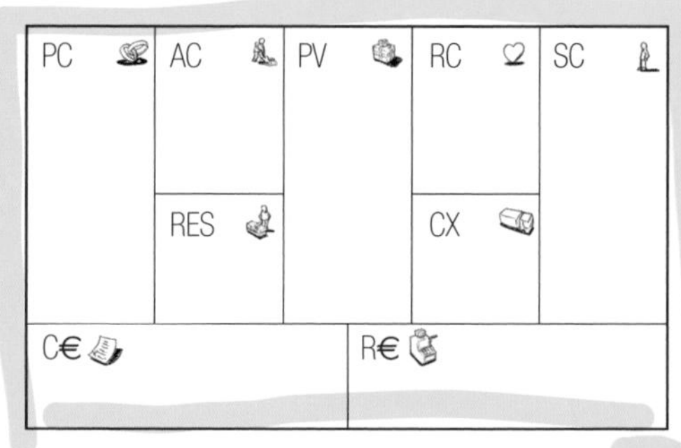

Grâce à ce gabarit, vous allez pouvoir construire et représenter des modèles économiques. ***Nous vous conseillons de travailler sur de grandes feuilles de papier pour que plusieurs groupes de personnes puissent commencer en même temps à représenter et analyser des éléments du modèle économique*** avec des Post-it® ou des feutres. C'est un outil concret qui favorise la compréhension, la discussion, la créativité et l'analyse.

9 questions for your business model
PARTNER NETWORK
KEY ACTIVITIES
VALUE PROPOSITION
RELATIONSHIP MANAGEMENT
CUSTOMER SEGMENTS
KEY RESOURCES
DISTRIBUTION & COMMUNICATION CHANNELS
COST STRUCTURE
REVENUE STREAMS / PRICING
DISTRIBUTION & COMMUNICATION CHANNELS
REVENUE STREAMS
KEY RESOURCES
COST STRUCTURE
OPEN
9 questions to design your
KEYPARTNERS
KEYACTIVITIES
VALUE PROPOSITION
the business model canvas

La matrice du modèle économique

Partenaires clés	*Activités clés* / *Ressources clés*	*Propositions de valeur*	*Relations avec les clients* / *Canaux*	*Segments de clientèle*
Structure des coûts			*Flux de revenus*	

Pour une matrice grand format, visitez www.businessmodelgeneration.com (site en anglais).

① TRACEZ LA MATRICE SUR UNE GRANDE FEUILLE DE PAPIER

② ACCROCHEZ LA FEUILLE AU MUR

③ REPRÉSENTEZ VOTRE MODÈLE ÉCONOMIQUE

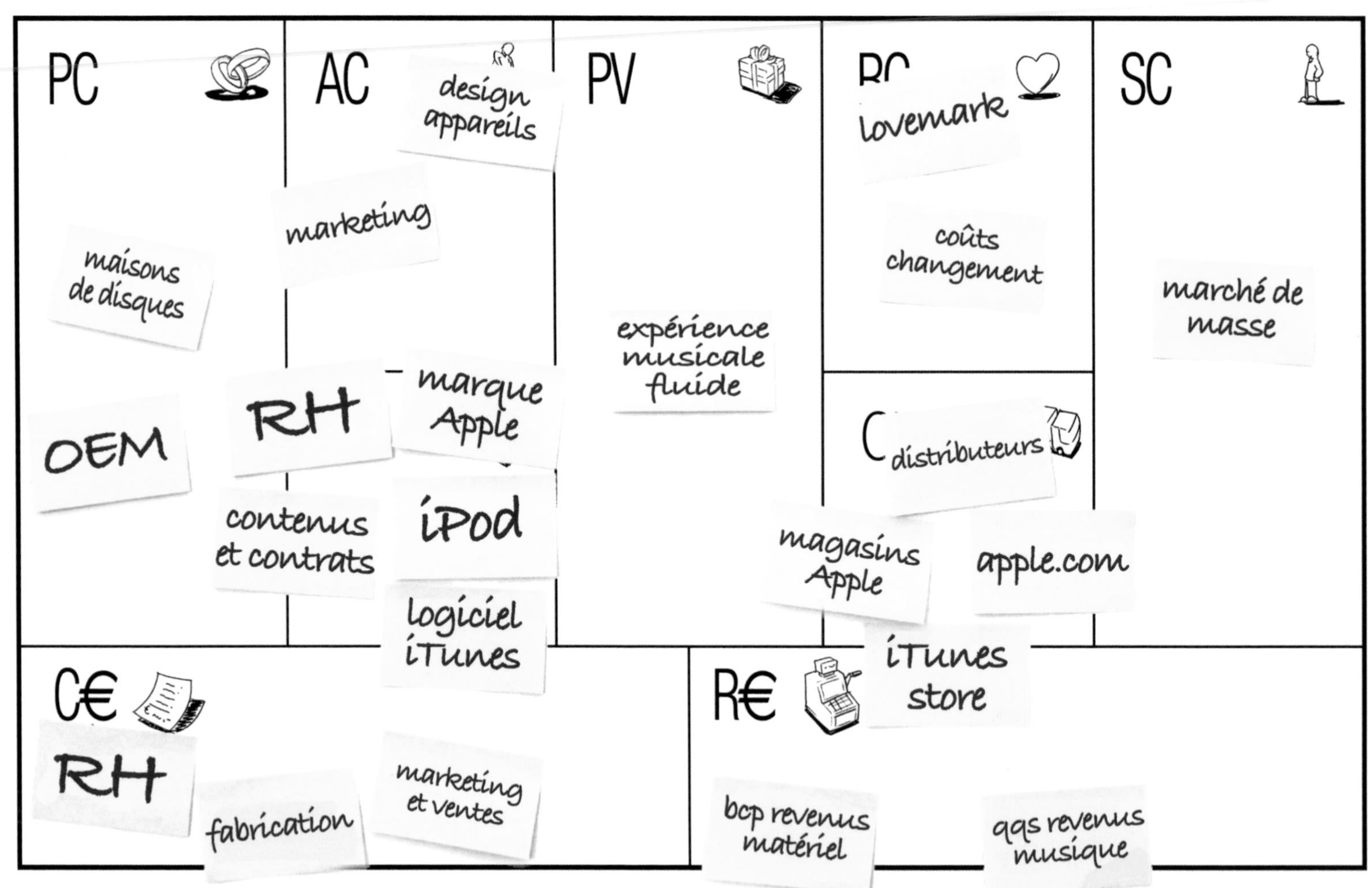
PC
AC
design appareils
PV
RC
lovemark
SC
marketing
maisons de disques
coûts changement
marché de masse
expérience musicale fluide
marque Apple
RH
OEM
distributeurs
contenus et contrats
iPod
magasins Apple
apple.com
logiciel iTunes
iTunes store
C€
R€
RH
fabrication
marketing et ventes
bcp revenus matériel
qqs revenus musique

Exemple : le modèle économique iPod/iTunes d'Apple

En 2001, Apple a lancé sur le marché son désormais mythique baladeur numérique multimédia, l'iPod. L'appareil fonctionne avec le logiciel iTunes qui permet de transférer de la musique et d'autres contenus depuis un iPod vers un ordinateur. Le logiciel fournit également une connexion au magasin Apple en ligne, l'Apple store, pour que les utilisateurs puissent acheter et télécharger des contenus.

Cette puissante combinaison associant lecteur, logiciel et magasin en ligne n'a pas tardé à bouleverser l'industrie de la musique et a permis à Apple d'acquérir une position de marché dominante. La marque à la pomme n'était pourtant pas la première à proposer un baladeur multimédia. Des concurrents tels que Diamond Multimedia et sa marque de baladeurs Rio s'étaient fait une place au soleil avant qu'Apple ne leur dame le pion.

Comment expliquer le raz-de-marée Apple ? L'entreprise est tout simplement entrée en lice avec un meilleur *business model*. Avec la combinaison iPod, logiciel iTunes et magasin en ligne, Apple a offert aux utilisateurs une expérience musicale totale. Sa proposition de valeur ? Permettre aux consommateurs de chercher, acheter et profiter en toute simplicité de musique numérique. Pour donner vie à cette proposition de valeur, Apple a dû conclure des accords avec toutes les grandes maisons de disques pour créer la plus grande bibliothèque de musique en ligne.

L'astuce ? Apple tire de la vente d'iPods l'essentiel de ses revenus liés à la musique – l'intégration avec iTunes lui servant à se protéger de la concurrence.

Cerveau gauche
Logique

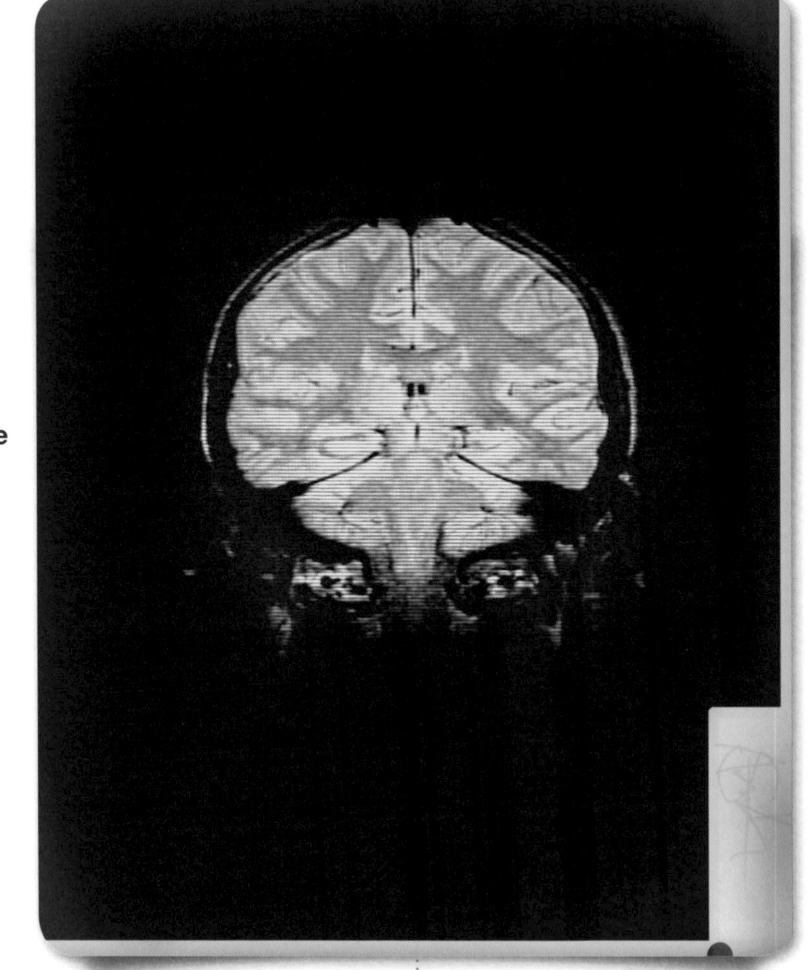

Cerveau droit
Émotion

Matrice gauche
Efficacité

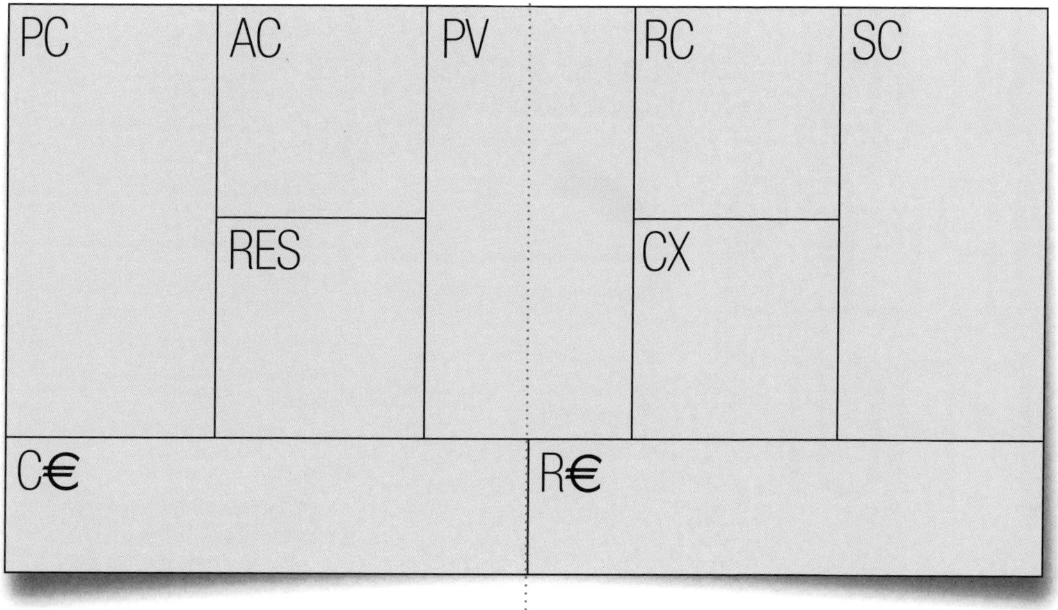

PC	AC	PV	RC	SC
	RES		CX	
C€			R€	

Matrice droite
Valeur

LA MATRICE, EXEMPLES À L'APPUI

On demande souvent au secteur public de mettre en œuvre des principes du secteur privé. J'ai utilisé la matrice pour aider un ministère à se considérer comme une activité de services, en définissant des modèles économiques externalisés pour aujourd'hui et pour l'avenir.
Cette démarche a suscité un dialogue inédit autour de la description de l'organisation et de ce que l'on pourrait changer.
Mike Lachapelle, Canada

Je conseille de petites entreprises sur l'utilisation du modèle économique freemium. Un de ses principes est de donner gratuitement des produits, ce qui va à l'encontre de la logique traditionnelle de la plupart des entrepreneurs. Grâce à la matrice, je peux
illustrer facilement sa pertinence financière.
Peter Froberg, Danemark

J'aide les chefs d'entreprise à planifier leur départ et à quitter la scène. Il est essentiel de préserver la viabilité et la croissance à long terme de l'entreprise.Ce qui passe par une réflexion sur de nouveaux modèles économiques. La matrice nous aide à analyser les *business models* des entreprises et à en imaginer de nouveaux.
Nicholas K. Niemann, États-Unis

J'utilise la matrice au Brésil pour aider des artistes, des producteurs et des créateurs de jeux à concevoir des modèles économiques innovants à destination des industries culturelles et créatives. Je m'en sers dans le cadre du MBA Production culturelle de la FGV (Fundaçao Getulio Vargas) et de l'Innovation Game Lab du programme COPPE de l'Université Fédérale de Rio de Janeiro.
Claudio D'Ipolitto, Brésil

En général, quand on pense modèle économique, on pense entreprise à but lucratif. J'ai découvert que la matrice est également très efficace dans le secteur associatif. Nous l'avons utilisée pour
CONCEVOIR + ALIGNER
les membres de l'équipe dirigeante lors de la création d'un nouveau programme à but non lucratif. La matrice s'est révélée suffisamment souple pour prendre en compte les objectifs de cette initiative d'entrepreneuriat social, clarifier la proposition de valeur réelle de l'organisation et identifier les moyens de la pérenniser.
Kevin Donaldson, États-Unis

Si seulement j'avais eu la matrice lorsque je travaillais sur un projet particulièrement compliqué de print-to-digital dans le secteur de l'édition ! Cela m'aurait énormément aidé de
montrer à tous les membres du projet une représentation visuelle synthétique des enjeux, du rôle (important) de chacun dans le dispositif et des interdépendances.
Nous nous serions épargné des heures d'explications, de discussions et d'incompréhension.
Jille Sol, Pays-Bas

Une amie cherchait un emploi. **J'ai utilisé la matrice pour évaluer son modèle économique personnel.** Ses compétences centrales et sa proposition de valeur étaient exceptionnelles, mais elle ne tirait pas profit de ses partenaires stratégiques et ne développait pas le bon type de relations clients. Ce rééquilibrage lui a ouvert de nouvelles opportunités.
Daniel Pandza, Mexique

Imaginez 60 étudiants de première année, ne connaissant strictement rien à l'entrepreneuriat. En moins de cinq jours, grâce à la matrice, ils étaient capables de défendre une idée viable avec conviction et clarté. Ils l'ont utilisée comme outil pour aborder toutes les dimensions de la création d'une start-up.
Guilhem Bertholet, France

J'utilise la matrice pour apprendre à des entrepreneurs en phase de démarrage à **TRADUIRE** LEURS BUSINESS **PLANS** EN PROCESSUS dont ils ont (auront) besoin pour gérer leurs entreprises et veiller à ce qu'ils adoptent l'orientation client la plus rentable.
Bob Dunn, États-Unis

Nous avons utilisé la matrice pour **définir un business plan** dans le cadre d'un concours national organisé par *The Economist Times*, India. Elle nous a permis de réfléchir à tous les aspects de notre projet de création d'entreprise et de préparer un business plan performant et attractif pour les investisseurs.
Praveen Singh, Inde

Il nous était demandé de faire évoluer les services de traduction d'une ONG internationale. La matrice nous a été particulièrement utile pour **représenter les liens entre les besoins des gens au quotidien et un service** qui était perçu comme trop spécialisé, et sous-exploité parce qu'éloigné de leurs priorités.
Paola Valeri, Espagne

Coach spécialisé dans l'accompagnement des start-ups, j'aide les équipes à créer de nouveaux produits et à concevoir leurs projets. La matrice m'est particulièrement précieuse pour rappeler aux équipes d'avoir une vision holistique de leur activité et leur éviter de s'engluer dans les détails. Cela contribue à la réussite de leur projet.
Christian Schüller, Allemagne

La matrice m'a permis d'établir un langage et un cadre de travail communs avec mes collègues. Je l'ai utilisée pour explorer de nouvelles opportunités de croissance, évaluer les nouveaux modèles économiques de concurrents et sensibiliser l'ensemble de l'organisation à l'importance des innovations technologiques, de marché et de modèle économique.
Bruce MacVarish, États-Unis

La matrice a aidé plusieurs organisations de santé aux Pays-Bas **à passer d'une logique budgétaire à une logique entrepreneuriale de création de valeur.**
Huub Raemakers, Pays-Bas

J'ai utilisé la matrice avec les dirigeants d'une entreprise cotée en Bourse pour les aider à restructurer leur chaîne de valeur à la suite d'une évolution réglementaire dans leur secteur. Quelle nouvelle proposition de valeur pouvait-on offrir à leurs clients et comment la traduire en processus internes ?
Leandro Jesus, Brésil

NOUS AVONS UTILISÉ 15 000 POST-IT® ET PLUS DE 100 MÈTRES DE PAPIER KRAFT pour concevoir une nouvelle structure d'organisation dans un groupe mondial de fabrication. Mais la clé, ça a été la matrice qui nous a convaincus par sa dimension opérationnelle, sa simplicité et ses relations logiques de cause à effet.
Daniel Egger, Brésil

J'ai utilisé la matrice pour **TESTER** ma nouvelle start-up Mupps, une plate-forme où les artistes peuvent créer en quelques minutes leurs applis de musique iPhones et Android. Et vous savez quoi ? La matrice m'a renforcé dans ma conviction que mon projet avait du potentiel ! Sur ce, je vous laisse, j'ai du boulot !
Erwin Blom, Pays-Bas

La matrice s'est révélée un outil très utile pour capter des idées et des solutions pour les projets de commerce électronique. La plupart de mes clients sont des PME et la matrice les aide à clarifier leur modèle économique et à comprendre l'impact du commerce électronique sur leur organisation.
Marc Castricum, Pays-Bas

J'ai utilisé la matrice pour aider une entreprise à faire réfléchir ensemble ses collaborateurs clés. Ils ont pu déterminer les objectifs et les priorités stratégiques, qui ont été utilisés au cours du processus de planification et incorporés au tableau de bord prospectif. La matrice nous a également permis de nous assurer que les initiatives retenues répondaient aux nouvelles priorités stratégiques.
Martin Fanghanel, Bolivie

Typo

logie

« En architecture, un motif est la description archétypale et réutilisable d'une idée de conception. »

Christopher Alexander, architecte

Cette section décrit des modèles économiques possédant des caractéristiques, des configurations ou des comportements similaires. Nous appelons ces points communs des motifs de modèles économiques. Les motifs décrits dans les pages qui suivent vous aideront à mieux saisir la logique des modèles économiques et vous guideront, comme autant de sources d'inspiration, dans votre propre démarche.

Les cinq motifs que nous vous proposons reposent sur des concepts qui occupent une place importante dans la littérature sur l'entreprise. Nous les avons « traduits » dans la langue de notre matrice pour pouvoir les comparer, en faciliter la compréhension et les rendre opérationnels. Un modèle économique peut inclure plusieurs motifs.

Les concepts sur lesquels repose notre typologie sont les suivants : le dégroupage, la longue traîne, les plates-formes multifaces, la gratuité et les modèles économiques ouverts. De nouveaux motifs basés sur d'autres concepts émergeront certainement avec le temps.

Notre objectif dans la définition et la description de ces types de modèles est de présenter des concepts connus sous un format standard (la matrice du modèle économique), afin qu'ils soient immédiatement utilisables lorsque vous concevrez des *business models.*

Typologie

Le dégroupage

Déf_Motif n° 1

Selon le concept d'entreprise « dégroupée », il existe trois types d'organisations fondamentalement différents : les organisations fondées sur la relation client, celles fondées sur l'innovation produit et celles dites d'infrastructure. Chaque type est assorti d'impératifs économiques, concurrentiels et culturels différents. Les trois types peuvent coexister au sein d'une seule entreprise mais, dans l'idéal, ils sont « dégroupés » en entités distinctes en vue d'éviter les conflits ou les arbitrages indésirables.

[références]

1 • Hagel John, Singer Marc, « Unbundling the Corporation », *Harvard Business Review*, mars-avril 1999.

2 • Treacy Michael, Wiersema Fred, *The Discipline of Market Leaders: Choose Your Customers, Narrow Your Focus, Dominate Your Market*, Addison-Wesley, 1995.

[exemples]

Secteurs de la téléphonie mobile et de la banque privée

1 John Hagel et Marc Singer, à qui l'on doit l'expression *unbundled corporation* (entreprise dégroupée), considèrent que les entreprises sont constituées de trois types très différents d'activités, assortis d'impératifs économiques, concurrentiels et culturels très différents eux aussi : les activités centrées sur la relation client, les activités centrées sur l'innovation produit et les activités centrées sur une infrastructure. De la même manière, Treacy et Wiersema suggèrent que les entreprises doivent se concentrer sur l'une des trois disciplines de la valeur : l'excellence opérationnelle, le leadership produit ou l'intimité avec le client.

2 Selon Hagel et Singer, le rôle des entreprises centrées sur la relation client est de trouver et d'acquérir des clients, et de construire des relations avec eux. De même, le rôle d'une entreprise centrée sur l'innovation produit est de développer des produits et des services nouveaux et attractifs, alors que le rôle des entreprises d'infrastructure est de construire et de gérer des plates-formes traitant des volumes importants de tâches répétitives. Hagel et Singer considèrent que les entreprises doivent séparer ces activités et n'en conserver qu'une seule en interne. Parce que chaque type d'activité répond à des facteurs différents, ils peuvent entrer en conflit les uns avec les autres ou produire des arbitrages indésirables au sein d'une même organisation.

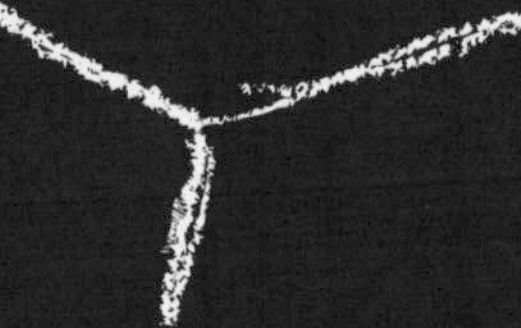

3 Dans les pages qui suivent, nous allons voir comment l'idée de dégroupage s'applique aux modèles économiques. Le premier exemple décrit les conflits et arbitrages indésirables créés par un modèle économique « groupé » dans le secteur de la banque privée. Dans le second exemple, nous verrons comment le dégroupage permet aux opérateurs de téléphonie mobile de se concentrer sur de nouvelles activités clés.

TROIS TYPES D'ACTIVITÉS CLÉS

	Innovation produit	Gestion de la relation client	Gestion d'infrastructure
Économie	L'entrée précoce sur le marché permet de pratiquer des prix élevés et d'acquérir des parts de marché importantes ; la rapidité est essentielle.	Le coût élevé d'acquisition des clients impose de conquérir une part de porte-monnaie importante ; les économies d'envergure sont fondamentales.	Les coûts fixes étant élevés, la quantité est indispensable pour avoir des coûts unitaires faibles ; les économies d'échelle sont essentielles.
Culture	Bataille pour les RH ; faibles barrières à l'entrée ; beaucoup de petits acteurs prospèrent.	Bataille pour l'envergure ; consolidation rapide ; un petit nombre de gros acteurs dominent.	Bataille pour la taille ; consolidation rapide ; un petit nombre de gros acteurs dominent.
Concurrence	Centrée sur les collaborateurs ; cajoler les stars créatives.	Très orientée service ; mentalité « le client d'abord ».	Focalisée sur les coûts ; accent sur la standardisation, la prévisibilité et l'efficacité.

Source : Hagel et Singer, 1999

Banque privée : trois activités en une

La banque privée suisse, dont l'activité consiste à fournir des services bancaires aux très riches, a longtemps eu la réputation d'être un secteur frileux. Ces dix dernières années, cependant, le visage du secteur a profondément changé. Durant des décennies, l'intégration verticale a été la norme pour les établissements de banque privée, qui pratiquaient la gestion d'actifs aussi bien que le courtage ou la création de produits financiers. Non sans raison : l'externalisation coûtait cher et les banques préféraient conserver la haute main sur leurs activités pour des raisons de confidentialité.

Mais l'environnement a évolué. Avec la démystification des pratiques bancaires suisses, le secret n'est plus vraiment un enjeu et, du fait de l'émergence de prestataires spécialisés dans la gestion des transactions et la création de nouveaux produits financiers notamment, ainsi que de l'éclatement de la chaîne de valeur, l'externalisation constitue désormais une option attractive.

La banque privée Maerki Baumann, basée à Zurich, a choisi de dégrouper son modèle économique. Ses activités de transactions constituent désormais une entité indépendante, Incore Bank, qui propose des services bancaires aux autres banques et aux courtiers. Maerki Baumann se consacre dorénavant exclusivement à la gestion de la relation avec le client, privilégiant une démarche de conseil.

Pour sa part, Pictet, la plus grande banque privée suisse, basée à Genève, a préféré conserver son modèle intégré. Cette institution née il y a deux siècles se veut proche de ses clients, prend en charge de nombreuses transactions et conçoit ses propres produits financiers. Si ce modèle a permis à la banque de prospérer, il lui impose de gérer avec précaution les arbitrages entre trois types d'activités fondamentalement différents.

Le graphique de la page ci-contre représente le modèle traditionnel de la banque privée, décrit les arbitrages, et le dégroupe en trois activités : gestion des relations, innovation produit et gestion d'infrastructure.

Arbitrages

1 La banque sert deux marchés, aux dynamiques très différentes. Conseiller les très riches est une activité de long terme, fondée sur les relations. Vendre des produits financiers à des banques privées est une activité dynamique, en évolution rapide.

2 La banque cherche à vendre ses produits à des banques concurrentes afin d'augmenter ses revenus – mais cela crée un conflit d'intérêts.

3 La division produits de la banque harcèle les conseillers pour qu'ils vendent les produits « maison » à leurs clients. Ce qui entre en conflit avec l'intérêt du client qui doit pouvoir bénéficier d'un conseil neutre. Les clients souhaitent investir dans les meilleurs produits disponibles sur le marché.

4 L'activité de plate-forme de transactions, centrée sur le coût et l'efficacité, est en conflit avec l'activité de produits financiers et de conseil, qui a besoin d'attirer des talents coûteux.

5 L'activité de plate-forme de transactions exige des volumes importants pour tirer les coûts vers le bas, ce qui est difficile à réaliser au sein d'une banque unique.

6 L'activité d'innovation produit est soumise à la loi de la vitesse et de la rapidité d'entrée sur le marché, ce qui est en contradiction avec l'activité de long terme de conseil aux plus riches.

Le modèle de la banque privée

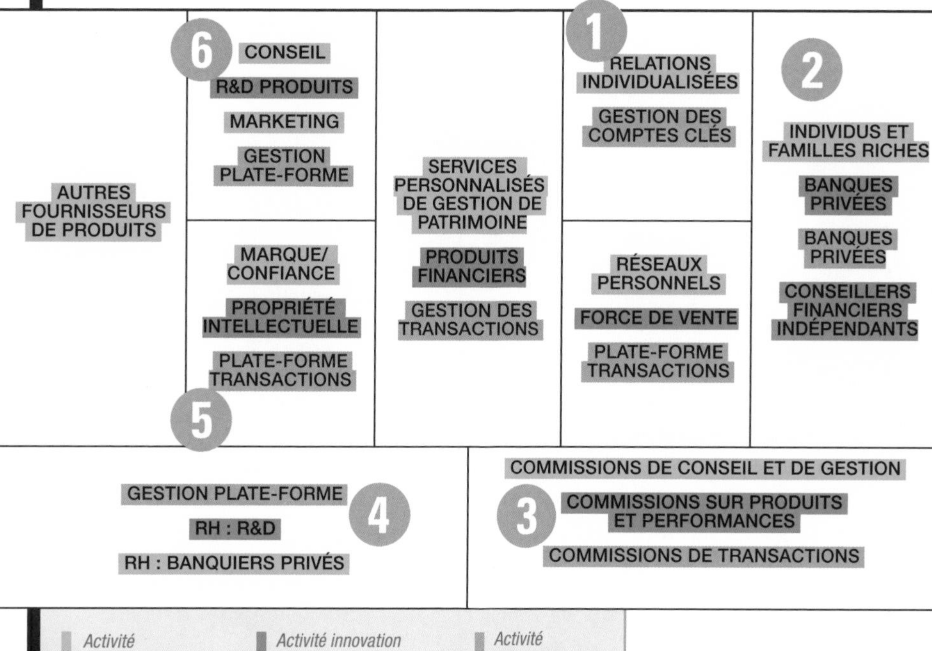

Dégroupage des opérateurs de téléphonie mobile

Les opérateurs de téléphonie mobile se sont engagés dans le dégroupage de leurs activités. Hier arme concurrentielle majeure, le réseau fait désormais l'objet d'accords de partage entre concurrents – lorsque les opérateurs n'externalisent pas purement et simplement leurs opérations réseau auprès de fabricants d'équipements. Pourquoi ? Parce qu'ils ont compris que leur actif clé n'est plus le réseau, mais la marque et la relation avec le client.

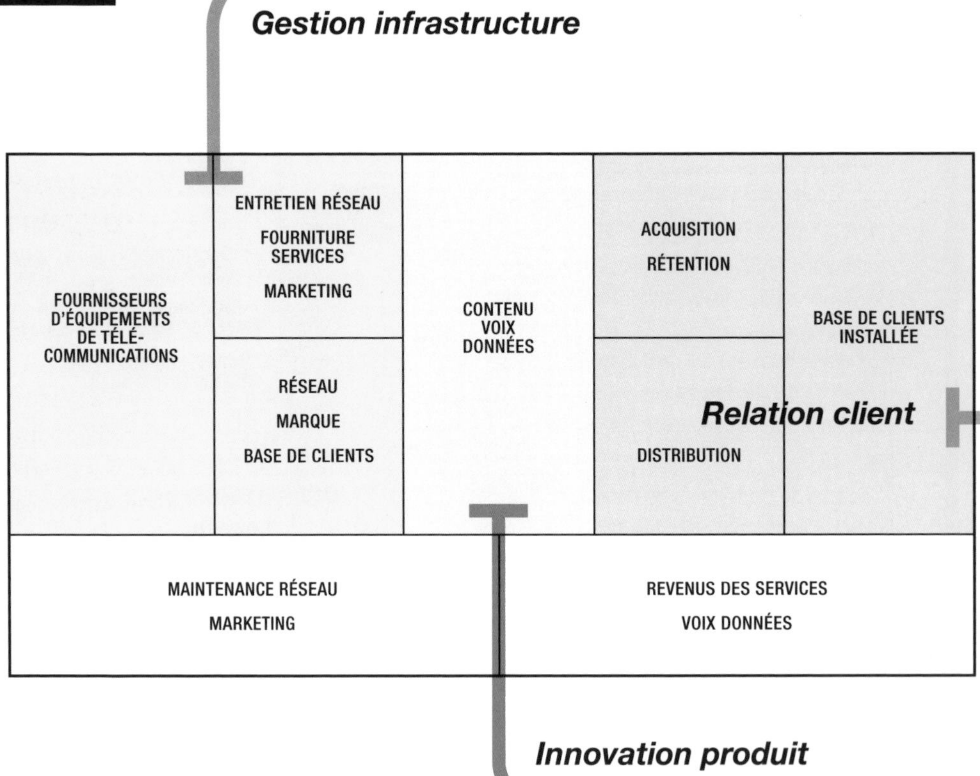

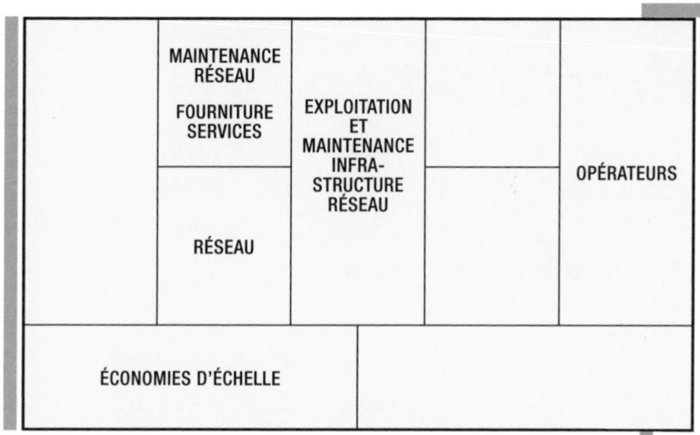

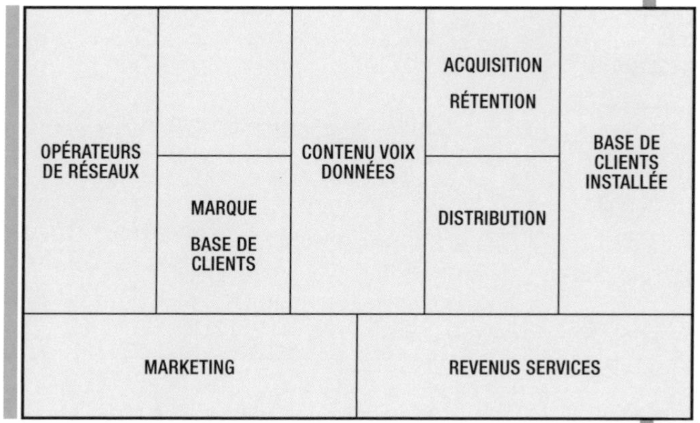

	MAINTENANCE RÉSEAU FOURNITURE SERVICES	EXPLOITATION ET MAINTENANCE INFRA-STRUCTURE RÉSEAU		OPÉRATEURS
	RÉSEAU			
ÉCONOMIES D'ÉCHELLE				

OPÉRATEURS DE RÉSEAUX		CONTENU VOIX DONNÉES	ACQUISITION RÉTENTION	BASE DE CLIENTS INSTALLÉE
	MARQUE BASE DE CLIENTS		DISTRIBUTION	
MARKETING		REVENUS SERVICES		

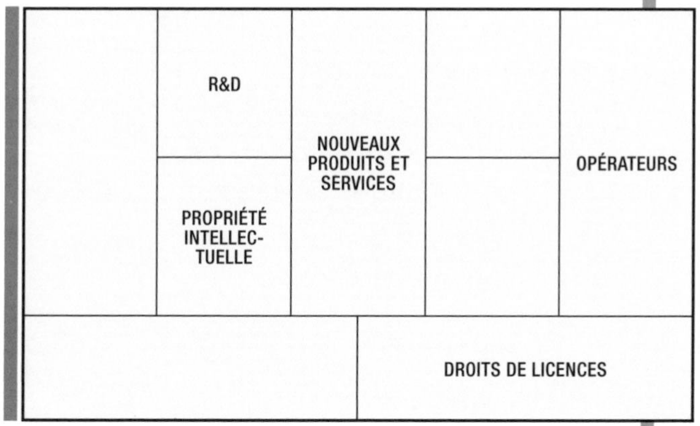

	R&D	NOUVEAUX PRODUITS ET SERVICES		OPÉRATEURS
	PROPRIÉTÉ INTELLEC-TUELLE			
		DROITS DE LICENCES		

Fabricants d'équipements

Les opérateurs de télécommunications France Télécom, KPN et Vodafone ont externalisé l'exploitation et la maintenance de certains de leurs réseaux auprès des fabricants d'équipements Nokia Siemens Networks, Alcatel-Lucent ou Ericsson. Ceux-ci sont en mesure de gérer les réseaux à un coût inférieur parce qu'ils servent plusieurs opérateurs en même temps et bénéficient ainsi d'économies d'échelle.

Opérateurs de télécommunications « dégroupés »

Son activité d'infrastructure dégroupée, un opérateur de télécommunications peut concentrer ses efforts sur la gestion de la marque et la segmentation des clients et des services. C'est dans la relation avec le client que se situent son actif clé et son cœur de métier. En se concentrant sur les clients et en augmentant sa part du porte-monnaie des abonnés existants, l'opérateur capitalise sur les investissements réalisés au fil des années dans l'acquisition et la fidélisation des clients. Un des premiers opérateurs de téléphonie mobile à s'engager dans le dégroupage stratégique a été Bharti Airtel, aujourd'hui l'un des leaders du secteur en Inde. Bharti Airtel a externalisé les opérations et la maintenance de son réseau auprès d'Ericsson et Nokia Siemens Networks, et son infrastructure IT à IBM, pour se concentrer sur sa compétence clé : construire des relations avec les clients.

Fournisseurs de contenu

Pour la création de produits et de services innovants, l'opérateur de télécommunications dégroupé est libre de s'adresser à de petites structures dynamiques et créatives. Les opérateurs de télécommunications travaillent avec plusieurs prestataires extérieurs qui assurent un apport constant de nouvelles technologies, de nouveaux services et de nouveaux contenus. L'Autrichien Mobilizy, par exemple, est spécialisé dans les solutions de services de location pour smartphones et le Suédois TAT crée des interfaces sophistiquées pour les mobiles.

3 Motifs dégroupés

Tout dans ce modèle est conçu pour répondre aux besoins des clients, ou construire des relations clients durables.

Innovations produits et services, infrastructure acquises auprès de PRESTATAIRES.

Les ACTIFS et les RESSOURCES CLÉS sont la base de clients et la confiance des abonnés acquise au fil du temps.

L'acquisition et la rétention de clients s'accompagnent de COÛTS : les dépenses de gestion de la marque et de marketing.

Ce modèle vise à générer des revenus avec un large éventail de produits reposant sur la confiance des clients – l'objectif est de conquérir une « part de porte-monnaie » élevée.

L'ACTIVITÉ est centrée sur la R&D en vue de mettre sur le marché de nouveaux produits et services.

Il arrive que les produits et services soient directement mis sur le marché mais, généralement, ils sont délivrés par des intermédiaires B2B experts de la RELATION AVEC LE CLIENT.

Les ACTIVITÉS et l'offre sont centrées sur la prestation de services d'infrastructure.

Les services sont généralement fournis à des CLIENTS INDUSTRIELS.

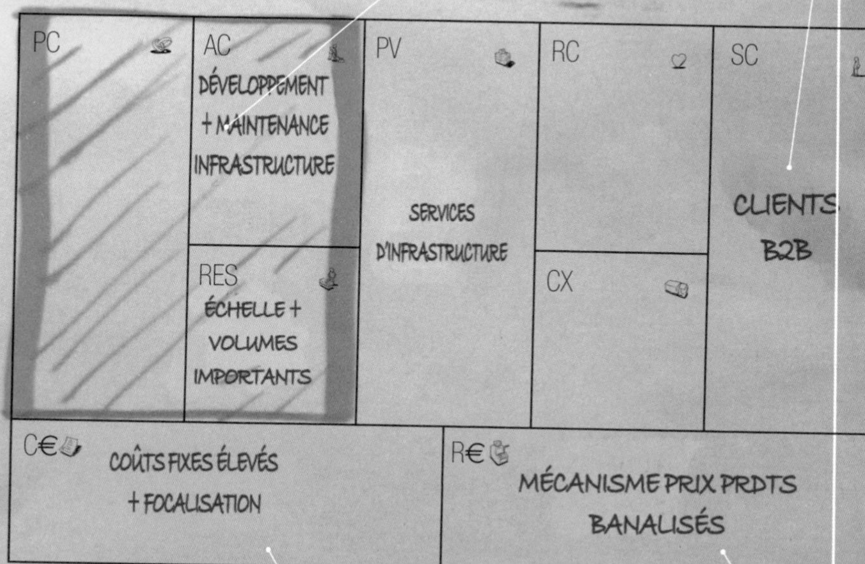

Base de COÛTS élevée du fait de la bataille pour les talents créatifs, RESSOURCE CLÉ dans ce modèle.

SURPRIX élevé facturable à cause de la nouveauté.

La plate-forme se caractérise par des COÛTS FIXES ÉLEVÉS qui sont « compensés » par l'échelle et des volumes importants.

Les REVENUS reposent sur des marges faibles et des volumes importants.

La longue traîne

Déf_Motif n° 2

Les modèles économiques dits de *longue traîne* visent à vendre « moins de plus » : offrir un grand nombre de produits de niche, chacun de ces produits étant vendu relativement rarement. Les ventes agrégées d'articles de niche peuvent être aussi lucratives que le modèle traditionnel où un petit nombre de « best-sellers » constitue l'essentiel des revenus. Les modèles économiques de longue traîne doivent s'accompagner de coûts de stockage faibles et de plates-formes de distribution performantes assurant une bonne visibilité aux contenus de niche.

[références]

1 • Anderson Chris, *La Longue Traîne*, 2e édition, Pearson, 2009.

2 • Anderson Chris, « The Long Tail », *Wired Magazine*, octobre 2004.

[exemples]

Netflix, eBay, YouTube, Facebook, Lulu.com

TOP
20%
*Un petit nombre
de produits, chacun se
vendant en grandes quantités*

Nombre de ventes

Le concept de longue traîne a été utilisé pour la première fois par Chris Anderson pour décrire l'émergence d'un nouveau modèle économique dans l'industrie des médias : la vente en quantités limitées d'un grand nombre de produits de niche là où prévalait la vente en grandes quantités d'un nombre limité de produits « vedettes ». Anderson a montré comment un grand nombre de ventes sporadiques peut générer un chiffre d'affaires agrégé équivalent, voire supérieur à celui des produits « top sellers ».

Selon Anderson, trois facteurs ont permis l'émergence de ce phénomène dans le secteur des médias :

1. Démocratisation des outils de production : la baisse du coût des technologies a rendu accessibles au plus grand nombre des outils qui étaient extrêmement coûteux il y a quelques années encore. Des millions d'amateurs passionnés peuvent désormais enregistrer de la musique, réaliser des courts métrages et concevoir des logiciels simples avec des résultats professionnels.

2. Démocratisation de la distribution : Internet a banalisé la distribution de contenu numérique et considérablement réduit les coûts de stockage, de communication et de transaction, ouvrant de nouveaux marchés pour des produits de niche.

3. Baisse des coûts de recherche pour mettre en relation l'offre et la demande : le vrai défi, lorsqu'on souhaite vendre du contenu de niche, est de trouver les acheteurs potentiels intéressés. De puissants moteurs de recherche et de recommandations, les évaluations d'utilisateurs et les communautés permettent de le faire beaucoup plus facilement.

LONGUE TRAÎNE *un grand nombre de produits, chacun vendu en petites quantités*

Anderson s'est surtout intéressé au secteur des médias. Il a par exemple montré comment la société de location de vidéos en ligne Netflix a progressivement fait évoluer son catalogue pour accueillir un grand nombre de films de niche. Bien que chaque film ne soit loué que relativement rarement, leur chiffre d'affaires agrégé rivalise avec celui généré par la location de films populaires. La démonstration d'Anderson, toutefois, ne se limite pas au secteur des médias. La réussite du site d'enchères en ligne eBay repose sur une gigantesque armée d'enchérisseurs vendant et achetant de petites quantités de produits peu demandés.

Nombre de produits

La transformation du secteur de l'édition

Ancien modèle

Un écrivain en herbe met toute son âme dans un manuscrit, l'envoie à des éditeurs... qui refusent poliment de le publier. La chanson est connue et renferme une grande part de vérité. Le modèle traditionnel de l'édition repose sur un processus de sélection : les éditeurs passent au crible de nombreux auteurs et manuscrits et retiennent pour publication ceux qui leur semblent les plus susceptibles d'atteindre un seuil de vente minimal. Les auteurs les moins prometteurs sont écartés parce qu'il ne serait pas rentable pour l'éditeur de corriger, mettre en page, imprimer et assurer la promotion de titres qui ne séduiront qu'un nombre limité de lecteurs. Les éditeurs recherchent en priorité des livres qui feront de gros tirages.

-	ACQUISITION DE CONTENU PUBLICATION VENTES	CONTENU LARGE (DANS L'IDÉAL, DES « HITS »)	–	PUBLIC LARGE
	CONNAISSANCES ÉDITION CONTENU		RÉSEAU DISTRIBUTION	
ÉDITION/MARKETING		REVENUS VENTES		

Un nouveau modèle

En permettant à tous ceux qui le souhaitent de publier leur livre, Lulu.com a inversé le modèle traditionnel centré sur le best-seller. Aider les auteurs confidentiels et les auteurs amateurs à mettre leur travail sur le marché, telle est la base du modèle économique de Lulu.com. Le site met à la disposition des auteurs les outils qui leur permettent de travailler, d'imprimer puis de diffuser le fruit de leur travail via une place de marché, supprimant ainsi les traditionnelles barrières à l'entrée. On est loin de la logique du modèle historique : tout « mérite » d'être publié. De fait, plus Lulu.com attire d'auteurs, mieux le site se porte, parce que les auteurs deviennent des clients. En deux mots, Lulu.com est une plate-forme multiface (voir p. 76) qui sert et connecte des auteurs et des lecteurs avec une longue traîne de contenu de niche généré par les utilisateurs. Des milliers d'auteurs utilisent les outils en libre-service de Lulu.com pour publier et vendre leurs livres. La formule marche parce que l'impression des livres se fait à la commande. La mévente d'un titre n'a strictement aucune conséquence pour Lulu.com puisqu'elle n'est assortie d'aucun coût.

-	DÉVELOPPEMENT PLATE-FORME LOGISTIQUE	SERVICES D'AUTO-ÉDITION PLACE DE MARCHÉ POUR UN CONTENU DE NICHE	COMMUNAUTÉS D'INTÉRÊT PROFILS EN LIGNE	AUTEURS DE NICHE PUBLICS DE NICHE
	PLATE-FORME INFRASTRUCTURE D'IMPRESSION À LA DEMANDE		LULU.COM	
GESTION ET DÉVELOPPEMENT PLATE-FORME			COMMISSIONS SUR VENTES (FAIBLES) COMMISSIONS SUR SERVICES D'ÉDITION	

La nouvelle longue traîne de LEGO®

Les célèbres briques emboîtables du fabricant de jouets danois LEGO ont vu le jour en 1949. Depuis, des générations d'enfants ont joué avec des milliers de kits – stations spatiales, pirates, châteaux du Moyen Âge pour n'en citer que quelques-uns. Mais, concurrence oblige, LEGO a dû trouver de nouvelles voies de croissance. L'entreprise a alors conclu des accords de licence pour l'utilisation de figurines tirées de films à succès, *La Guerre des étoiles*, *Batman* ou encore *Indiana Jones*. Si ces accords coûtent cher à l'entreprise, la stratégie s'est révélée extrêmement lucrative.

En 2005, LEGO a investi un nouveau terrain d'expérimentation : les contenus produits par les utilisateurs. Avec LEGO Factory, les clients peuvent assembler leurs propres kits et les commander en ligne. Grâce au logiciel LEGO Digital Designer, les utilisateurs conçoivent leurs propres immeubles, véhicules, thèmes et personnages, en choisissant parmi des milliers de composants et des dizaines de couleurs... et jusqu'à la boîte qui contient leur kit personnalisé. De consommateurs passifs, les utilisateurs sont ainsi devenus des designers de la marque.

Cette évolution exige de transformer l'infrastructure de la supply chain – transformation que LEGO n'a pas encore conduite à son terme du fait de volumes limités. L'entreprise s'est contentée de modifier ses ressources et activités existantes.

En termes de modèle économique, toutefois, LEGO est allé au-delà de la personnalisation de masse en investissant le territoire de la longue traîne. Outre la création de kits, LEGO Factory vend désormais en ligne des kits créés par les utilisateurs. Certains se vendent bien, d'autres moins, voire pas du tout. Ce qui est important pour LEGO, c'est que ces créations viennent enrichir une offre de produits jusqu'alors centrée sur un petit nombre de kits à succès. Si cette activité ne représente à l'heure actuelle qu'une part modeste du chiffre d'affaires total de LEGO, il s'agit d'un premier pas vers le déploiement d'un modèle de longue traîne en complément – voire en remplacement – de son modèle traditionnel de marché de masse.

LEGO

\+
les utilisateurs peuvent créer leurs propres modèles et les commander en ligne
=
LEGO Factory

\+
LEGO permet aux utilisateurs de diffuser et vendre leurs kits en ligne
=
LEGO Users Catalog

LEGO Factory : des kits créés par les utilisateurs

PC

Les clients qui créent de nouveaux designs LEGO et les diffusent en ligne deviennent des partenaires clés générant des contenus et de la valeur.

AC

LEGO doit mettre à disposition et gérer la plate-forme et la logistique pour l'emballage et la livraison des kits personnalisés.

RES

LEGO n'a pas encore totalement adapté ses ressources et ses activités, conçues à l'origine pour le marché de masse.

PV

LEGO Factory enrichit l'offre de boîtes en donnant aux fans de LEGO les outils pour construire, montrer et vendre les modèles qu'ils ont créés.

RC

LEGO Factory construit une communauté de longue traîne autour des clients qui sont réellement intéressés par du contenu de niche et veulent autre chose que des kits standard.

CX

L'existence de LEGO Factory dépend très fortement du canal Internet.

SC

Des milliers de nouveaux modèles créés par les clients complètent parfaitement les kits standard. LEGO Factory connecte les clients qui créent des modèles personnalisés avec d'autres clients, devenant ainsi une plate-forme de mise en relation et augmentant ses ventes.

C€

LEGO Factory tire parti des coûts de production et des coûts logistiques déjà encourus par son modèle traditionnel.

R€

LEGO Factory vise à générer des revenus limités à partir d'un grand nombre de produits conçus par les clients. Cela représente un complément intéressant au chiffre d'affaires traditionnel.

Longue traîne

Les fournisseurs de contenus de niche (professionnels et/ou générés par les utilisateurs) sont les PARTENAIRES CLÉS dans ce motif.

La PROPOSITION DE VALEUR du modèle économique de longue traîne consiste à offrir un large éventail d'articles « non hits » qui peuvent coexister avec des produits « vedettes ». Les modèles économiques de longue traîne peuvent également favoriser et exploiter les contenus générés par les utilisateurs.

Les modèles économiques de longue traîne ciblent les CLIENTS de niche.

Un modèle économique de longue traîne peut aussi bien cibler des producteurs professionnels de contenu que des producteurs amateurs, et, le cas échéant, créer une plate-forme multiface (voir p. 76) répondant aux besoins des utilisateurs et des producteurs.

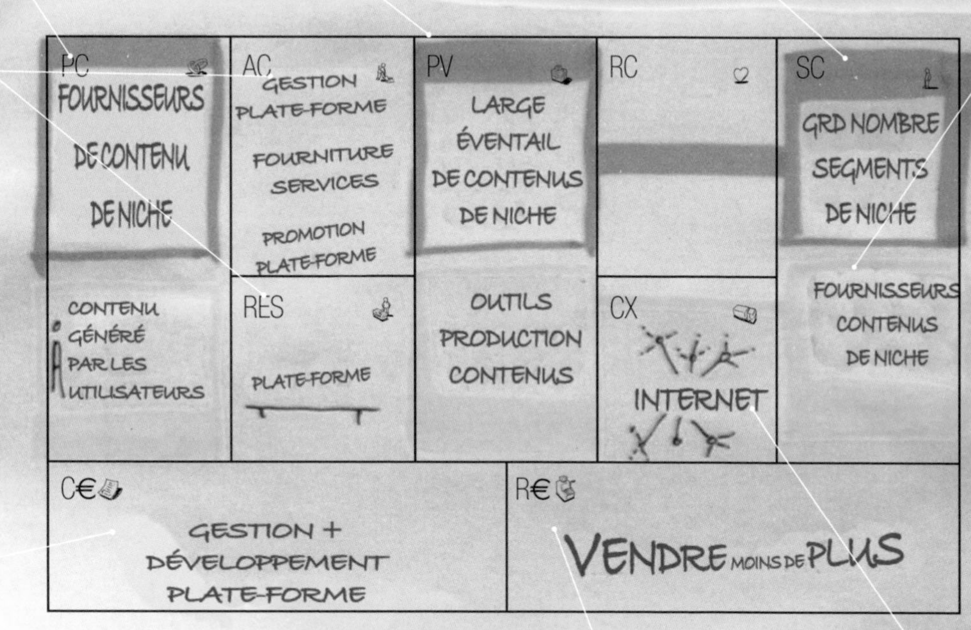

La RESSOURCE CLÉ est la plate-forme ; les ACTIVITÉS CLÉS sont la maintenance et le développement de la plate-forme et l'acquisition et la production de contenus de niche.

Les principaux COÛTS concernent le développement et la maintenance de la plate-forme.

Ce modèle repose sur l'agrégation de revenus limités générés par un grand nombre d'articles. Les FLUX DE REVENUS varient ; ils peuvent venir de la publicité, des ventes de produits ou d'abonnements.

Les modèles économiques de longue traîne utilisent généralement Internet comme canal de RELATION CLIENT et/ou CANAL DE TRANSACTION.

Les plates-formes multifaces

Déf_Motif n° 3

Les *plates-formes multifaces* mettent en contact deux groupes au moins de clients distincts mais interdépendants. Elles n'ont de valeur pour un groupe de clients que *si* les autres groupes de clients sont également présents. La plate-forme crée de la valeur en *rendant possibles les interactions* entre les différents groupes. Pour croître en valeur, une plate-forme multiface doit attirer davantage d'utilisateurs, ce que l'on appelle l'*effet réseau*.

[références]

1 • Eisenmann Thomas, Parker Geoffrey, Van Alstyne Marshall, « Strategies for Two-Sided Markets », *Harvard Business Review*, octobre 2006.

2 • Evans David, Hagiu Andrei, Schmalensee Richard, *Invisibles Engines: How Software Platforms Drive Innovation and Transform Industries*, MIT Press, 2006.

3 • Evans David, « Managing the Maze of Multisided Markets », *Strategy & Business*, automne 2003.

[exemples]

Visa, Google, eBay, Microsoft Windows, *Financial Times*

Les plates-formes multifaces, ou « marchés multifaces » pour reprendre la terminologie des économistes, constituent un phénomène important de la vie économique. Elles existent depuis longtemps mais se sont multipliées avec l'essor des technologies de l'information. La carte de crédit Visa, le système d'exploitation Windows, le *Financial Times*, Google, la console de jeu Wii ou encore Facebook ne sont que quelques exemples de plates-formes multifaces qui ont su se déployer avec succès. Nous nous y intéressons ici car elles représentent un type de modèle économique de plus en plus important.

En quoi consistent précisément les plates-formes multifaces ? Elles mettent en contact deux groupes au moins de clients distincts mais interdépendants. Elles créent de la valeur en tant qu'intermédiaires en connectant ces groupes les uns avec les autres. Les cartes de crédit, par exemple, mettent en contact commerçants et détenteurs de cartes ; les systèmes d'exploitation informatiques relient les fabricants informatiques, les développeurs d'applications et les utilisateurs ; les journaux rapprochent lecteurs et annonceurs ; les consoles de jeux relient développeurs et joueurs. Pour créer de la valeur, une plate-forme doit attirer et servir tous les groupes simultanément. La valeur de la plate-forme pour un utilisateur donné dépend en effet pour une large part du nombre d'utilisateurs sur « les autres faces ». Une console de jeux n'attirera d'acheteurs que si un nombre suffisant de jeux est disponible pour la plate-forme. À l'autre extrémité, les développeurs ne créeront de jeux pour une nouvelle console que si un nombre important de joueurs l'utilisent déjà. Dès lors, les plates-formes multifaces sont souvent confrontées au dilemme de « la poule et l'œuf ».

Une façon de résoudre ce dilemme consiste à subventionner un segment de clients. Bien qu'un opérateur de plate-forme supporte des coûts en servant tous les groupes de clients, il n'est pas rare qu'il décide de séduire un segment avec une proposition de valeur peu chère ou gratuite, pour attirer ensuite les utilisateurs de « l'autre face » de la plate-forme. Une des difficultés à laquelle sont confrontés les opérateurs de plates-formes multifaces est de déterminer quel côté subventionner et quel niveau de prix adopter pour attirer les clients.

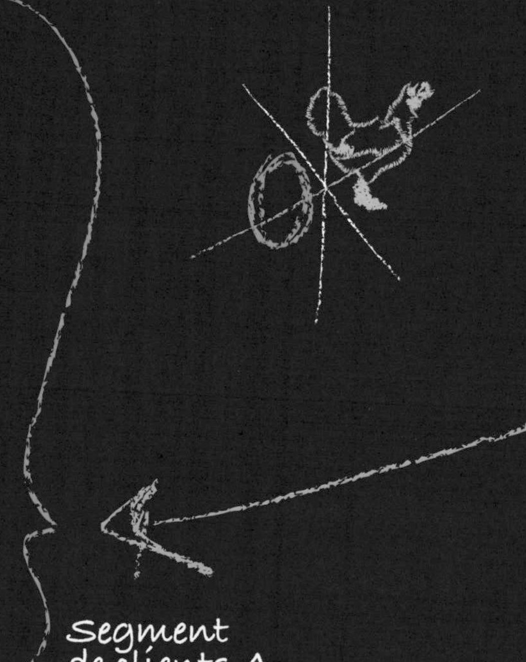

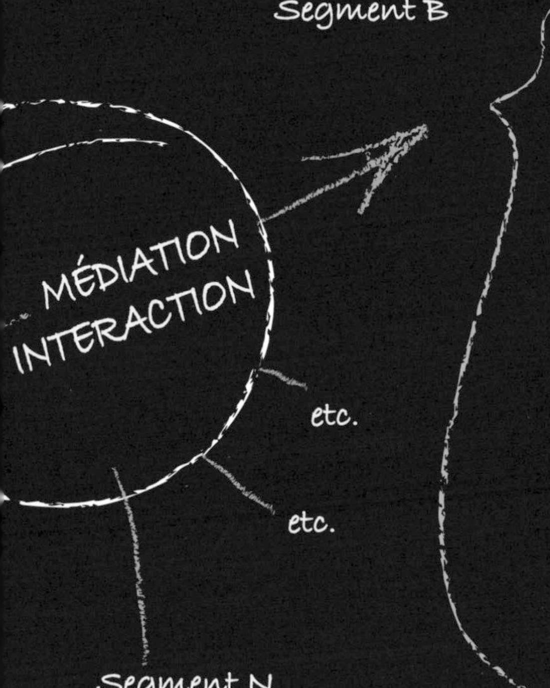

Un exemple nous en est offert par *Metro*, le quotidien gratuit né à Stockholm et aujourd'hui distribué dans de grandes villes du monde entier. Lancé en 1995, le titre a immédiatement séduit de nombreux lecteurs parce qu'il était distribué gratuitement dans les transports en commun de la capitale suédoise et de sa banlieue. Cela lui a permis d'attirer des annonceurs et d'atteindre rapidement le seuil de rentabilité. Microsoft en est une autre illustration, qui a mis gratuitement à disposition son kit de développement logiciel Windows (SDK) pour encourager la création de nouvelles applications pour son système d'exploitation. Le grand nombre d'applications a contribué à augmenter le nombre d'utilisateurs de la plate-forme Windows et les revenus de Microsoft. Mais toutes les plates-formes multifaces ne connaissent pas le même succès, comme Sony en a fait l'expérience avec la Playstation 3. Sony a subventionné chaque console achetée dans l'espoir de se rémunérer par la suite avec les royalties tirées des jeux. Malheureusement, les ventes n'ont pas été à la hauteur.

Les opérateurs de plates-formes multifaces doivent se poser plusieurs questions clés : Pouvons-nous attirer un nombre suffisant de clients pour chaque face de la plate-forme ? Quelle face est la plus sensible au prix ? Une offre subventionnée peut-elle inciter ce groupe à nous rejoindre ? L'autre face de la plate-forme générera-t-elle suffisamment de revenus pour compenser les subventions ?

On trouvera dans les pages suivantes trois exemples de plates-formes multifaces. Le premier modèle économique étudié est celui de Google. Nous verrons ensuite comment Nintendo, Sony et Microsoft sont en concurrence, avec des modèles de plates-formes multifaces légèrement différents. Enfin, nous décrirons comment Apple s'est progressivement mué en opérateur d'une puissante plate-forme multiface.

Le modèle économique de Google

Le cœur du modèle économique de Google réside dans sa proposition de valeur : fournir via Internet des annonces publicitaires extrêmement ciblées et ce, au niveau mondial. Grâce au service AdWords, les annonceurs ont la possibilité de diffuser des annonces et des liens sponsorisés sur les pages de recherche de Google (et, comme nous le verrons plus loin, sur un réseau de contenu affilié). Les annonces apparaissent à côté des résultats de recherche lorsque les Internautes utilisent le moteur de recherche Google. Google garantit que seules les publicités pertinentes par rapport à la recherche sont affichées. Ce service est intéressant pour les annonceurs parce qu'il leur permet de concevoir des campagnes en ligne ciblées sur des requêtes et des populations spécifiques. Cela étant, le modèle ne fonctionne que si un grand nombre de personnes utilisent Google. Plus Google touche de personnes, plus le moteur peut afficher de publicités et plus grande est la valeur créée pour les annonceurs.

La proposition de valeur de Google à destination des annonceurs est étroitement liée au nombre d'internautes qui se rendent sur son site. Google apporte donc à ce second groupe de clients consommateurs un puissant moteur de recherche et des outils de plus en plus diversifiés tels que Gmail (messagerie en ligne), Google maps ou encore Picasa (album de photos en ligne). Pour étendre encore sa force de frappe, Google a créé un troisième service grâce auquel ses publicités peuvent être affichées sur d'autres sites que le sien. AdSense, c'est son nom, permet à des tiers de récupérer une partie des revenus publicitaires de Google en affichant des annonces Google sur leur site. AdSense analyse automatiquement le contenu d'un site participant et affiche les textes et images publicitaires pertinents pour les visiteurs. La proposition de valeur à destination de ces éditeurs Internet, troisième segment de clients de Google, est de leur permettre de tirer de l'argent de leur contenu.

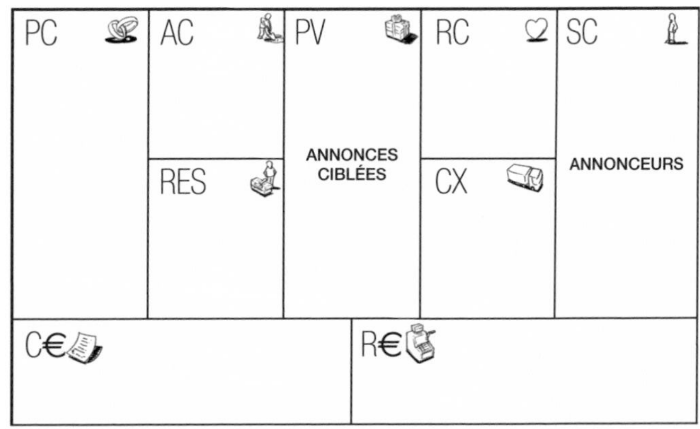

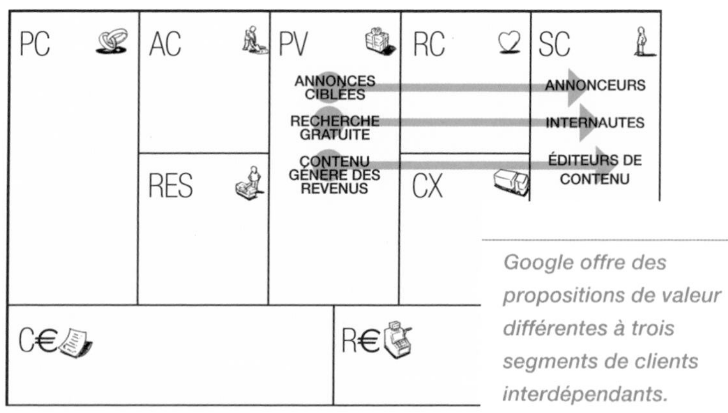

Google offre des propositions de valeur différentes à trois segments de clients interdépendants.

En tant que plate-forme multiface, Google se distingue par un modèle de revenus tout à fait particulier. L'entreprise tire ses revenus d'un segment de clients, celui des annonceurs, tout en subventionnant des offres gratuites à destination des deux autres segments, les internautes et les propriétaires de contenu. C'est logique : plus le moteur affiche d'annonces qui seront vues par les internautes, plus il gagne d'argent auprès des annonceurs. Et la multiplication des revenus publicitaires incite encore plus de propriétaires de contenu à s'affilier à AdSense. Les annonceurs n'achètent pas d'espace publicitaire directement à Google. Ils placent des enchères sur des mots-clés liés, associés soit aux termes de recherche soit au contenu de sites Internet affiliés. Les offres sont placées via un service d'enchères d'AdWords : plus un mot-clé est populaire, plus l'annonceur doit payer. Les revenus conséquents que Google tire d'AdWords lui permettent de continuer à améliorer ses offres gratuites à destination des utilisateurs du moteur de recherche et d'AdSense.

La ressource clé de Google est sa plate-forme de recherche qui alimente trois services différents : recherche sur Internet (Google.com), publicité (AdWords) et monétisation du contenu d'autres sites (AdSense). Ces services reposent sur des algorithmes complexes de recherche et de mise en relation, adossés à une infrastructure IT étendue. Les trois activités clés de Google peuvent être définies de la façon suivante : (1) construire et maintenir l'infrastructure de recherche, (2) gérer les trois services principaux, et (3) assurer la promotion de la plate-forme auprès de nouveaux utilisateurs, propriétaires de contenu et annonceurs.

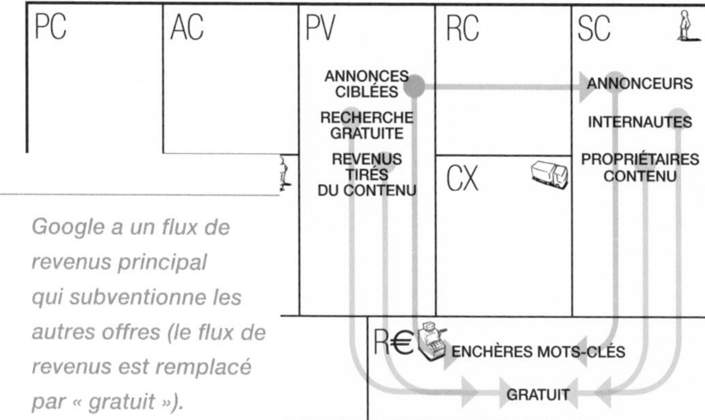

Google a un flux de revenus principal qui subventionne les autres offres (le flux de revenus est remplacé par « gratuit »).

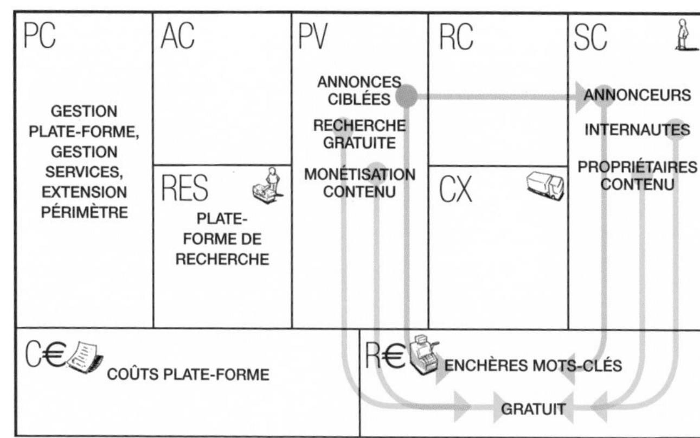

Wii versus PSP/Xbox Même motif, autre focus

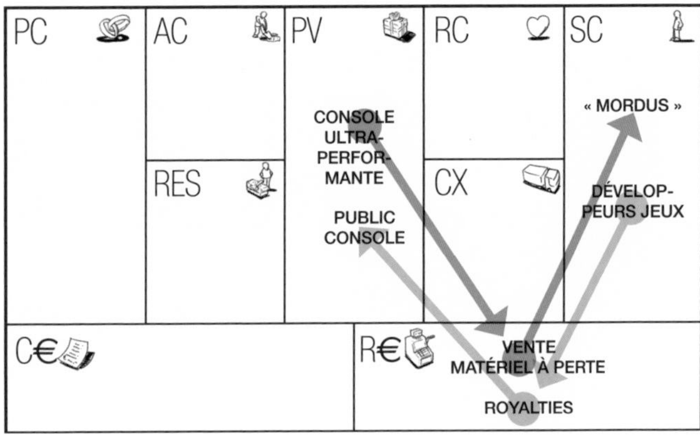

PSP/Xbox

Les consoles de jeux vidéo, un marché qui draine aujourd'hui des milliards de dollars, constituent une bonne illustration des plates-formes bifaces. D'un côté, un fabricant de console doit séduire le plus de joueurs possible pour attirer les développeurs de jeux. De l'autre, les joueurs n'achètent la console que si un nombre suffisant de jeux est disponible. Ce principe s'est traduit par une lutte féroce entre trois grands concurrents et leurs consoles respectives : la PlayStation de Sony, la Xbox de Microsoft et la Wii de Nintendo. Toutes trois sont basées sur des plates-formes bifaces, mais on observe des différences importantes entre le modèle économique de Sony/Microsoft et l'approche choisie par Nintendo, preuve qu'il n'existe pas de solution unique pour un marché donné.

Sony et Microsoft dominaient le marché des consoles de jeux jusqu'à ce que la Wii de Nintendo balaye le secteur avec une nouvelle approche technologique et un modèle économique totalement différent. Avant de lancer la Wii, Nintendo avait vu ses parts de marché fondre comme neige au soleil et était à deux doigts de la faillite. Grâce à sa nouvelle console, l'entreprise est aujourd'hui leader du marché.

Traditionnellement, les fabricants de consoles de jeux vidéo ciblaient les « mordus » et se battaient sur les prix et les performances de la console. Pour ce public, la qualité du graphisme et du jeu, et la vitesse du processeur étaient les principaux critères de choix. Les fabricants ont donc développé des consoles aussi sophistiquées que coûteuses et les ont vendues à perte pendant des années, subventionnant le matériel avec deux autres sources de revenus.

D'une part, ils ont développé et vendu leurs propres jeux pour leurs consoles. D'autre part, ils touchaient des royalties auprès de développeurs qui payaient pour le droit de créer des jeux pour telle ou telle console. C'est la configuration typique du modèle économique de plate-forme biface : une face, les consommateurs, est fortement subventionnée en vue de mettre le plus grand nombre possible de consoles sur le marché. L'entreprise gagne ensuite de l'argent auprès de l'autre face de la plate-forme : les développeurs de jeux.

Même motif mais modèle économique différent pour la Wii de Nintendo

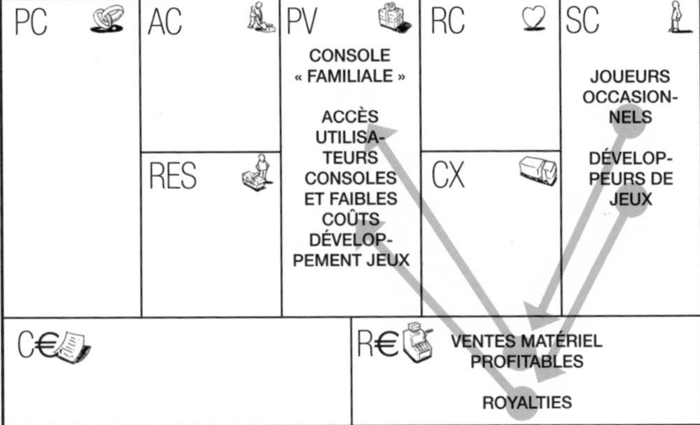

Wii

La Wii a changé tout cela. Si elle repose, comme ses rivales, sur une plate-forme biface, les éléments en sont sensiblement différents. Nintendo cible le public, très important en nombre, des joueurs occasionnels et non le marché « traditionnel », plus restreint, des passionnés de jeux. La marque a conquis le cœur de sa cible avec des machines relativement peu chères, dotées d'un capteur de mouvements et d'une télécommande qui permettent aux joueurs de contrôler l'action avec des gestes. Wii Sports, Wii Music, Wii Fit... ils sont des milliers à avoir été séduits par une nouvelle façon de jouer, amusante et conviviale. Ce facteur de différenciation est également à la base du nouveau type de plate-forme biface créé par Nintendo.

Sony et Microsoft se battaient à coups de technologie coûteuse, propriétaire et ultra-sophistiquée, pour séduire les passionnés et subventionnaient cette technologie afin de conquérir des parts de marché et maintenir le prix des consoles à un niveau raisonnable. Nintendo, pour sa part, a concentré ses forces sur un segment de marché beaucoup moins sensible à la performance technologique. L'entreprise a choisi d'attirer les consommateurs avec la dimension ludique de son dispositif de contrôle – une innovation technologique nettement moins coûteuse que des puces plus puissantes. La Wii coûtant moins cher à produire, Nintendo pouvait se passer de subventionner l'achat des consoles. C'est la principale différence entre Nintendo et ses concurrents Sony et Microsoft : Nintendo gagne de l'argent des deux côtés de sa plate-forme Wii. L'entreprise retire des bénéfices de chaque console vendue et empoche des royalties auprès des développeurs de jeux.

Pour résumer, trois facteurs interdépendants expliquent le succès commercial de la Wii : (1) différenciation à faible coût du produit (contrôle gestuel), (2) focalisation sur un nouveau marché, inexploité, qui accorde moins d'importance à la technologie (joueurs occasionnels) et (3) modèle de plate-forme biface qui génère des revenus des deux « côtés » de la Wii. Trois caractéristiques qui constituent autant de ruptures nettes avec les pratiques et le modèle traditionnels du secteur.

Quand Apple devient opérateur de plate-forme

L'évolution de la ligne de produits Apple de l'iPod à l'iPhone illustre le passage de l'entreprise à un type de modèle économique de plate-forme. À l'origine, l'iPod était un appareil stand-alone. L'iPhone, en revanche, est devenu une puissante plate-forme multiface pour laquelle Apple contrôle des applications tierces *via* l'App Store.

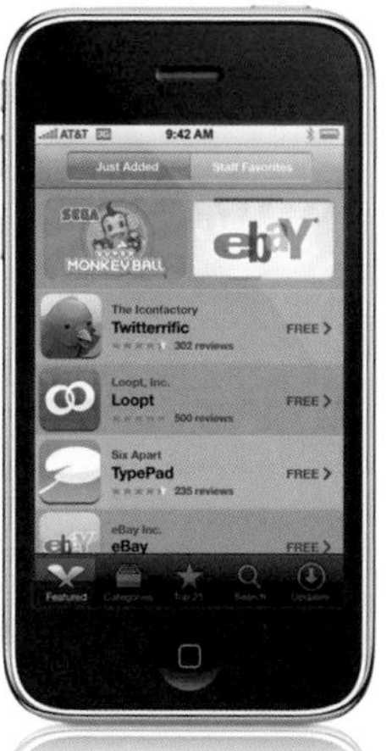

iPod

Passage à un modèle économique de plate-forme multiface

iPod & iTunes

Consolidation du modèle économique de plate-forme

iPhone & App Store

2001 — 2003 — 2008

Apple a lancé l'iPod en 2001. Les utilisateurs pouvaient copier leurs CD et télécharger de la musique depuis Internet sur leur baladeur. L'iPod était une plate-forme technologique pour stocker de la musique provenant de différentes sources. À ce stade, toutefois, Apple n'exploitait pas l'aspect plate-forme de l'iPod dans son modèle économique.

En 2003, Apple a créé l'iTunes Music Store, en étroite intégration avec l'iPod. Le magasin en ligne permettait d'acheter et de télécharger très simplement de la musique numérique. Il s'agissait de la première tentative d'Apple pour exploiter les effets de plate-forme. iTunes connectait directement les « détenteurs de droits musicaux » aux acheteurs. Cette stratégie a propulsé Apple à sa place actuelle de premier disquaire mondial en ligne.

En 2008, Apple a franchi une nouvelle étape dans sa stratégie de plate-forme avec le lancement de l'App Store pour le très populaire iPhone. L'App Store permet de rechercher, acheter et télécharger directement des applications depuis l'iTunes Store et de les installer sur un iPhone. Les développeurs doivent passer par l'App Store pour vendre leurs applications, Apple collectant une commission de 30 % sur chaque application vendue.

Plates-formes multifaces

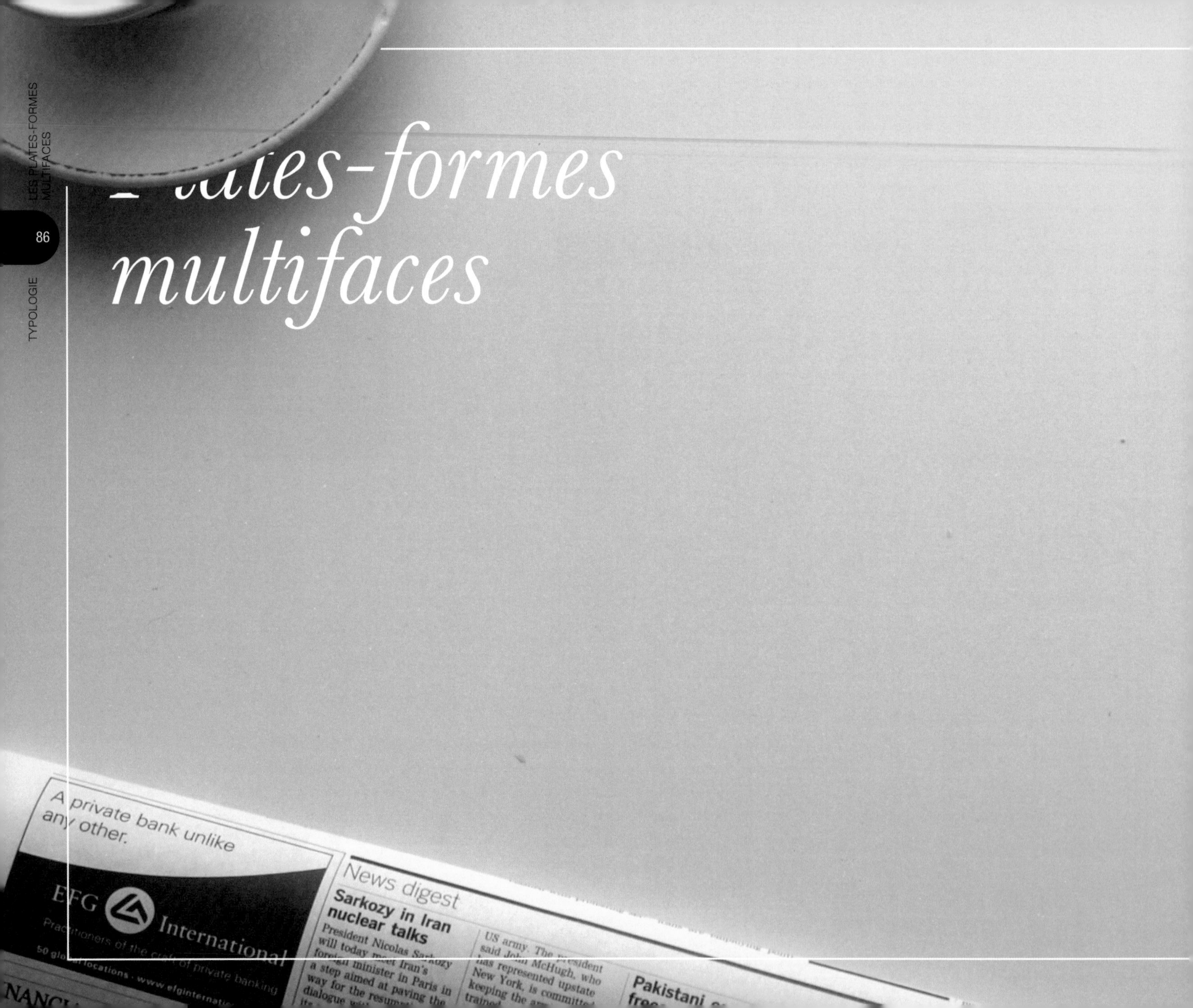

La **PROPOSITION DE VALEUR** crée généralement de la valeur selon trois grands axes. Premièrement, attraction de groupes d'utilisateurs (segments de clients) ; deuxièmement, intermédiation entre les segments de clients ; troisièmement, réduction des coûts en faisant transiter les transactions par la plate-forme.

Les modèles économiques de type plate-forme multiface ont une structure spécifique. Ils comportent deux **SEGMENTS DE CLIENTS** au moins, chacun avec sa proposition de valeur et son flux de revenus associé. Qui plus est, un segment de clients ne peut pas exister sans les autres.

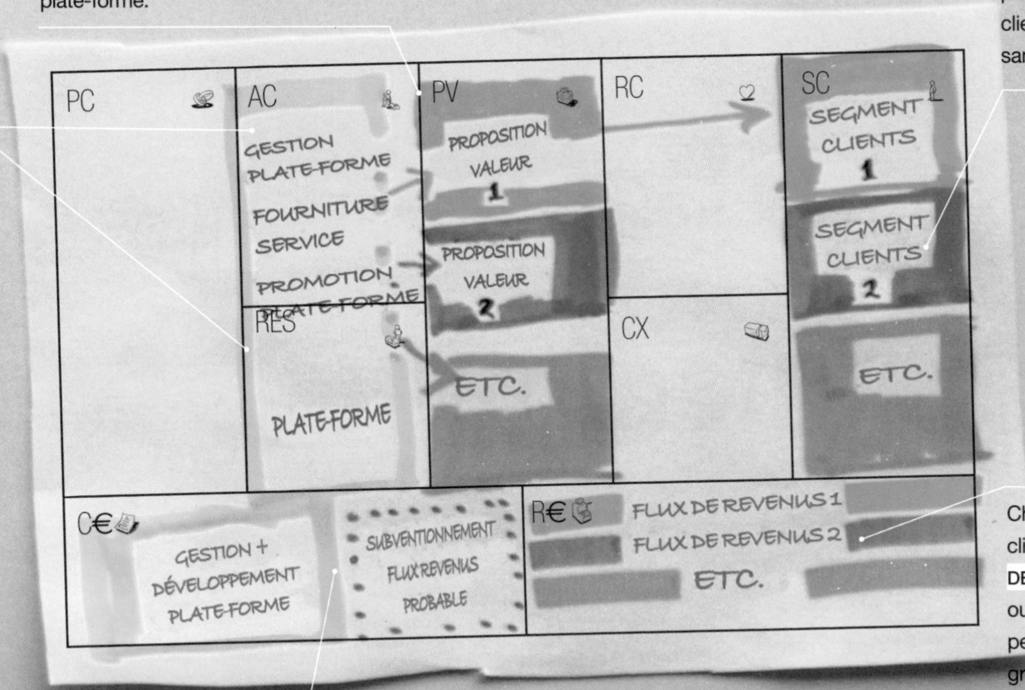

La **RESSOURCE CLÉ** nécessaire pour ce motif de modèle économique est la plate-forme. Les trois activités clés sont généralement la gestion de la plate-forme, la fourniture du service et la promotion de la plate-forme.

Chaque segment de clientèle génère un **FLUX DE REVENUS** différent. Un ou plusieurs segments peuvent bénéficier d'offres gratuites ou de prix réduits subventionnés par les revenus générés par les autres segments. Choisir quel segment subventionner est une décision cruciale qui déterminera bien souvent la réussite ou l'échec d'un modèle économique de plate-forme multiface.

Les principaux **COÛTS** concernent la gestion et le développement de la plate-forme.

Le modèle économique du gratuit

Déf_Motif n° 4

Gratuité. Dans le modèle économique du *gratuit*, un segment de clients important *au moins* a la possibilité de bénéficier de *manière continue* d'une offre gratuite. *Différentes configurations* rendent l'offre gratuite possible. Le segment qui ne paye pas est subventionné par une autre composante du modèle économique ou par un autre segment de clients.

[références]

1 • Anderson Chris, « Free! Why $0.00 is the Future of Business », *Wired*, février 2008.

2 • « How about Free? The Price Point That is Turning Industries on Their Heads », Knowledge@ Wharton, mars 2009.

3 • Anderson Chris, *Free ! Entrez dans l'économie du gratuit*, Pearson, 2009.

[exemples]

Metro (journal gratuit), Flickr, l'Open Source, Skype, Google, téléphones mobiles gratuits

Recevoir quelque chose gratuitement a toujours été une proposition de valeur attractive. Tout économiste ou spécialiste du marketing confirmera que la demande générée par un prix égal à zéro est beaucoup plus élevée que celle générée par un prix égal à un centime ou par tout autre prix. La période récente a vu les offres gratuites se multiplier, en particulier sur Internet. La question qui se pose, naturellement, est la suivante : comment peut-on gagner de l'argent en proposant quelque chose de gratuit ? Une partie de la réponse tient à ce que le coût de production de certains « cadeaux », ainsi de la capacité de stockage de données en ligne, a considérablement diminué. Reste que pour gagner de l'argent, une entreprise qui propose des produits ou des services gratuits doit générer des revenus.

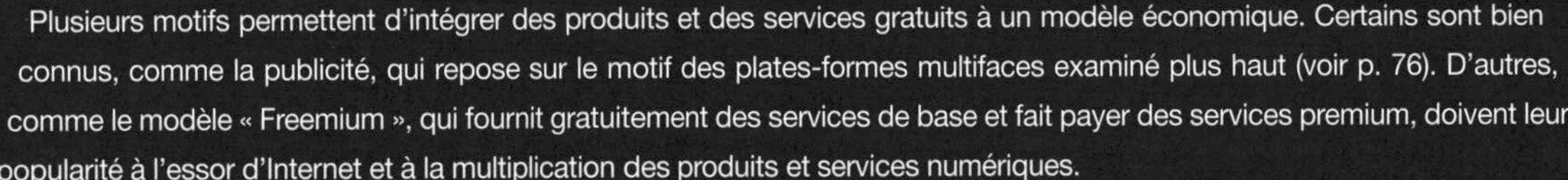

Plusieurs motifs permettent d'intégrer des produits et des services gratuits à un modèle économique. Certains sont bien connus, comme la publicité, qui repose sur le motif des plates-formes multifaces examiné plus haut (voir p. 76). D'autres, comme le modèle « Freemium », qui fournit gratuitement des services de base et fait payer des services premium, doivent leur popularité à l'essor d'Internet et à la multiplication des produits et services numériques.

Chris Anderson, dont le concept de longue traîne a été abordé plus haut (voir p. 66), a contribué à la reconnaissance du concept de gratuité. Anderson montre que l'apparition de nouvelles offres gratuites est étroitement liée à la nouvelle donne de l'économie numérique. Par exemple, créer et enregistrer un morceau de musique coûte du temps et de l'argent à un artiste, mais le coût de reproduction numérique et de distribution de l'œuvre via Internet est quasiment nul. Dès lors, un artiste peut promouvoir et diffuser de la musique auprès d'un public mondial via Internet pourvu qu'il trouve d'autres flux de revenus – concerts et merchandising par exemple – pour couvrir les coûts. Ce que le groupe Radiohead et Trent Reznor de Nine Inch Nails, parmi d'autres, ont très bien su faire.

Dans cette section, nous allons examiner trois motifs qui font de la gratuité une option de modèle économique viable. Chacun repose sur une configuration différente mais ils ont une caractéristique commune : un segment de clients au moins bénéficie de manière continue d'une offre gratuite. Il s'agit de : (1) l'offre gratuite basée sur les plates-formes multifaces (reposant sur la publicité), (2) les services de base gratuits avec services premium en option (le modèle « freemium ») et (3) le modèle dit de « l'hameçon et du crochet » selon lequel une offre initiale gratuite ou peu coûteuse attire les consommateurs dans les mailles d'achats répétés.

(Comment) ouvrir la porte de la gratuité ?

Publicité : un modèle de plate-forme multiface

La publicité est une source de revenus éprouvée qui rend possibles les offres gratuites – comme on peut le constater chaque jour à la télévision, à la radio, sur Internet et dans les annonces Google qui en constituent une des formes les plus sophistiquées. En termes de modèle économique, la gratuité basée sur la publicité constitue une forme particulière de la plate-forme multiface (voir p. 76). Un des côtés de la plate-forme est conçu pour attirer des utilisateurs avec du contenu, des produits ou des services gratuits. Un autre côté génère des revenus en vendant de l'espace à des annonceurs.

Le journal gratuit *Metro* est emblématique de ce modèle. Lancé à Stockholm, le quotidien est désormais disponible dans plusieurs dizaines de villes aux quatre coins du globe. Le génie de *Metro* réside dans la façon dont il a modifié le modèle traditionnel des quotidiens. Premièrement, le journal est gratuit. Deuxièmement, l'entreprise a choisi de le distribuer à la main et dans des présentoirs en libre-service, dans les réseaux de transports publics et dans les zones accueillant un trafic élevé de personnes qui prennent le train pour aller travailler. Cela a obligé *Metro* à développer son propre réseau de distribution mais lui a permis d'atteindre rapidement un tirage élevé. Troisièmement, il a réduit les coûts éditoriaux de façon à produire un journal sans autre ambition que de faire passer le temps aux jeunes banlieusards durant leurs trajets entre leur domicile et leur travail. Des concurrents utilisant le même modèle n'ont pas tardé à faire leur apparition, mais *Metro* a su les tenir à bonne distance avec des initiatives astucieuses. L'entreprise contrôlait par exemple un grand nombre de présentoirs de journaux dans les gares et les stations de bus, obligeant ses rivaux à recourir à une coûteuse distribution manuelle dans les zones importantes.

Minimise les coûts en réduisant l'équipe éditoriale pour produire un quotidien « juste bon » à être lu dans les transports.

Assure un tirage important grâce à l'offre gratuite et à la distribution dans les réseaux de transports et les zones urbaines et périurbaines très fréquentées.

Metro

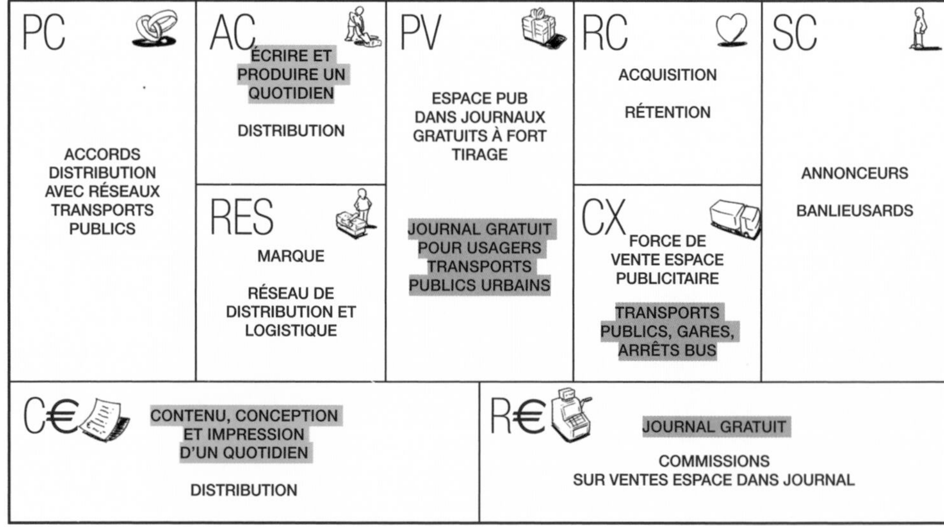

Masse ≠ revenus pub automatiques

Qui dit grand nombre d'usagers ne dit pas nécessairement eldorado de recettes publicitaires, comme l'illustre le réseau social Facebook. En mai 2009, l'entreprise revendiquait plus de 200 millions d'utilisateurs actifs et plus de 100 millions de connexions quotidiennes sur son site. Ce qui fait de Facebook le plus grand réseau social de la planète. Pourtant, à en croire des spécialistes du secteur, les utilisateurs seraient moins réceptifs à la publicité Facebook qu'aux publicités traditionnelles sur Internet. Si la publicité ne constitue qu'un des flux de revenus potentiels pour Facebook, il apparaît clairement qu'une masse d'usagers ne suffit pas à garantir des revenus publicitaires élevés.

Facebook

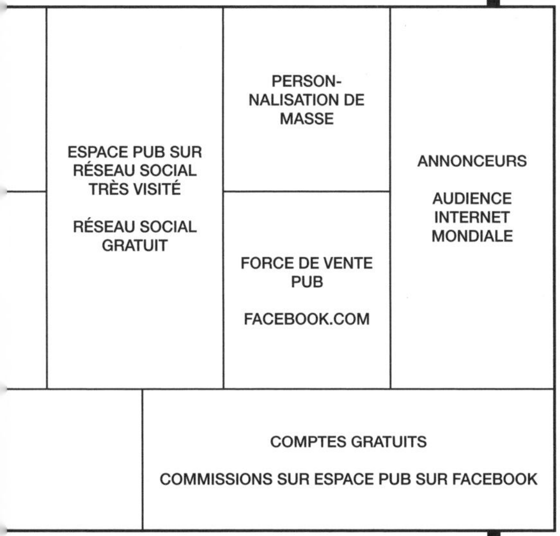

	ESPACE PUB SUR RÉSEAU SOCIAL TRÈS VISITÉ RÉSEAU SOCIAL GRATUIT	PERSON-NALISATION DE MASSE	ANNONCEURS AUDIENCE INTERNET MONDIALE
		FORCE DE VENTE PUB FACEBOOK.COM	
	COMPTES GRATUITS COMMISSIONS SUR ESPACE PUB SUR FACEBOOK		

Journaux : gratuits **or not** *gratuits ?*

S'il est un secteur touché de plein fouet par les répercussions de l'économie du gratuit, c'est bien celui de la presse quotidienne imprimée. Pris en étau entre les contenus Internet gratuits et les journaux gratuits, plusieurs journaux traditionnels ont été contraints de mettre la clé sous la porte. Aux États-Unis, le point de non-retour a été franchi en 2008 lorsque le nombre de personnes s'informant *via* des sites Internet gratuits l'a emporté sur celles qui achetaient des quotidiens ou des magazines, selon une étude du Pew Research Center.

La presse repose traditionnellement sur trois sources de revenus : ventes en kiosque, abonnements et publicité. Or, qu'observe-t-on ? Les deux premières sont en baisse rapide et la troisième n'augmente pas assez vite. Bien que de nombreux journaux aient augmenté leur lectorat en ligne, leurs revenus publicitaires n'ont pas progressé en conséquence. Dans le même temps, les coûts fixes élevés qui garantissent un journalisme de qualité – collecte des informations et équipes éditoriales – demeurent inchangés.

Plusieurs journaux ont mis en place des formules d'abonnements en ligne payants, avec des résultats contrastés. Il est difficile de faire payer pour de l'information lorsque les lecteurs peuvent accéder gratuitement à des contenus similaires sur des sites comme CNN.com ou MSNBC.com. Rares sont les journaux à avoir réussi à convaincre les lecteurs de payer pour accéder à des contenus premium en ligne.

Côté presse imprimée, les journaux traditionnels sont directement menacés par les publications gratuites comme *Metro*. Si *Metro* se distingue des grands quotidiens par son format, la nature de son contenu et son positionnement – un lectorat jeune traditionnellement faible consommateur de presse –, la formule est un véritable pavé dans la mare des fournisseurs d'information payants. Faire payer pour des informations est une proposition de moins en moins tenable.

Certains entrepreneurs expérimentent de nouveaux formats tirant parti des possibilités nouvelles offertes par Internet. Le site trueslant.com, par exemple, agrège le travail de plus de 60 journalistes, chacun spécialiste d'un domaine. Les rédacteurs reçoivent une part des revenus publicitaires et de sponsoring générés par True/Slant. Moyennant une commission, les annonceurs peuvent publier leurs annonces sur des pages analogues aux pages de contenu.

Publicité gratuite : plates-formes multifaces

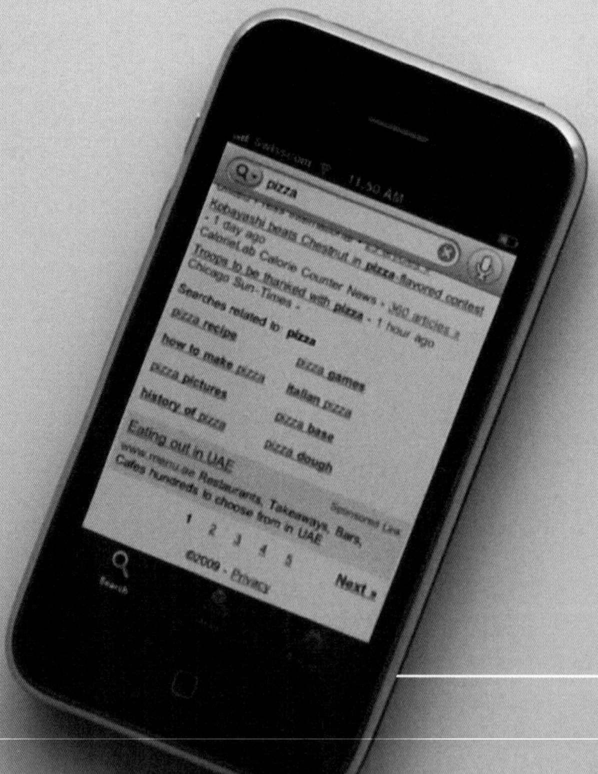

Avec le bon **PRODUIT OU SERVICE** et une fréquentation élevée, la plate-forme devient intéressante pour les annonceurs, ce qui permet de faire **PAYER** des commissions pour subventionner les produits et services gratuits.

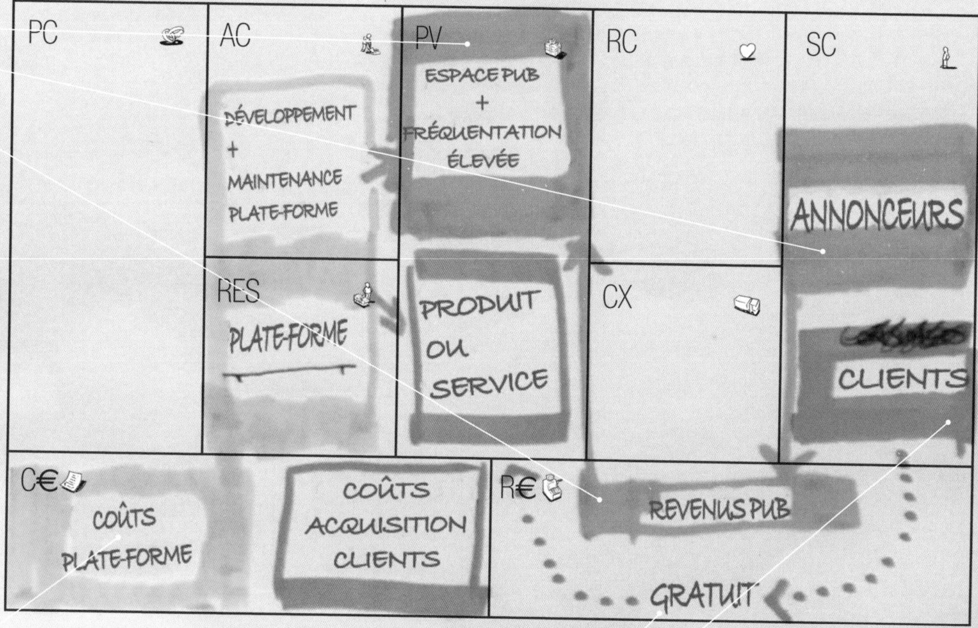

Les principaux **COÛTS** concernent le développement et la maintenance de la plate-forme ; des coûts de création et de rétention de trafic peuvent également apparaître.

Les produits ou services gratuits génèrent une fréquentation élevée de la plate-forme et augmentent son attrait pour les annonceurs.

Freemium : payer plus pour avoir plus

Le mot « freemium » a été inventé par Jarid Lukin et popularisé par l'investisseur Fred Wilson sur son blog. Il désigne des modèles économiques hybrides, reposant en général sur Internet, qui mêlent services de base gratuits et services premium payants. Dans le modèle freemium, une base importante de clients bénéficie d'une offre gratuite et sans engagement. Pour la plupart, ces utilisateurs ne deviendront jamais des clients payants ; seule une petite proportion, généralement moins de 10 %, souscrit aux services premium. Cette petite base de clients payants subventionne la masse des utilisateurs gratuits. C'est possible grâce au faible coût marginal de service d'utilisateurs gratuits supplémentaires. Dans un modèle freemium, les indicateurs clés sont (1) le coût moyen de service d'un utilisateur gratuit, et (2) les taux auxquels les utilisateurs gratuits sont convertis en clients (payants) premium.

Flickr, le site Internet de partage de photos racheté par Yahoo! en 2005, constitue un bon exemple de modèle économique freemium. Il permet d'ouvrir gratuitement un compte pour télécharger et partager des photos. Ce service gratuit est assorti de certaines contraintes, espace de stockage et nombre de téléchargements mensuels limités notamment.

Flickr

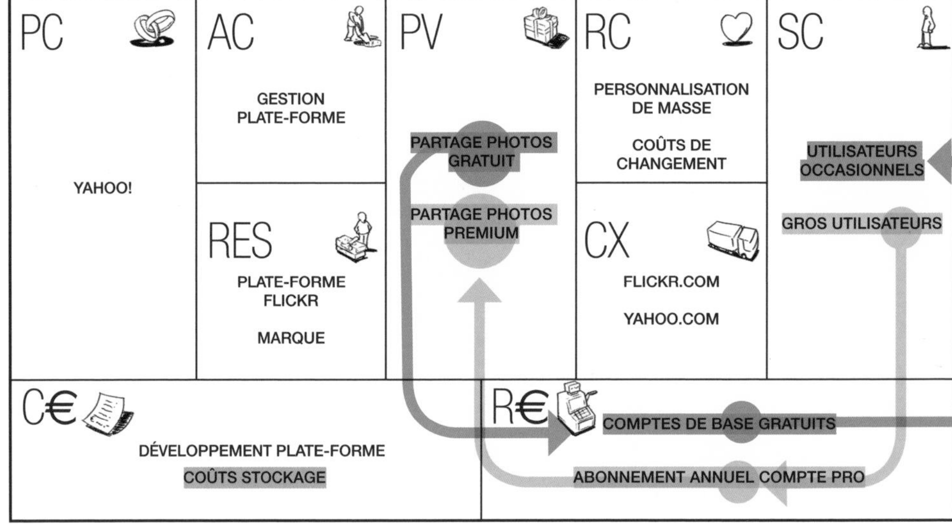

Les utilisateurs peuvent toutefois choisir, moyennant un forfait annuel modique, d'acheter un compte « pro » et bénéficier ainsi d'un espace de stockage et de téléchargements illimités, ainsi que de fonctionnalités supplémentaires.

Coûts fixes et irrécupérables liés au développement de la plate-forme

Coût variable dépendant du nombre de photos stockées

Base importante de comptes ordinaires pour les utilisateurs occasionnels

Petite base de clients « pros » payants

L'open source : le freemium revisité

Les modèles économiques dans le secteur du logiciel professionnel présentent généralement deux caractéristiques : le coût fixe élevé d'une armée interne de développeurs spécialisés et un modèle de revenus reposant sur la vente de licences utilisateurs et de mises à jour régulières du logiciel.

La société américaine Red Hat a inversé ce modèle. Au lieu de créer des applications en partant de zéro, elle a bâti son produit sur des logiciels dits « open source », développés par des milliers d'ingénieurs du monde entier. Red Hat a compris que les entreprises étaient intéressées par des logiciels open source robustes et gratuits, mais que l'absence d'entité légalement responsable du produit et de sa maintenance constituait un frein à leur adoption. Red Hat a comblé ce vide en proposant des versions stables et prêtes à l'usage de logiciels open source disponibles gratuitement, à commencer par Linux.

Chaque version Red Hat est maintenue pendant sept ans. Les clients bénéficient ainsi des avantages des logiciels open source sans leurs inconvénients. Quant à Red Hat, les applications étant améliorées en permanence et gratuitement par la communauté open source, ses coûts de développement en sont réduits d'autant.

Naturellement, Red Hat doit aussi gagner de l'argent. Donc, plutôt que de faire payer les clients pour chaque nouvelle mise à jour importante – modèle de revenus traditionnel pour les logiciels –, l'entreprise vend des abonnements. Moyennant le paiement d'un abonnement annuel, les clients ont accès aux dernières mises à jour Red Hat, et bénéficient d'une assistance illimitée et de la sécurité d'avoir pour interlocuteur le propriétaire légal du produit. Autant d'avantages pour lesquels les entreprises sont prêtes à payer, quand bien même de nombreuses versions de Linux et d'autres logiciels open source sont disponibles gratuitement.

Red Hat

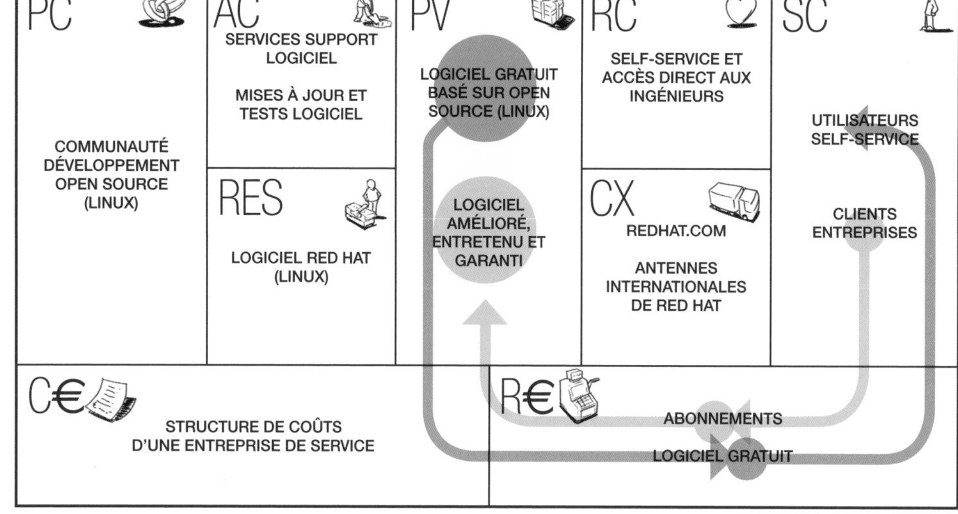

Skype

Avec un modèle freemium tout à fait original, Skype a révolutionné le secteur des télécommunications en rendant possibles les appels téléphoniques gratuits par Internet. Le logiciel du même nom, une fois installé sur un ordinateur ou un smartphone, permet aux utilisateurs de s'appeler gratuitement d'une machine à l'autre. La structure de coûts de Skype, en effet, est totalement différente de celle d'un opérateur de télécommunications. Les appels gratuits sont acheminés par Internet grâce à la technologie « peer-to-peer » qui se sert du matériel des utilisateurs et d'Internet comme infrastructure de télécommunication. Skype, à la différence d'un opérateur traditionnel, n'a pas à gérer son propre réseau et n'encourt que des coûts réduits pour servir des utilisateurs supplémentaires. En dehors du logiciel backend et des serveurs hébergeant les comptes utilisateurs, les besoins d'infrastructure de Skype sont très réduits.

Les utilisateurs ne payent que pour appeler des lignes fixes et des numéros de portables via le service premium SkypeOut, dont les tarifs sont très concurrentiels. De fait, les utilisateurs payent à peine un peu plus que les coûts de résiliation supportés par Skype pour les appels acheminés via les opérateurs comme iBasis et Level 3, qui prennent en charge le trafic réseau de l'entreprise.

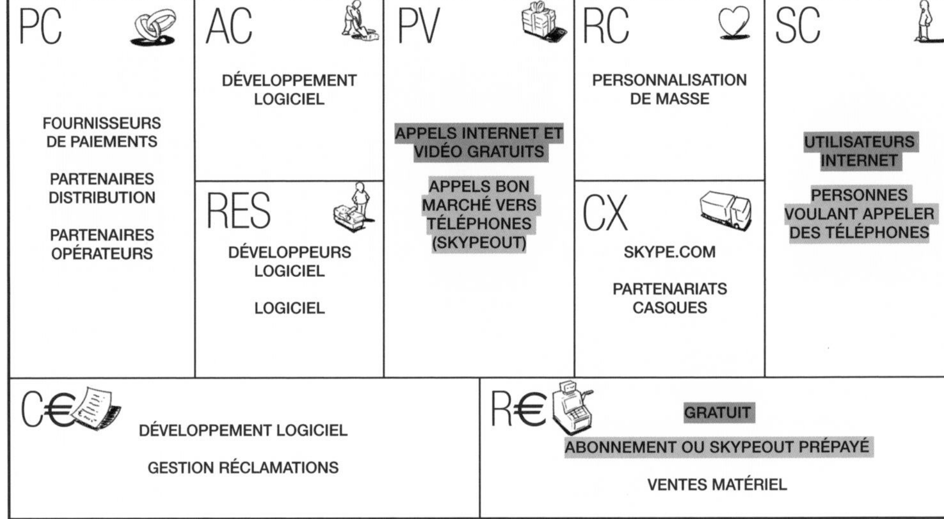

Skype revendique plus de 400 millions d'utilisateurs enregistrés qui ont passé plus de 100 milliards d'appels gratuits depuis la création de l'entreprise en 2004. En 2008, Skype a annoncé un chiffre d'affaires de 550 millions de dollars, bien que l'entreprise et son propriétaire, eBay, ne publient pas d'informations financières détaillées, notamment sur la rentabilité. Nous en saurons peut-être bientôt davantage, eBay ayant annoncé un projet d'IPO pour Skype[1].

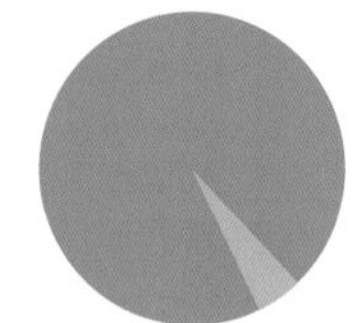

Plus de 90 % des utilisateurs de Skype s'abonnent au service gratuit.

Les appels payants SkypeOut comptent pour moins de 10 % de l'utilisation totale.

[1] NdT : En 2009, eBay a vendu 70 % de sa participation dans Skype.

Créé en 2004

Plus de 400 millions d'utilisateurs

Plus de 100 milliards d'appels gratuits

CA 2008 : 550 millions de dollars

Skype a bouleversé le secteur des télécommunications et contribué à faire baisser les coûts des télécommunications vocales à un niveau proche de zéro. Au départ, les opérateurs traditionnels ne comprenaient pas pourquoi Skype proposait des appels gratuits et ils n'ont pas pris l'entreprise au sérieux. Qui plus est, seule une infime fraction des clients des opérateurs traditionnels utilisaient Skype. Mais au fil du temps, de plus en plus de consommateurs ont décidé de passer par Skype pour leurs communications internationales, privant ainsi les opérateurs traditionnels d'une de leurs sources de revenus les plus lucratives. Ce processus, typique d'un modèle économique disruptif, a eu un impact considérable sur le marché des communications voix et, selon la société d'étude spécialisée Telegeography, Skype est aujourd'hui le plus grand fournisseur mondial de services de communication vocale.

Skype vs opérateurs de télécommunications

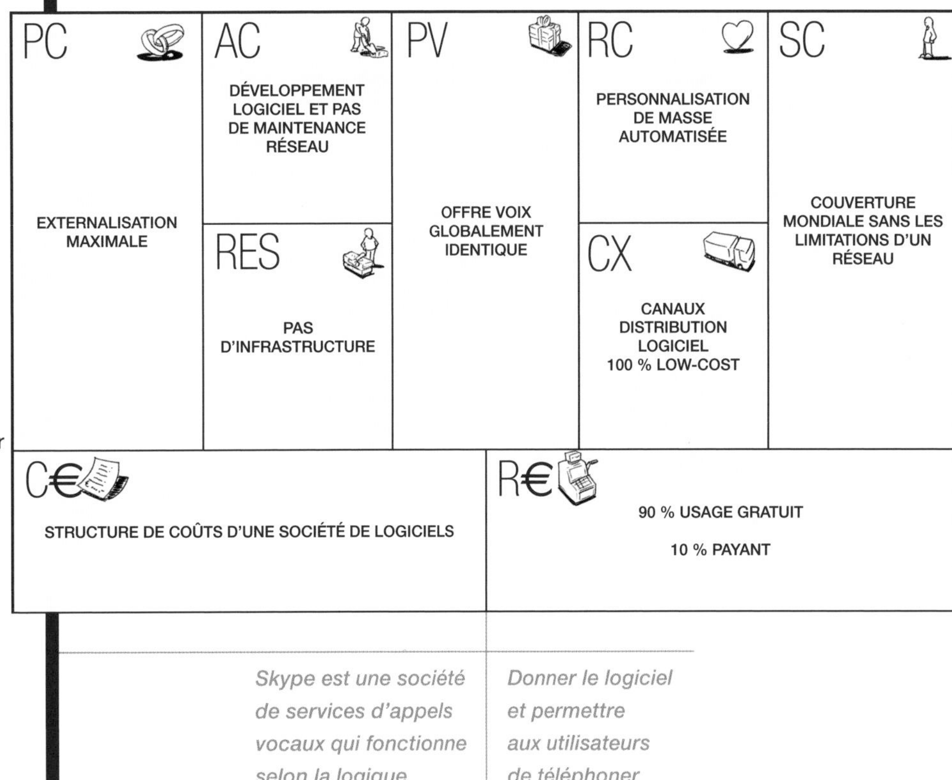

Skype est une société de services d'appels vocaux qui fonctionne selon la logique économique d'un éditeur de logiciels.

Donner le logiciel et permettre aux utilisateurs de téléphoner gratuitement en P2P ne coûte pas grand-chose à l'entreprise.

Le modèle de l'assurance : le freemium inversé

Dans le modèle freemium, une petite base de clients qui souscrit une offre premium payante subventionne une base étendue d'utilisateurs qui ne payent rien. Le modèle de l'assurance en est l'exact opposé : une base étendue de clients paye régulièrement de petites primes pour se protéger contre des événements improbables – mais financièrement dévastateurs. C'est-à-dire qu'une large base de clients subventionne un petit groupe de personnes, les sinistrés, mais tout client payant peut à tout moment devenir à son tour membre du groupe bénéficiaire.

Pour mieux comprendre, intéressons-nous à la REGA (garde aérienne suisse de sauvetage). Cette organisation à but non lucratif apporte une assistance médicale aérienne, acheminant en hélicoptère et en avion des équipes médicales sur les lieux d'accidents, en particulier dans les régions montagneuses suisses. Plus de deux millions de « donateurs » financent l'organisation. En contrepartie, ils bénéficient gratuitement des interventions de la REGA. Les opérations de sauvetage en montagne pouvant être extrêmement coûteuses, les donateurs trouvent avantage à ce service.

REGA

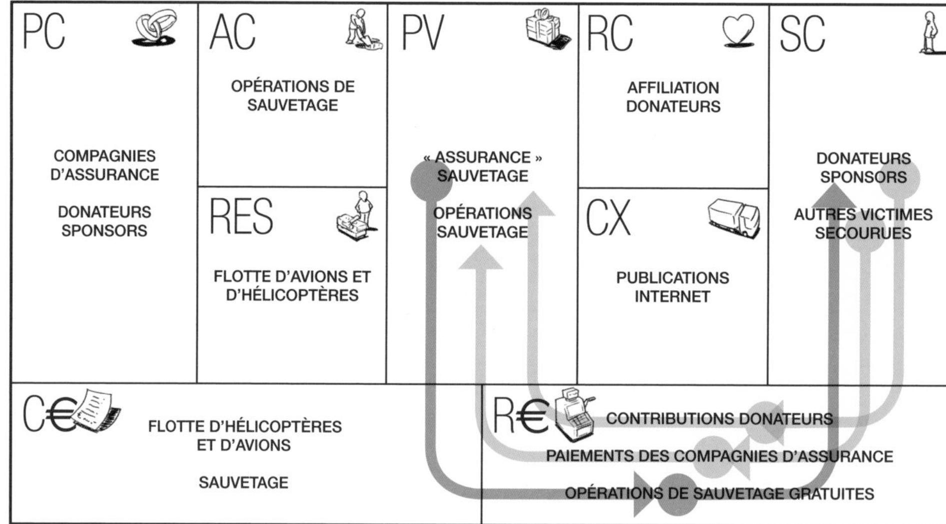

De nombreux utilisateurs payants couvrent les coûts d'un petit nombre de sinistrés.

« Tout secteur d'activités qui devient numérique finira par être gratuit. »

— ***Chris Anderson,***
rédacteur en chef, Wired Magazine

« Google n'est pas une vraie entreprise. C'est un château de cartes. »

— ***Steve Ballmer,***
PDG, Microsoft

« La demande générée par un prix égal à zéro est plusieurs fois supérieure à celle générée par un prix très bas. »

— ***Kartik Hosanagar,***
maître assistant, Wharton

« Nous ne pouvons plus rester plantés à regarder les autres s'en aller avec notre travail sous prétexte de théories du droit pernicieuses. »

— ***Dean Singleton,***
président, Associated Press

Freemium

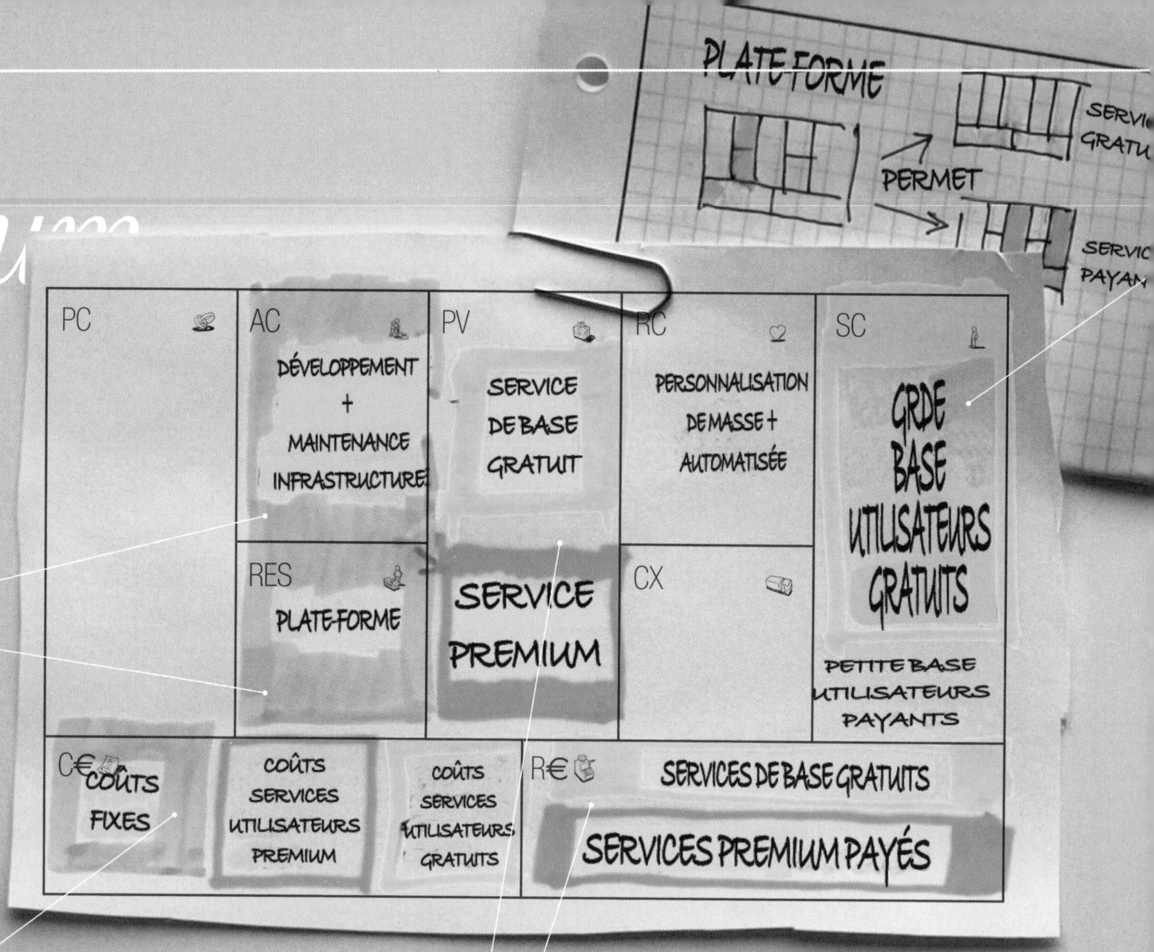

La plate-forme est **l'ACTIF** le plus important dans le modèle freemium parce qu'elle permet de proposer des services de base gratuits avec un coût marginal faible.

La **STRUCTURE DES COÛTS** de ce modèle est tripartite : coûts fixes relativement importants, coûts marginaux très faibles pour les services aux comptes gratuits et coûts (distincts) des comptes premium.

La **RELATION AVEC LE CLIENT** doit être automatisée et peu coûteuse pour traiter un grand nombre d'utilisateurs gratuits.

Un **INDICATEUR IMPORTANT** à suivre est le taux de conversion des comptes gratuits en comptes premium.

UTILISATEURS
Décrit combien d'utilisateurs peut attirer une entreprise avec un modèle économique freemium.

COÛTS FIXES qu'une entreprise supporte pour exploiter son modèle économique (ex. : coûts systèmes).

Le modèle freemium se caractérise par une grande base d'utilisateurs non payants subventionnée par une petite base d'utilisateurs payants.

Les utilisateurs bénéficient d'un service de base gratuit et peuvent payer pour un service premium qui apporte des bénéfices supplémentaires.

COÛT DU SERVICE
Indique le coût moyen supporté par l'entreprise pour apporter un service gratuit ou premium à un utilisateur gratuit ou premium.

TAUX DE CROISSANCE ET D'ATTRITION
Indiquent respectivement combien d'utilisateurs rejoignent/quittent la base d'utilisateurs.

COÛT D'ACQUISITION DES CLIENTS
Dépenses totales pour acquérir de nouveaux utilisateurs.

POURCENTAGE D'UTILISATEURS PREMIUM ET GRATUITS
Indique le pourcentage d'utilisateurs payants et gratuits sur le nombre total d'utilisateurs.

PRIX DU SERVICE PREMIUM
Indique le coût moyen supporté par l'entreprise pour apporter un service premium à un utilisateur premium.

operating profit period	income	cost of service	fixed costs	customer acquisition costs	operating profit
month 1	$2,116,125	$391,500	$1,100,000	$650,000	-$25,3[illegible]
month 2	$2,151,041	$397,960	$1,100,000	$650,000	$3,081
month 3	$2,186,533	$404,526	$1,100,000	$650,000	$32,007
month 4	$2,222,611	$411,201	$1,100,000	$650,000	$61[illegible]
month 5	$2,259,284	$417,986	$1,100,000	$650,000	
month 6	$2,296,562	$424,882	$1,100,000		
month 7	$2,334,456	$431,893			
month 8	$2,372,974				
month 9	$2 [illegible]				

cost of service period	users	% of free users	cost of service free users	users	% of premium users	cost of service premium users	cost of service to all users
month 1	9,000,000	0.95	$0.03	9,000,000	0.05	$0.30	$391,500
month 2	9,148,500	0.95	$0.03	9,148,500	0.05	$0.30	$397,960
month 3			$0.03	9,299,450	0.05	$0.30	$404,526
month 4				[illegible]	0.05	$0.30	$411,201
month 5							$417,986

income period	users	% of premium users	price of premium service/month	growth rate	churn rate	income
month 1	9,000,000	0.05	$4.95	1.07	0.95	$2,116,125
month 2	9,148,500	0.05	$4.95	1.07	0.95	$2,151,041
month 3	9,299,450	0.05	$4.95	1.07	0.95	$2,186,533
month 4	9,452,891	0.05	$4.95	1.07	0.95	$2,222,611
month 5	9,608,864	0.05	$4.95	1.07	0.95	$2,259,284
month 6	9,767,410	0.05	$4.95	1.07	0.95	$2,296,562
month 7	9,928,572	0.05	$4.95	1.07	0.95	$2,334,456
month 8	10,092,394	0.05	$4.95	1.07	0.95	$2,372,974
[illegible]	10,258,918	0.05	$4.95	1.07	0.95	$2,412,128
	[illegible]	0.05	$4.95	1.07	0.95	$2,451,928
		[illegible]	$4.95	1.07	0.95	$2,492,385
			[illegible]	1.07	0.95	$2,533,509

REVENUS = { UTILISATEURS X % UTILISATEURS PREMIUM X PRIX SERVICE PREMIUM } X TAUX CROISSANCE X TAUX ATTRITION

COÛT DU SERVICE = { UTILISATEURS X % UTILISATEURS GRATUITS X COÛT SERVICE UTILISATEURS GRATUITS } + { UTILISATEURS X % UTILISATEURS PREMIUM X COÛT SERVICE UTILISATEURS PREMIUM }

BÉNÉFICE D'EXPLOITATION = REVENUS – COÛT SERVICE – COÛTS FIXES – COÛTS ACQUISITION CLI[illegible]

L'appât et l'hameçon

Cette expression désigne un motif de modèle économique qui se caractérise par une offre initiale attractive, peu coûteuse ou gratuite, encourageant des achats futurs répétés de produits ou services liés. On le rencontre également sous le nom de modèle « Loss leader » ou « rasoir et lames ». Le modèle « Loss leader » consiste en une offre initiale subventionnée, voire une vente à perte, dans l'intention de générer des profits sur des achats ultérieurs. Le modèle « rasoir et lames » désigne un modèle popularisé par l'homme d'affaires américain King C. Gillette, inventeur du rasoir jetable (voir p. 105). Telle que nous l'utilisons ici, l'expression « l'appât et l'hameçon » renvoie à l'idée d'attirer les consommateurs avec une offre initiale alléchante, pour gagner de l'argent grâce à la vente de produits ou services liés.

Le secteur de la téléphonie mobile offre une excellente illustration de ce type de modèle économique avec offre gratuite. Il est devenu pratique courante parmi les opérateurs de proposer un téléphone gratuit avec l'abonnement au service. En donnant des téléphones, les opérateurs commencent par perdre de l'argent... avant d'en gagner beaucoup avec les abonnements. Ils fournissent une gratification immédiate grâce à une offre gratuite qui génère par la suite des revenus récurrents.

L'appât et l'hameçon des téléphones mobiles gratuits

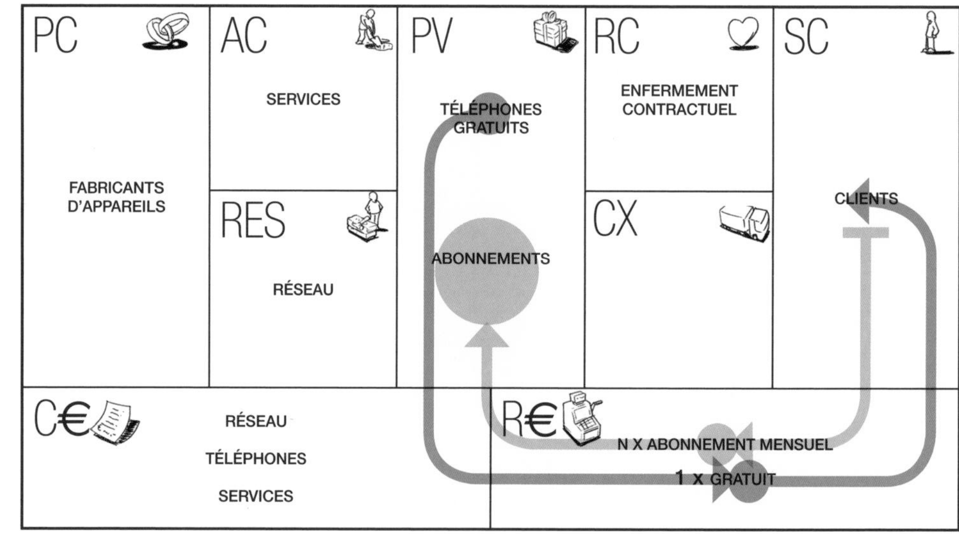

Déclinaison du précédent, le modèle dit « du rasoir et des lames » dérive du mode de vente des premiers rasoirs jetables. En 1904, King C. Gillette, qui avait lancé sur le marché le premier système de lame de rasoir jetable, eut l'idée de vendre les rasoirs (sans lames) à un prix défiant toute concurrence ou de les donner avec d'autres produits pour créer de la demande pour les lames jetables. Plus d'un siècle plus tard, Gillette est toujours la première marque mondiale de produits de rasage. La clé du modèle réside dans le lien étroit qui existe entre le produit initial peu cher ou gratuit et les articles complémentaires, généralement jetables, sur lesquels l'entreprise réalise une marge confortable. La maîtrise de la « captivité » du client est essentielle à la réussite de ce motif. Grâce à une stratégie de propriété intellectuelle usant largement des brevets bloquants, Gillette s'est assuré que ses concurrents ne puissent pas proposer de lames moins chères pour ses rasoirs. Le fait est que les rasoirs comptent aujourd'hui parmi les produits de consommation les plus brevetés au monde, avec plus de 1 000 brevets couvrant à peu près tout, des bandes lubrifiantes au système de chargement des cartouches.

Rasoir et lames : Gillette

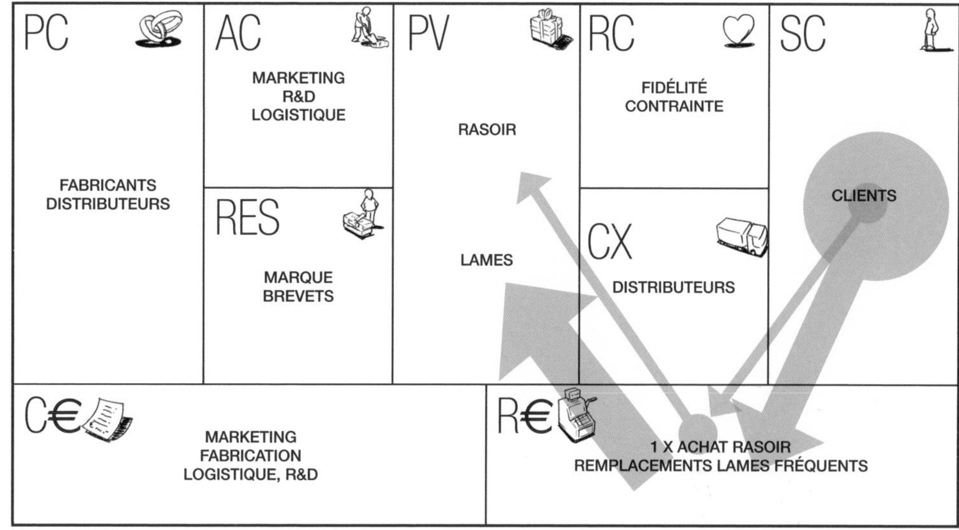

Ce modèle est très apprécié des entreprises et s'est répandu dans de nombreux secteurs, à commencer par celui des imprimantes à jet d'encre. Les fabricants comme HP, Epson et Canon vendent généralement leurs imprimantes à un prix modique, mais ils génèrent des marges confortables sur les ventes de cartouches d'encre.

Appât et hameçon

Appât gratuit ou très bon marché **ATTIRE** les clients – et est étroitement lié à un produit ou service complémentaire (jetable).

Ce motif se caractérise par un lien étroit, ou « **VERROUILLAGE** », entre le produit initial et les produits ou services liés.

Les **CONSOMMATEURS** sont attirés par la gratification immédiate d'un produit ou service initial gratuit ou très bon marché.

L'achat initial unique génère peu ou pas de **REVENUS** mais est compensé par des achats complémentaires de produits et/ou services à marge élevée.

Centré sur la **DÉLIVRANCE** de produits ou services liés.

Les modèles appât et hameçon exigent généralement une **MARQUE** forte.

Éléments importants de la **STRUCTURE DE COÛTS** : subvention du produit initial et coûts de production des produits ou services complémentaires.

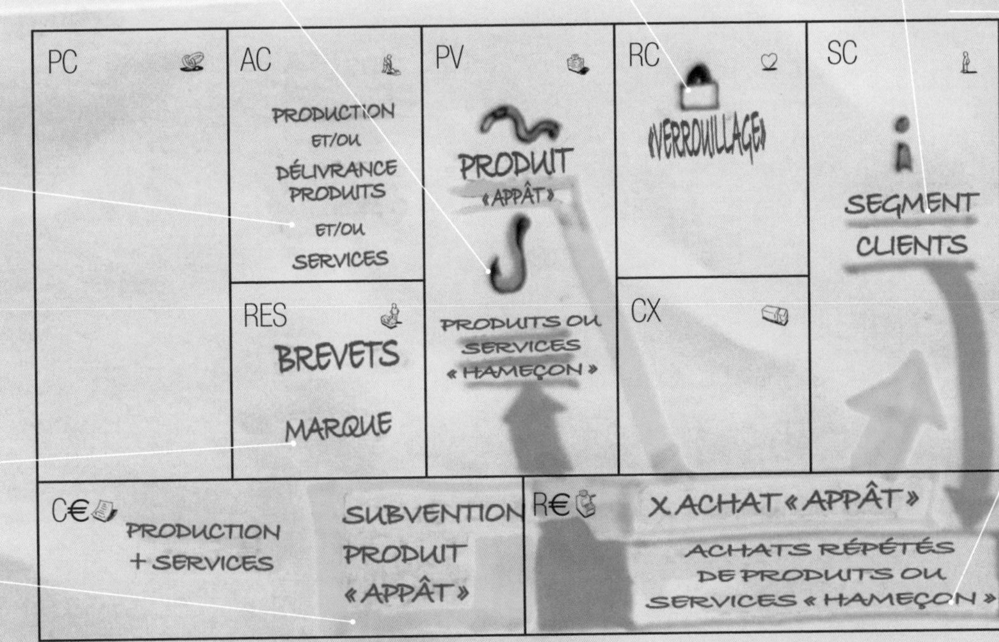

Les modèles économiques ouverts

Déf_Motif n° 5

Les entreprises peuvent utiliser les *modèles économiques ouverts* pour créer et capter de la valeur en collaborant de manière systématique avec des *partenaires extérieurs*. Cette collaboration peut s'exercer dans le sens « *dehors-dedans* » (exploitation par l'organisation d'idées extérieures) ou dans le sens « *dedans-dehors* » (apporter à des partenaires extérieurs des idées ou des actifs inutilisés par l'organisation).

[références]

1 • Chesbrough Henry, *Open Business Models: How to Thrive in the New Innovation Landscape*, Harvard Business School Press, 2006

2 • Chesbrough Henry, « The Era of Open Innovation », *MIT Sloan Management Review*, n° 3, 2003.

[exemples]

P&G, GlaxoSmithKline, InnoCentive

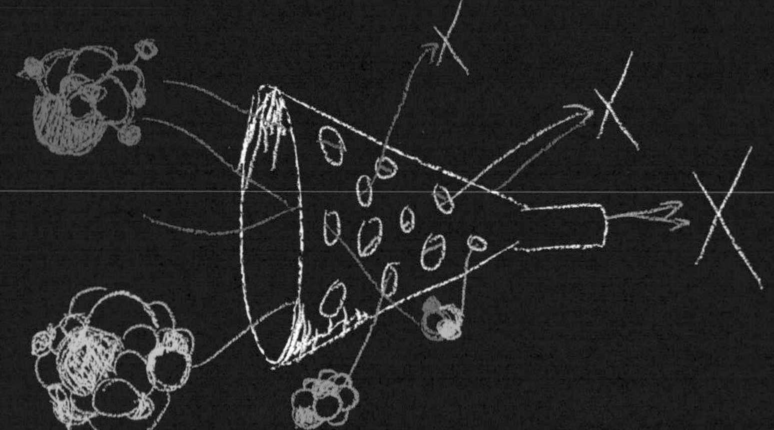

C'est Henry Chesbrough qui le premier a popularisé les notions d'innovation ouverte et de modèle économique ouvert. L'idée est d'ouvrir le processus de recherche de l'entreprise à des acteurs extérieurs. Selon Chesbrough, dans un monde caractérisé par la diffusion des savoirs, les organisations créeront davantage de valeur et exploiteront mieux leur propre R&D si elles intègrent dans leur processus d'innovation des connaissances, des brevets et des produits venus de l'extérieur.
En outre, Chesbrough montre que les produits, les technologies, les connaissances et les brevets inutilisés d'une entreprise peuvent être transformés en sources de revenus en les rendant disponibles pour des parties extérieures *via* des licences, des joint-ventures ou des spin-offs. Chesbrough distingue l'innovation « de l'extérieur vers l'intérieur » (dehors/dedans) et l'innovation « de l'intérieur vers l'extérieur » (dedans/dehors). Il y a innovation « dehors-dedans » lorsqu'une entreprise fait entrer des idées, des technologies ou de la propriété intellectuelle externes dans ses processus de développement et de commercialisation. Le tableau ci-contre montre que les entreprises se tournent de plus en plus vers des sources extérieures de technologie pour renforcer leurs *business models*. Inversement, il y a innovation « dedans-dehors » lorsqu'une entreprise cède des droits de licence, ses brevets ou technologies, en particulier ses actifs inutilisés. Dans cette section, nous allons décrire les différents types de modèles économiques d'entreprises qui pratiquent l'innovation ouverte (partagée).

PRINCIPES D'INNOVATION

Fermée	Partagée
Les meilleurs de notre secteur travaillent pour nous.	Nous avons besoin de travailler avec les meilleurs à l'intérieur et à l'extérieur de l'entreprise.
Pour tirer parti de la recherche-développement (R&D), nous devons l'inventer, la développer et la fabriquer nous-mêmes.	La R&D externe peut créer une valeur significative ; la R&D interne est nécessaire pour revendiquer une part de cette valeur.
Si nous sommes à l'origine de la meilleure recherche du secteur, nous gagnerons.	Nous n'avons pas besoin d'être à l'origine de la recherche pour en tirer profit.
Si nous créons la plupart ou les meilleures idées du secteur, nous gagnerons.	Si nous exploitons au mieux des idées externes et des idées internes, nous gagnerons.
Nous devons contrôler notre processus d'innovation pour empêcher les concurrents d'avoir accès à nos idées.	Nous devons tirer profit de l'utilisation que les autres font de nos innovations et nous devons acheter la propriété intellectuelle des autres chaque fois que cela fait progresser nos propres intérêts.

Source : adapté de Chesbrough, 2003 et Wikipedia, 2009

Procter & Gamble : connecter et développer

En juin 2000, dans un contexte alarmant de dégringolade du cours de l'action Procter & Gamble, A.G. Lafley, directeur général du groupe depuis de longues années, fut sollicité pour prendre la tête du géant américain des produits de consommation. Pour revitaliser P&G, Lafley décida de remettre l'innovation au cœur de l'entreprise – non pas en augmentant les dépenses de R&D mais en déployant une nouvelle approche de l'innovation, un processus d'innovation ouvert. Élément clé du dispositif, la stratégie « Connect & Develop » visait à exploiter la recherche interne *via* des partenariats externes. Lafley fixa à ses troupes un objectif ambitieux : créer 50 % des innovations de P&G avec des partenaires extérieurs, alors qu'à l'époque, c'est à peine si le chiffre atteignait la barre des 15 %. En 2007, l'objectif était dépassé. Dans le même temps, la productivité de la R&D avait bondi de 85 %, alors que les dépenses de R&D n'avaient crû que modestement par rapport au moment où Lafley était devenu PDG.

Afin de relier ses ressources internes et ses activités de R&D au monde extérieur, Procter & Gamble construisit trois « passerelles » dans son modèle économique : entrepreneurs de technologie, plates-formes Internet et retraités.

❶ Les entrepreneurs de technologie sont des chercheurs des *business units* de P&G. Leur rôle est double : développer des relations avec des chercheurs d'autres entreprises et des chercheurs universitaires, et observer le monde extérieur, à la recherche de solutions pour les défis internes auxquels P&G est confronté.

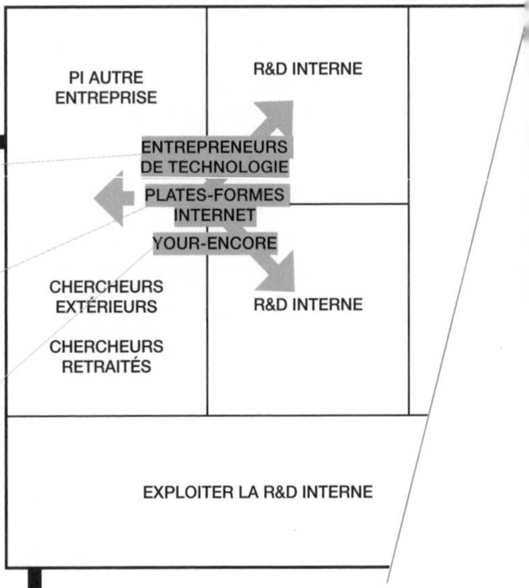

❷ *Via* les plates-formes Internet, P&G entre en contact avec des solutionneurs de problèmes du monde entier. Des plates-formes comme InnoCentive (voir p. 114) permettent à P&G de soumettre des problèmes de R&D à la communauté scientifique mondiale. Les chercheurs qui les résolvent gagnent une prime.

❸ P&G sollicite les connaissances de retraités via une autre plate-forme, YourEncore.com, spécifiquement créée par le groupe pour servir de passerelle d'innovation ouverte avec le monde extérieur.

Dehors-dedans

Le patent pool *de GlaxoSmithKline*

L'approche « dedans-dehors » de l'innovation partagée vise habituellement à monétiser des actifs internes inexploités, principalement des brevets et des technologies. La stratégie de « groupement de brevets » du laboratoire pharmaceutique GlaxoSmithKline répond toutefois à une motivation un peu différente. L'objectif de l'entreprise était de rendre les médicaments plus accessibles dans les pays les plus pauvres et d'encourager les travaux de recherche sur les maladies peu étudiées. Une façon d'y parvenir consistait à placer des droits de propriété intellectuelle utiles au développement de médicaments pour ces maladies dans un *patent pool* accessible à d'autres chercheurs. Les laboratoires pharmaceutiques concentrant leurs efforts sur le développement de médicaments « blockbusters », les brevets qui portent sur des maladies peu étudiées dorment souvent au fond des tiroirs. Les groupements de brevets reposent sur la mise en commun d'inventions brevetées de plusieurs titulaires de droits en vue de les rendre plus accessibles. Cela permet en outre d'éviter que le processus de R&D ne soit bloqué par un titulaire.

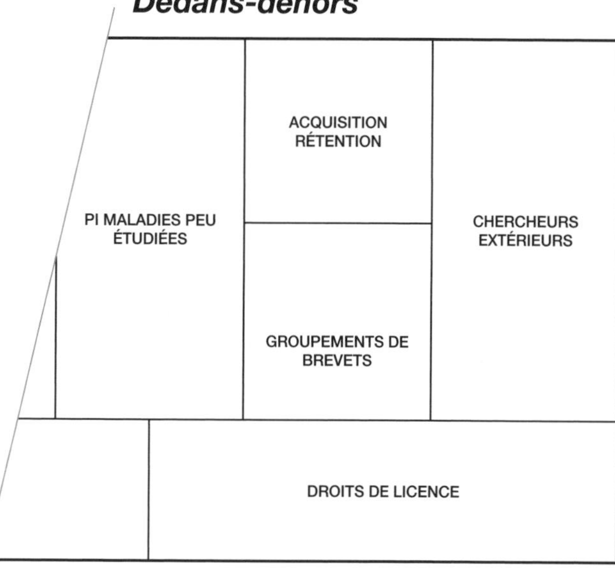

Lorsqu'on les met « en commun », les idées, recherches et brevets concernant les maladies qui sévissent dans les pays pauvres ont une valeur importante.

Le connecteur : InnoCentive

Les entreprises souhaitant accéder aux travaux de chercheurs extérieurs font face à des coûts importants lorsqu'elles veulent attirer des individus ou des organisations possédant les connaissances qui pourraient résoudre leurs problèmes. De leur côté, les chercheurs désireux de mettre leurs compétences au service d'autres organisations que la leur encourent également des coûts de recherche pour dénicher les opportunités intéressantes. C'est là qu'InnoCentive a décidé d'entrer en action.

InnoCentive met en relation des organisations ayant des problèmes de R&D à résoudre et des chercheurs du monde entier en quête de défis intellectuels à relever. Créé par le groupe pharmaceutique Eli Lilly, InnoCentive est aujourd'hui un intermédiaire indépendant qui compte parmi ses inscrits des ONG, des agences gouvernementales et des organisations comme Procter & Gamble, Solvay ou la fondation Rockfeller. Les entreprises qui publient leurs problèmes d'innovation sur le site Internet d'InnoCentive sont appelées des « demandeurs ». Elles récompensent les chercheurs qui trouvent une solution en leur donnant une prime dont le montant peut aller de 5 000 à 1 million de dollars. Les chercheurs inscrits sur le site sont appelés des « solutionneurs ». La proposition de valeur d'InnoCentive réside dans l'agrégation

InnoCentive

GRANDS « DEMANDEURS »	GESTION PLATE-FORME ACQUÉRIR DEMANDEURS ET SOLUTIONNEURS	ACCÈS À UN VASTE RÉSEAU DE CHERCHEURS « SOLUTIONNEURS » MISE EN RELATION « DEMANDEURS » ET « SOLUTIONNEURS » ACCÈS À DES DÉFIS SCIENTIFIQUES AVEC RÉCOMPENSES FINANCIÈRES	PROFILS EN LIGNE	« DEMANDEURS » (ENTREPRISES) « SOLUTIONNEURS » (CHERCHEURS)
	PLATE-FORME INNOCENTIVE AVEC UNE BASE DE « DEMANDEURS » ET DE « SOLUTIONNEURS »		INNOCENTIVE.COM	
GESTION PLATE-FORME ACQUISITION « DEMANDEURS » ET « SOLUTIONNEURS »			ACCÈS GRATUITS AUX DÉFIS COMMISSION SUR INSCRIPTION DÉFIS COMMISSION SUR RÉCOMPENSES	

et la mise en relation des « demandeurs » et des « solutionneurs ». Voilà qui vous rappellera sans doute les caractéristiques du motif de la plate-forme multiface (voir p. 76). Les entreprises aux modèles économiques ouverts s'appuient souvent sur de telles plates-formes pour réduire les coûts de recherche.

« L'innovation ouverte, c'est répondre aux défis d'un monde où les connaissances abondent, où tous les gens intelligents ne travaillent pas pour vous et où vous avez donc tout intérêt à les chercher, les trouver, entrer en contact avec eux et utiliser ce qu'ils peuvent faire. »

—— ***Henry Chesbrough***
directeur général, Center for Open Innovation, Haas School of Business, UC Berkeley

« Nestlé est conscient que pour réaliser son objectif de croissance, le groupe doit étendre ses capacités internes et nouer de nombreuses relations de partenariat stratégique. Le groupe a fait le choix de l'innovation ouverte et travaille avec des partenaires stratégiques pour co-créer de réelles opportunités de nouveaux marchés et de nouveaux produits. »

—— ***Helmut Traitler***
responsable des partenariats d'innovation, Nestlé

« Connus de longue date pour notre préférence à tout faire en interne, nous avons commencé à traquer l'innovation partout, à l'intérieur comme à l'extérieur de l'entreprise. »

—— ***A.G. Lafley***
PDG, P&G

« Dehors-dedans »

Des ORGANISATIONS EXTÉRIEURES, appartenant parfois à des secteurs totalement différents, peuvent être en mesure d'apporter des idées, des connaissances, des brevets ou des produits aux groupes de R&D internes.

Exploiter des connaissances externes exige des ACTIVITÉS dédiées qui connectent les entités extérieures aux processus et aux groupes de R&D internes.

Tirer profit de l'innovation extérieure exige des RESSOURCES spécifiques pour construire des passerelles avec les réseaux externes.

Acquérir de l'innovation auprès de sources extérieures COÛTE de l'argent. Mais en s'appuyant sur des programmes de recherche et des connaissances extérieures, une entreprise peut raccourcir le délai de mise sur le marché et augmenter la productivité de sa R&D interne.

Les entreprises possédant des marques reconnues, des canaux de distribution et des relations clients solides se prêtent bien à un modèle « dehors-dedans ». Elles peuvent capitaliser sur leurs relations clients existantes en s'appuyant sur des sources extérieures d'innovation.

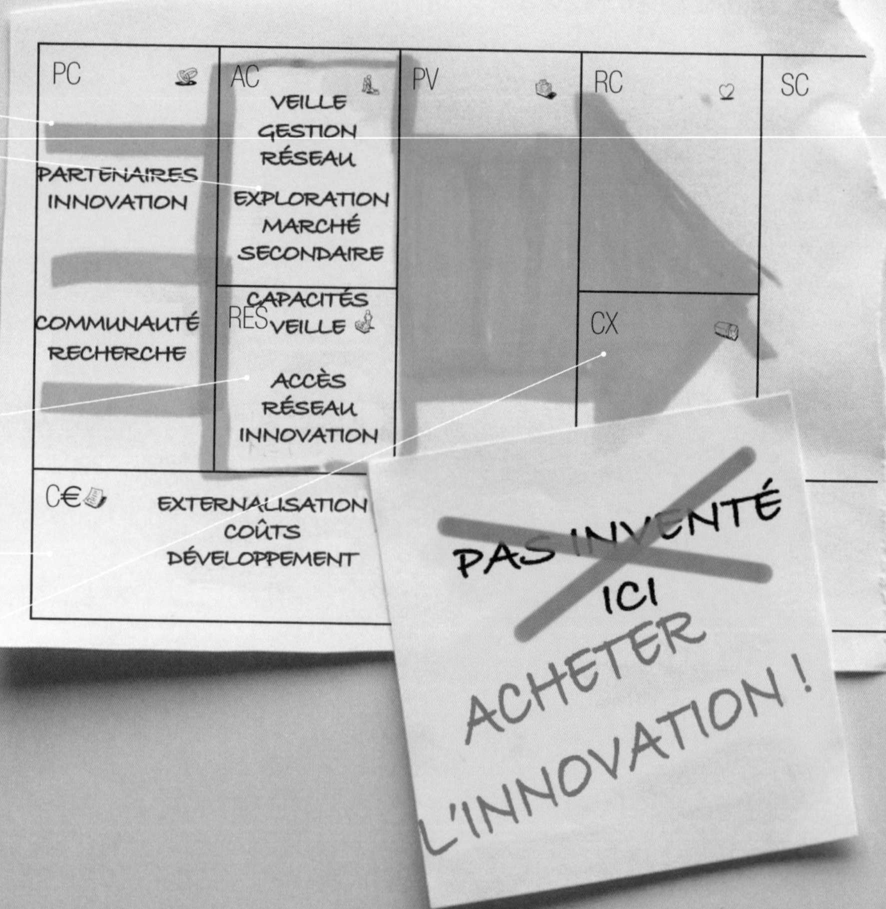

« Dedans-dehors »

Certains résultats de la R&D inutilisables en interne – pour des raisons opérationnelles ou stratégiques – peuvent avoir une grande **VALEUR** pour des organisations dans d'autres secteurs.

Les organisations ayant des activités importantes de R&D interne possèdent souvent beaucoup de connaissances, de technologies et de brevets inutilisés. Parce que les organisations sont concentrées sur leur cœur de métier, ces actifs intellectuels de valeur dorment au fond des tiroirs. Ces entreprises sont de bonnes candidates à un modèle économique ouvert « dedans-dehors ».

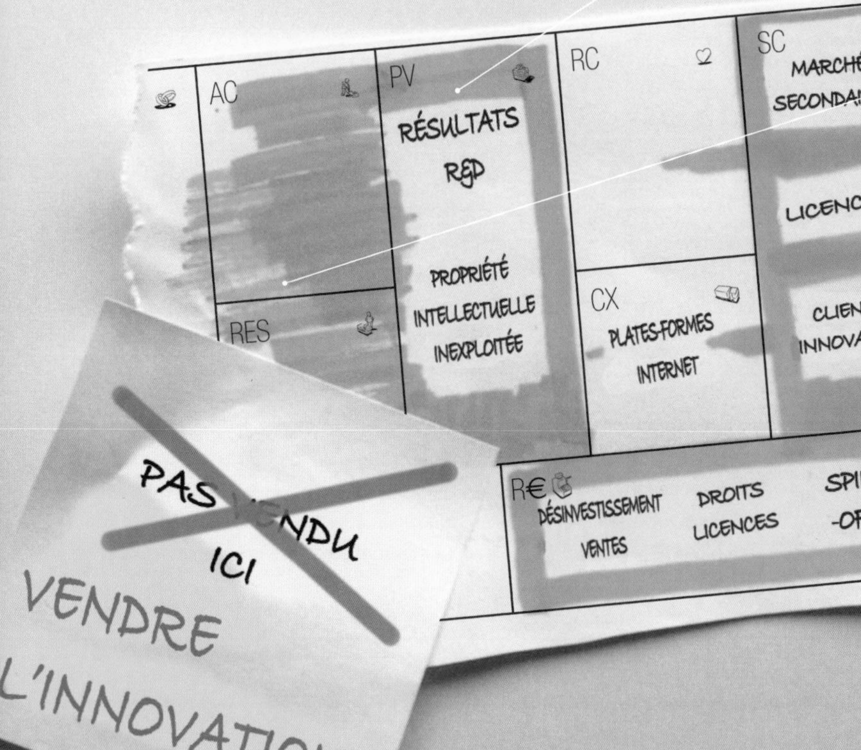

En permettant à d'autres d'exploiter des idées qu'elle a développées mais n'utilise pas, une entreprise se crée des flux de **REVENUS** supplémentaires « faciles ».

Panorama de la typologie

	Dégroupage	*Longue traîne*
Contexte (avant)	Un modèle économique intégré réunit sous un même toit la gestion de l'infrastructure, l'innovation produit et la relation avec le client.	La proposition de valeur ne cible que les clients les plus rentables.
Défi	Les coûts sont trop élevés. Plusieurs cultures organisationnelles incompatibles sont réunies au sein d'une même entité, ce qui se traduit par des arbitrages indésirables.	Cibler des segments moins rentables avec des propositions de valeur spécifiques est trop coûteux.
Solution (après)	L'activité est dégroupée en trois modèles distincts mais complémentaires : • Gestion de l'infrastructure • Innovation produit • Relations avec le client	La nouvelle proposition de valeur, ou la proposition de valeur supplémentaire, cible un grand nombre de segments de clients de niche, historiquement moins rentables – qui, ensemble, sont rentables.
Principes	Des outils informatiques et de management plus performants permettent la séparation et la coordination des différents modèles économiques à des coûts plus faibles, supprimant les arbitrages.	Des outils informatiques et de management plus performants permettent de délivrer des propositions de valeur personnalisées à un très grand nombre de nouveaux clients, à faible coût.
Exemples	Banque privée Opérateurs de téléphonie mobile	Édition (Lulu.com) LEGO

Plates-formes multifaces	Gratuité	Modèles économiques ouverts
Une proposition de valeur cible un segment de clients.	Une proposition de valeur coûteuse est proposée aux seuls clients payants.	Les ressources R&D et les activités clés sont concentrées en interne : • Les idées sont inventées « à l'intérieur ». • Les résultats sont exploités « à l'intérieur ».
L'entreprise ne parvient pas à acquérir de nouveaux clients potentiels souhaitant accéder à la base de clients existante (ex. : les développeurs de jeux vidéo qui veulent toucher les utilisateurs de consoles).	Le prix élevé dissuade les consommateurs.	La R&D coûte cher et/ou la productivité chute.
Ajout d'une proposition de valeur « donnant accès » à un segment de clients existant (ex. : un fabricant de consoles de jeux fournit aux développeurs un accès à ses utilisateurs).	Plusieurs propositions de valeur sont offertes à différents segments de clients avec des flux de revenus différents, dont l'un est gratuit (ou à très bas prix).	Exploitation des ressources R&D et des activités internes par des partenaires extérieurs. Les résultats de la R&D interne sont transformés en proposition de valeur et offerts aux segments de clients intéressés.
Une plate-forme d'intermédiation entre deux ou plusieurs segments de clients apporte de nouveaux flux de revenus au modèle initial.	Les segments de clients qui ne payent pas sont subventionnés par ceux qui payent en vue d'attirer le plus grand nombre possible d'utilisateurs.	Acquérir de la R&D auprès de sources extérieures peut être moins coûteux, se traduisant par une mise sur le marché plus rapide. Vendues à l'extérieur, les innovations inexploitées par l'entreprise deviennent une source de revenus.
Google Consoles de jeux Nintendo, Sony, Microsoft Apple iPod, iTunes, iPhone	Publicité et journaux *Metro* Flickr Open source Red Hat Skype (*vs* opérateurs traditionnels) Gillette Rasoir et lames	Procter & Gamble GlaxoSmithKline InnoCentive

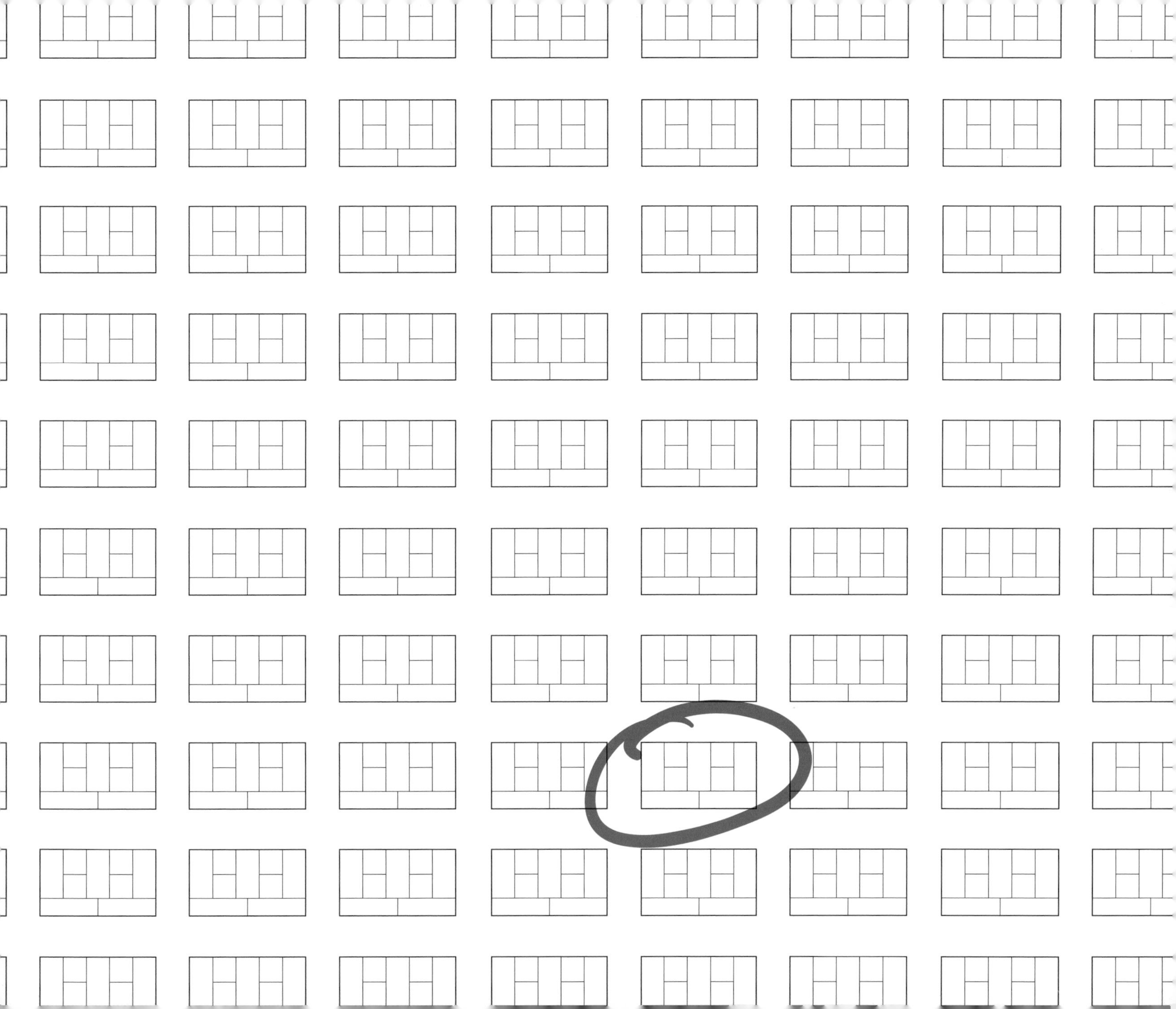

De

ign

« Les acteurs du monde de l'entreprise n'ont pas seulement besoin de mieux comprendre les designers ; ils doivent eux-mêmes devenir designers. »

Roger Martin, Doyen, Rotman School of Management

Cette section décrit des techniques et des outils empruntés à l'univers du design qui vous aideront à concevoir des modèles économiques plus performants et plus innovants. La démarche du designer est avant tout une démarche de questionnement : comment créer le nouveau, découvrir l'inexploré, donner forme aux idées. Son travail consiste à repousser les limites de la pensée, générer de nouvelles options et, au final, créer de la valeur pour les utilisateurs. Toutes choses qui exigent d'être capable d'imaginer « ce qui n'existe pas ». Nous sommes convaincus que les outils et la manière de voir des professionnels du design sont indispensables pour mener à bien la création de nouveaux modèles économiques.

Les acteurs du monde de l'entreprise pratiquent le design tous les jours sans le savoir. Nous concevons des organisations, des stratégies, des modèles économiques, des processus et des projets. Pour ce faire, nous devons prendre en compte un réseau complexe de facteurs – concurrents, technologies et environnement juridique notamment. Et qui plus est, dans un contexte d'incertitude accrue. Tel est précisément le territoire du design. Ce qu'il manque aux acteurs de l'entreprise, ce sont des outils de conception qui viennent compléter leurs compétences.

Dans les pages qui suivent, nous explorons six techniques de conception de modèles économiques : Connaissance du client, Génération d'idées, Pensée visuelle, Prototypage, Storytelling et Scénarios. Chaque technique est introduite à l'aide d'un exemple illustrant sa pertinence pour la création de *business models*. Nous vous proposons également des exercices et des ateliers pratiques. Ceux qui souhaiteraient aller plus loin dans l'exploration de ces techniques trouveront une liste de références bibliographiques en fin de chapitre.

Design

Technique_N° 1

La connaissance du client

SAINT-VALENTIN 2008

Devant un immeuble de bureaux de la banlieue d'Oslo, quatre adolescents vêtus de blousons américains et de casquettes de base-ball sont en grande discussion avec un homme d'une cinquantaine d'années...

… Les adolescents sont de jeunes snowboarders branchés. Ils répondent aux questions de Richard Ling, sociologue travaillant pour Telenor, septième opérateur mondial de téléphonie mobile. Ling interviewe les adolescents dans le cadre d'une étude sur l'utilisation et le partage de photos sur les réseaux sociaux. Tout téléphone mobile ou presque étant désormais doté d'un appareil photo, le sujet intéresse au plus haut point les opérateurs de téléphonie mobile. Les travaux de Ling aideront Telenor à saisir les « enjeux » de cette nouvelle pratique sociale qu'est le partage de photos. Le sociologue ne s'intéresse pas seulement au potentiel de développement des services de « photo sharing », mais aussi aux implications de cette pratique en termes de confiance, de confidentialité, d'identité de groupe et de lien social entre ces jeunes garçons. Ses travaux permettront à Telenor de concevoir et d'offrir de meilleurs services.

Partir de la connaissance du client pour créer des modèles économiques

S'il est vrai que les entreprises investissent des sommes très importantes en études de marché, force est de constater qu'elles ne tiennent que rarement compte du point de vue du client ou du consommateur lorsqu'elles conçoivent des produits, des services… et des modèles économiques. Il va sans dire que la conception de modèles économiques telle que nous l'envisageons évite cette erreur. L'étude des besoins et des attentes des clients/consommateurs est une source d'innovation : elle permet de mettre à jour des opportunités totalement nouvelles. Il est donc essentiel d'intégrer cette dimension lorsque nous évaluons un modèle économique. Il n'y a pas d'innovation réussie sans connaissance approfondie du consommateur – environnement, routines, préoccupations et aspirations.

Considérons par exemple le baladeur numérique d'Apple, l'iPod. Apple a compris que les consommateurs n'étaient pas intéressés par les baladeurs numériques en tant que tels. L'entreprise a perçu qu'ils voulaient pouvoir rechercher, trouver, télécharger et écouter simplement du contenu numérique, notamment de la musique, et qu'ils étaient disposés à payer pour une solution qui le leur permettrait. À l'époque, il faut s'en souvenir, le téléchargement illégal explosait et la plupart des entreprises soutenaient que personne n'était disposé à payer pour de la musique numérique en ligne. À l'encontre de ce point de vue, Apple a créé une expérience musicale fluide pour les consommateurs, combinant le logiciel iTunes, le magasin en ligne iTunes et l'iPod. Avec cette proposition de valeur au cœur de son modèle économique, Apple a fini par dominer le marché de la musique numérique en ligne.

Le défi est d'acquérir une juste connaissance des consommateurs sur laquelle fonder les choix de conception du modèle économique. Dans le domaine de la création de produits et de services, plusieurs grands groupes mondiaux se sont attaché les compétences de chercheurs en sciences sociales. Chez Intel, Nokia et Telenor, par exemple, des équipes d'anthropologues et de sociologues travaillent au développement de produits et de services nouveaux ou plus performants. La création de modèles économiques innovants peut elle aussi bénéficier de cette approche.

De nombreuses entreprises de produits de consommation organisent des voyages de terrain au cours desquels les dirigeants rencontrent des clients, discutent avec les équipes commerciales ou visitent les magasins. Dans d'autres secteurs,

« *Se mettre à la place du client est un principe qui préside à l'ensemble du processus de conception du modèle économique. Il doit guider et motiver tous nos choix : proposition de valeur, canaux de distribution, relation avec le client, flux de revenus.*

en particulier ceux où les investissements en capitaux sont importants, discuter avec les clients fait partie de la routine quotidienne. Mais demander aux clients ce qu'ils veulent ne suffit pas. Le véritable défi de l'innovation est d'acquérir une meilleure connaissance des consommateurs/clients.

Pionnier de l'industrie automobile, Henry Ford déclara un jour : « Si j'avais demandé à mes clients ce qu'ils voulaient, ils m'auraient répondu 'un cheval plus rapide'. »

Un autre défi est de savoir quels consommateurs écouter et lesquels ignorer. Il n'est pas rare que les segments de croissance de demain attendent à la périphérie des vaches à lait d'aujourd'hui. Les innovateurs de modèles économiques devraient donc se garder de ne s'intéresser qu'aux segments de clients existants et, tout au contraire, viser des segments nouveaux ou inexploités. C'est en répondant aux besoins insatisfaits de nouveaux clients qu'un certain nombre de *business models* innovants ont su s'imposer. La compagnie aérienne easyJet, créée par Stelios Haji-Ioannou, a rendu accessible le voyage en avion à des segments de population (faibles à moyens revenus) qui n'utilisaient que rarement les transports aériens. Et Zipcar a offert aux citadins la possibilité de tirer un trait sur tous les tracas inhérents à la possession d'une voiture en leur proposant d'en louer à l'heure grâce à un système d'abonnement annuel. Ces deux modèles économiques sont construits sur des segments de clients périphériques dans les modèles dominants : le voyage aérien et la location de voiture traditionnels.

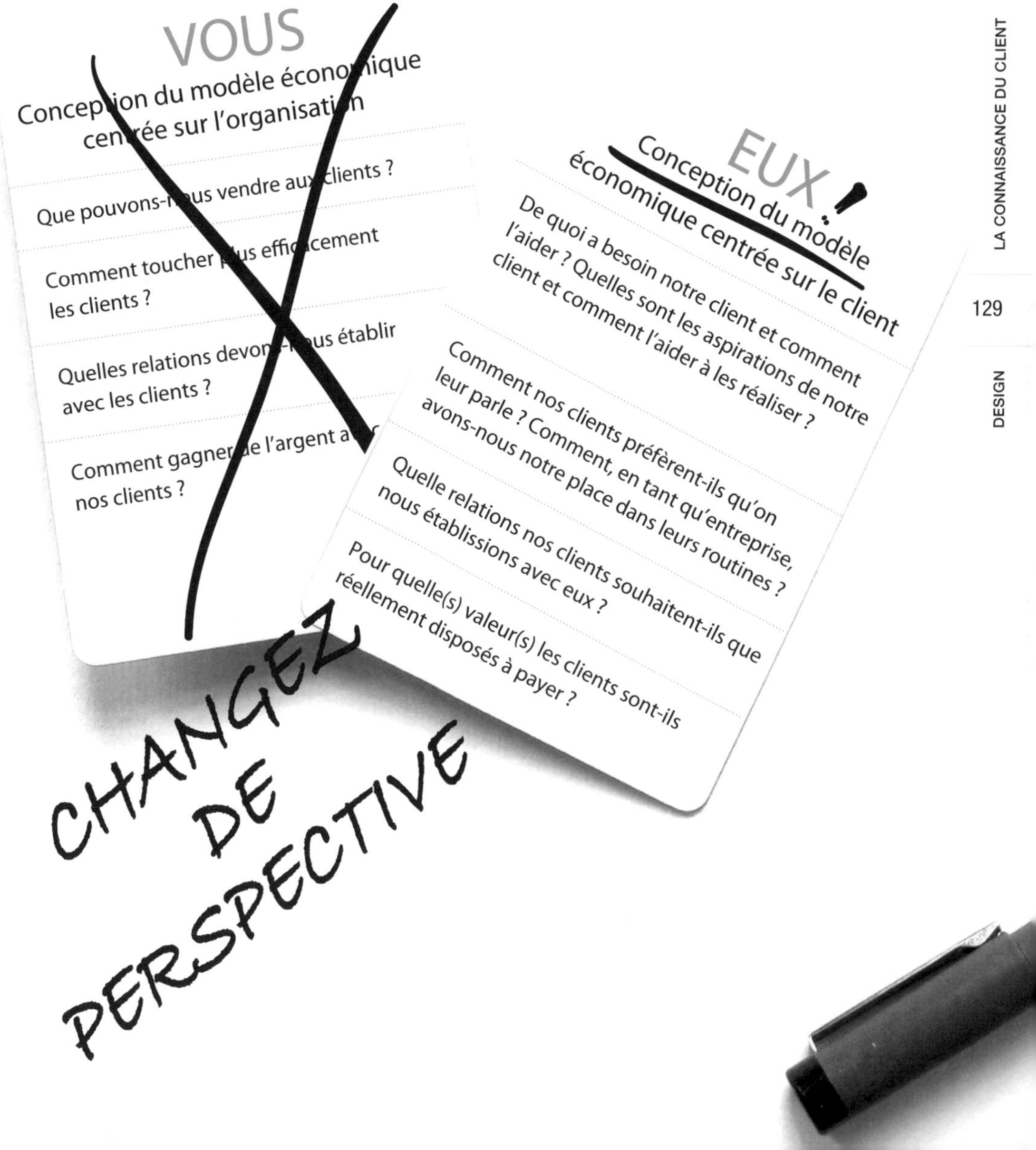

VOUS
Conception du modèle économique centrée sur l'organisation
Que pouvons-nous vendre aux clients ?
Comment toucher plus efficacement les clients ?
Quelles relations devons-nous établir avec les clients ?
Comment gagner de l'argent avec nos clients ?
EUX !
Conception du modèle économique centrée sur le client
De quoi a besoin notre client et comment l'aider ? Quelles sont les aspirations de notre client et comment l'aider à les réaliser ?
Comment nos clients préfèrent-ils qu'on leur parle ? Comment, en tant qu'entreprise, avons-nous notre place dans leurs routines ?
Quelle relations nos clients souhaitent-ils que nous établissions avec eux ?
Pour quelle(s) valeur(s) les clients sont-ils réellement disposés à payer ?
CHANGEZ DE PERSPECTIVE

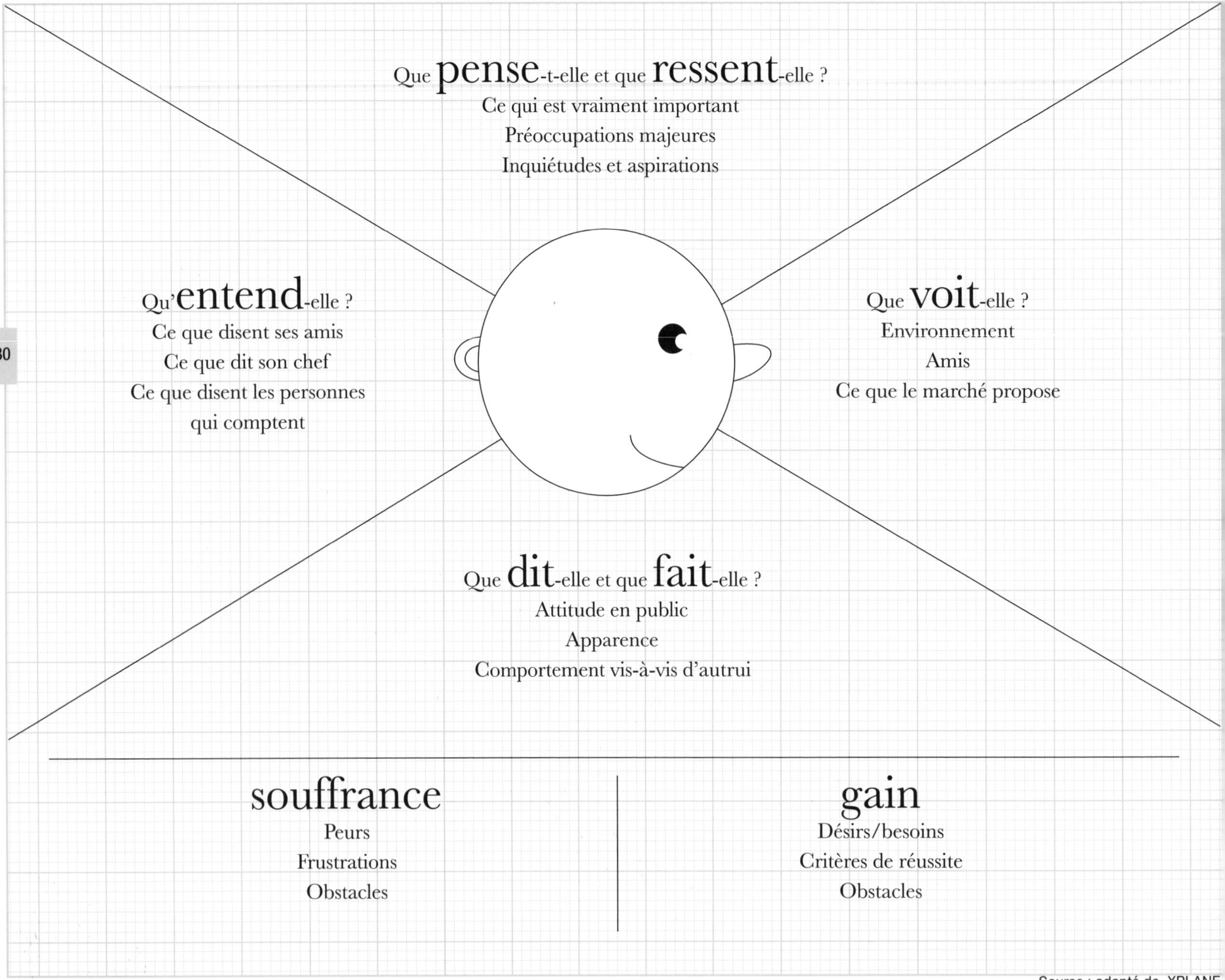

Que **pense**-t-elle et que **ressent**-elle ?

Ce qui est vraiment important

Préoccupations majeures

Inquiétudes et aspirations

Qu'**entend**-elle ?

Ce que disent ses amis

Ce que dit son chef

Ce que disent les personnes qui comptent

Que **voit**-elle ?

Environnement

Amis

Ce que le marché propose

Que **dit**-elle et que **fait**-elle ?

Attitude en public

Apparence

Comportement vis-à-vis d'autrui

souffrance

Peurs

Frustrations

Obstacles

gain

Désirs/besoins

Critères de réussite

Obstacles

Source : adapté de XPLANE

La carte d'empathie

Rares sont ceux d'entre nous qui bénéficient des services d'une équipe de sociologues à plein temps mais quiconque examine un modèle économique est en mesure d'esquisser les profils des segments de clientèle auxquels il s'adresse. Une bonne façon de débuter est d'utiliser la carte d'empathie, un outil développé par la société XPLANE, spécialiste de la pensée visuelle. Cet outil, le *« profiler de client vraiment simple »*, comme nous l'appelons, vous aide à aller au-delà des caractéristiques démographiques d'un client et à acquérir une meilleure connaissance de son environnement, de son comportement, de ses préoccupations et de ses aspirations. Vous serez ainsi en mesure de concevoir un modèle économique plus solide : avoir un profil client vous guidera vers de meilleurs choix de conception au niveau de la proposition de valeur, de la distribution et de la relation clients. Au final, il vous permet de mieux comprendre ce pour quoi un client est réellement disposé à payer.

La carte d'empathie, mode d'emploi

Pour commencer, discutez en groupe et à bâtons rompus pour identifier tous les segments de clients que vous pourriez vouloir servir avec votre modèle économique. Sélectionnez trois candidats prometteurs et retenez-en un pour votre premier exercice de profilage.

Avant toute chose, donnez un nom et des caractéristiques socio-démographiques à cette cliente – revenus, situation familiale, etc. Ensuite, en vous reportant au diagramme présenté page ci-contre, utilisez un paper-board ou un tableau pour élaborer le profil de votre cliente à l'aide des six questions suivantes :

QUE VOIT-ELLE ?

DÉCRIVEZ CE QUE LA CLIENTE VOIT DANS SON ENVIRONNEMENT

- *Comment est-ce ?*
- *Qui fait partie de son entourage ?*
- *Qui sont ses amis ?*
- *À quels types d'offres est-elle exposée quotidiennement ?*
- *Quels problèmes rencontre-t-elle ?*

QU'ENTEND-ELLE ?

DÉCRIVEZ COMMENT L'ENVIRONNEMENT INFLUENCE LA CLIENTE

- *Que disent ses amis ? Son conjoint ?*
- *Qui l'influence réellement et comment ?*
- *À quels médias fait-elle confiance ?*

QUE PENSE-T-ELLE ET RESSENT-ELLE RÉELLEMENT ?

ESSAYEZ D'ESQUISSER CE QUI SE PASSE DANS L'ESPRIT DE VOTRE CLIENTE

- *Qu'est-ce qui est réellement important pour elle (et qu'elle n'avouerait pas nécessairement en public) ?*
- *Imaginez ses émotions. Par quoi est-elle émue ?*
- *Qu'est-ce qui pourrait l'empêcher de dormir ?*
- *Essayez de décrire ses rêves et ses aspirations.*

4 QUE DIT-ELLE ET QUE FAIT-ELLE ?

IMAGINEZ CE QUE LA CLIENTE POURRAIT DIRE, OU COMMENT ELLE POURRAIT SE COMPORTER EN PUBLIC

- *Comment se comporte-t-elle ?*
- *De quoi parle-t-elle ? Que raconte-t-elle ?*
- *Attention : ce qu'elle dit ne correspond pas nécessairement à ce qu'elle éprouve ou pense réellement. Soyez à l'affût de ces contradictions.*

5 QUE CRAINT-ELLE ?

- *Quelles sont ses plus grandes frustrations ?*
- *Quels obstacles se dressent entre elle et ce qu'elle veut ou a besoin d'accomplir ?*
- *Quels risques pourrait-elle avoir peur de prendre ?*

6 QU'ESPÈRE-T-ELLE ?

- *Que veut-elle ou qu'a-t-elle réellement besoin d'accomplir ?*
- *Quels sont ses critères de réussite ?*
- *Essayez d'envisager les stratégies qu'elle pourrait utiliser pour atteindre ses objectifs.*

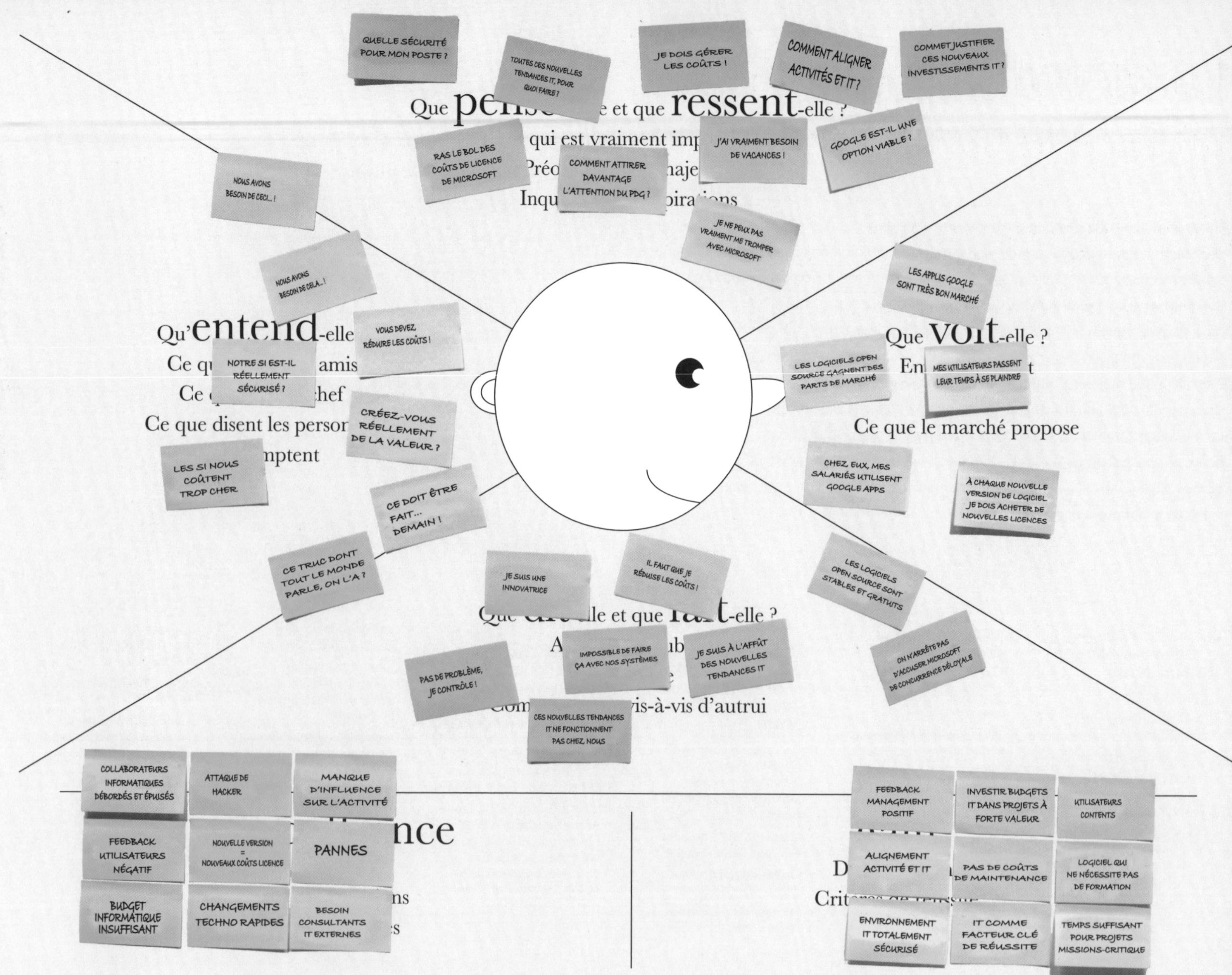

Source : adapté de XPLANE

Comprendre un client B2B grâce à la carte d'empathie

En octobre 2008, Microsoft a dévoilé le projet de rendre disponible sur Internet sa suite d'applications Office. À terme, les clients auraient la possibilité d'utiliser Word, Excel et les autres logiciels Office via leurs navigateurs. Pour aller au bout de ce projet, Microsoft va devoir faire évoluer son modèle économique. Le point de départ de cette rénovation pourrait être la création d'un profil de client pour un segment clé : les directeurs des systèmes d'information (DSI), qui définissent les stratégies informatiques des entreprises et prennent les décisions d'achat correspondantes, qui concernent l'ensemble de l'organisation. À quoi pourrait donc ressembler le profil d'un client DSI ?

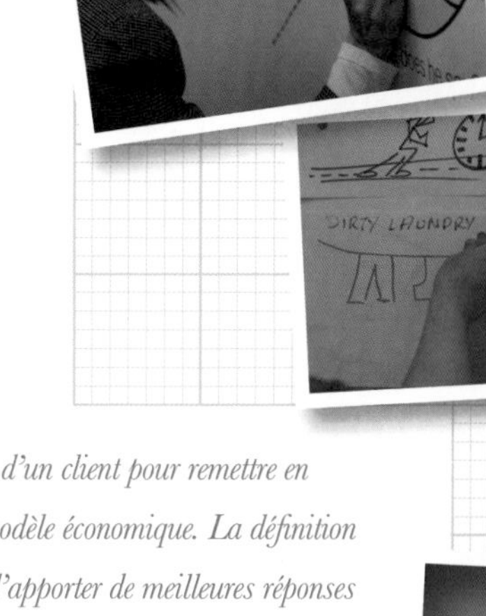

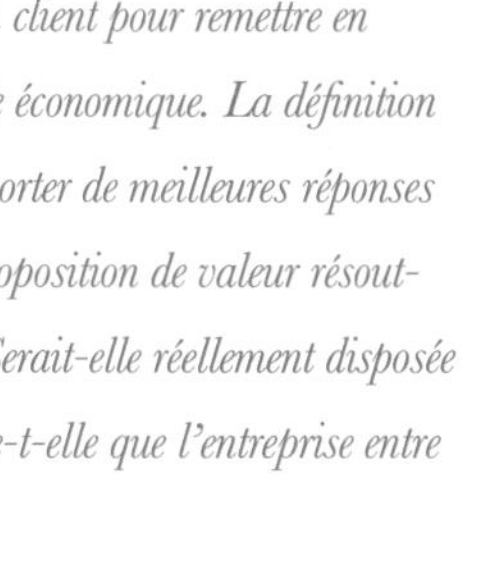

Le but est de créer le point de vue d'un client pour remettre en question les hypothèses de votre modèle économique. La définition de profils de clients vous permet d'apporter de meilleures réponses à toute une série de questions : cette proposition de valeur résout-elle les problèmes réels de la cliente ? Serait-elle réellement disposée à payer pour cela ? Comment souhaite-t-elle que l'entreprise entre en contact avec elle ?

Technique_N° 2

La génération d'idées

Mars 2007

Elmar Mock écoute attentivement Peter développer son idée avec enthousiasme face à des murs couverts de Post-it®…

… Peter travaille pour un groupe pharmaceutique qui a engagé le cabinet de conseil en innovation d'Elmar, Creaholic, pour accompagner le développement d'un produit révolutionnaire. Les deux hommes font partie d'une équipe d'innovation de six personnes réunies pour un séminaire de trois jours.

Le groupe est hétérogène, échantillon de niveaux d'expérience et de parcours différents. Si tous les membres sont des experts accomplis, ce n'est pas en tant que techniciens qu'ils sont là mais comme consommateurs insatisfaits. Creaholic leur a demandé de laisser leur bagage technique à la porte, pour n'en conserver avec eux qu'un vague souvenir.

Durant ces trois jours, ces six personnes forment un microcosme de consommateurs et laissent libre cours à leur imagination pour inventer des solutions nouvelles à un problème, en faisant abstraction de toute contrainte financière ou technique. Les idées se heurtent et une nouvelle perspective émerge, et ce n'est qu'après avoir généré une multitude de solutions potentielles que les participants sont autorisés à convoquer leurs compétences techniques pour sélectionner les trois idées les plus prometteuses.

Elmar Mock peut s'enorgueillir d'un palmarès d'innovations exceptionnel . Il est l'un des deux inventeurs de la légendaire montre Swatch. Depuis, lui et son équipe de Creaholic ont aidé des entreprises comme BMW, Nestlé, Mikron et Givaudan à innover avec succès.

Elmar sait combien il est difficile d'innover quand on est une grande entreprise reconnue, forte de longues années de présence sur le marché. Ce type d'entreprises, en effet, ne peut se passer de prévisibilité, de descriptions de postes et de projections financières. Reste que les véritables innovations émergent de ce qu'il faut bien appeler un chaos organisé. Creaholic a trouvé un moyen de maîtriser ce chaos. Elmar et son équipe sont obnubilés par l'innovation.

Générer de nouvelles idées de modèles économiques

Cartographier un modèle économique existant est une chose ; concevoir un nouveau modèle économique innovant en est une autre. Ce qui est requis, ici, c'est un processus créatif permettant de générer un grand nombre d'idées de modèles économiques et de sélectionner les meilleures. On appelle ce processus « génération d'idées » ou idéation. Maîtriser l'art de l'idéation est fondamental lorsqu'on veut concevoir des nouveaux modèles économiques viables.

Jusqu'à récemment, la plupart des secteurs se caractérisaient par un modèle économique dominant. Ce n'est plus le cas aujourd'hui. Une myriade d'options s'offre à ceux qui imaginent de nouveaux modèles. Et plusieurs modèles sont en concurrence sur les mêmes marchés. Les frontières entre secteurs se brouillent – quand elles ne disparaissent pas purement et simplement.

Un des défis qui nous attend sur le chemin de l'innovation est de laisser de côté le statu quo et nos considérations opérationnelles pour pouvoir générer des idées réellement novatrices.

Concevoir un modèle économique innovant ne consiste pas à regarder en arrière, parce que le passé ne nous dit pas grand-chose de ce qui est possible pour l'avenir. Cela ne consiste pas non plus à étudier les concurrents, puisqu'il ne s'agit ni de copier ni de trouver des références, mais d'inventer de nouveaux mécanismes pour créer de la valeur et générer des revenus. Ce que nous devons faire, c'est remettre en cause les orthodoxies pour concevoir des modèles originaux qui répondent à des besoins insatisfaits, nouveaux ou cachés des consommateurs.

Pour trouver de meilleures, de nouvelles options, il faut en passer par pléthore d'idées, avant de les réduire à un nombre limité d'options envisageables. La génération d'idées comporte deux grandes phases : la production d'idées, placée sous le signe de la quantité, et la synthèse, au cours de laquelle les idées sont débattues, combinées et ramenées à un nombre limité d'options viables. Une option ne renvoie pas nécessairement à un modèle économique de rupture. Il peut s'agir d'innovations qui repoussent les frontières de votre modèle actuel pour améliorer sa compétitivité.

Il y a plusieurs manières d'engager le processus de génération d'idées. Nous allons en étudier deux en particulier : les épicentres de la matrice du modèle économique et les questions « Et si... ? ».

PRODUCTION SYNTHÈSES

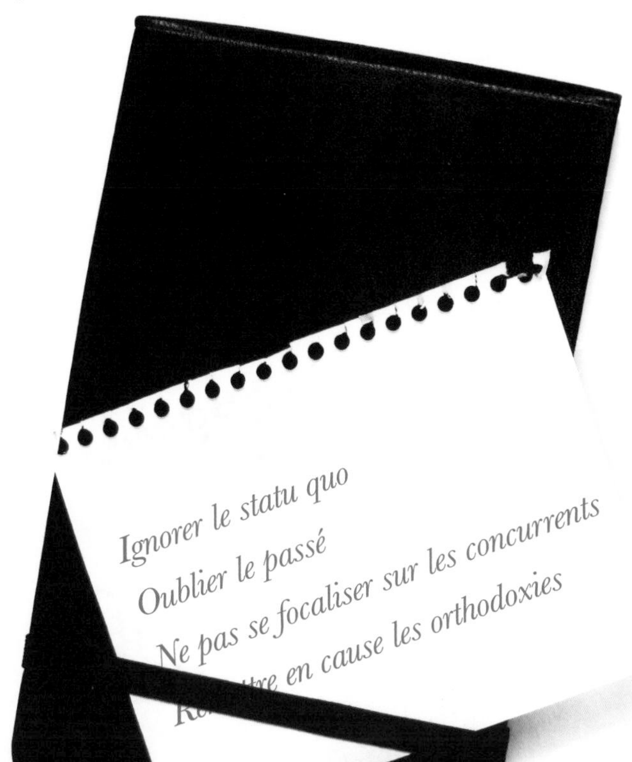

Les épicentres de l'innovation

Les idées de nouveaux modèles économiques peuvent venir de n'importe où et chacun des neuf blocs de base peut servir de point de départ. Les innovations radicales ont un impact sur plusieurs blocs. Nous pouvons distinguer quatre épicentres d'innovation : les ressources, l'offre, les clients et les finances.

Chacun des quatre épicentres peut servir de point de départ à un changement important de modèle économique et chacun peut avoir un impact significatif sur les huit autres éléments. Dans certain cas, l'innovation émergera de plusieurs épicentres. Le changement trouve également souvent sa source dans des domaines identifiés grâce à une analyse SWOT : une exploration des forces, faiblesses, opportunités et menaces d'un modèle économique donné (voir p. 216).

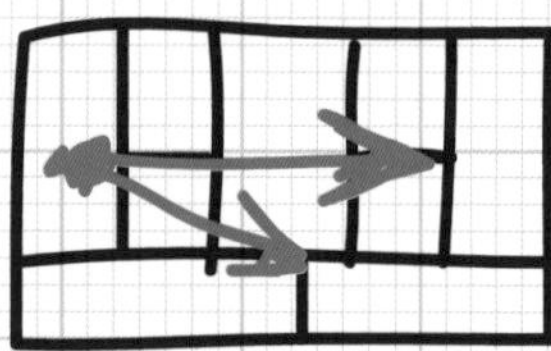

RESSOURCES

CES INNOVATIONS TROUVENT LEUR SOURCE DANS L'INFRASTRUCTURE OU LES PARTENARIATS EXISTANTS D'UNE ORGANISATION POUR ÉTENDRE OU TRANSFORMER LE MODÈLE ÉCONOMIQUE.

Exemple : les Web Services d'Amazon s'appuient sur l'infrastructure de distribution existante d'Amazon pour proposer des capacités de serveur et de l'espace de stockage de données à d'autres entreprises.

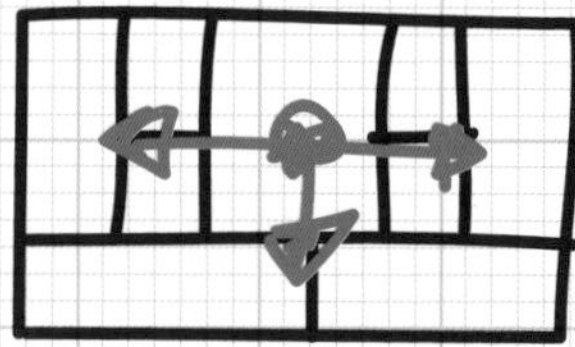

OFFRE

CE TYPE D'INNOVATIONS CRÉE DE NOUVELLES PROPOSITIONS DE VALEUR QUI ONT UN IMPACT SUR LES AUTRES BLOCS DU MODÈLE ÉCONOMIQUE.

Exemple : lorsque le fabricant de ciment mexicain Cemex a promis de livrer du ciment en vrac sur les chantiers en quatre heures au lieu des deux jours habituels, l'entreprise a dû transformer son modèle économique. Cette innovation a contribué à faire de Cemex, acteur régional, le deuxième producteur mondial de ciment.

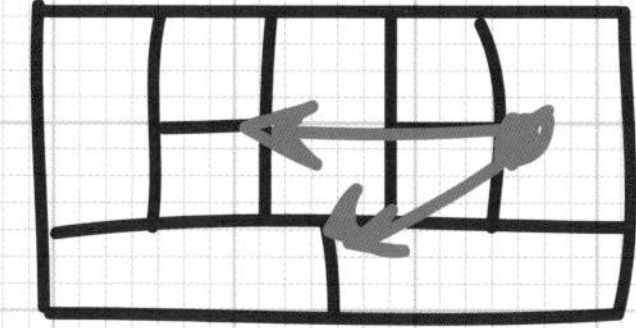

CLIENTS/CONSOMMATEURS

CES INNOVATIONS SONT BASÉES SUR LES BESOINS DES CONSOMMATEURS, UNE MEILLEURE ACCESSIBILITÉ OU UNE PLUS GRANDE COMMODITÉ. COMME TOUTES LES INNOVATIONS ISSUES D'UN SEUL ÉPICENTRE, ELLES ONT UNE INFLUENCE SUR LES AUTRES BLOCS DU MODÈLE ÉCONOMIQUE.

Exemple : 23andMe a mis les tests ADN à la portée du plus grand nombre – une prestation jusque-là réservée aux seuls chercheurs et professionnels de santé. Cela a eu des conséquences importantes tant pour la proposition de valeur que pour la délivrance des résultats des tests, ce pour quoi 23andMe utilise des profils Web de personnalisation de masse.

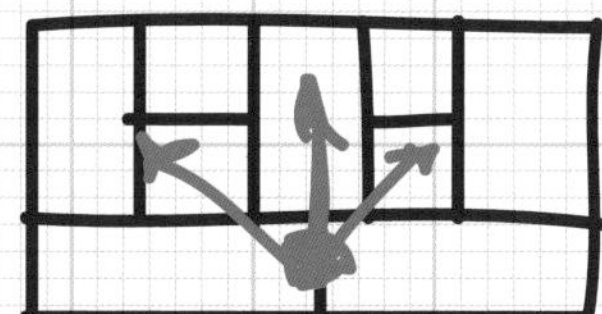

FINANCES

INNOVATIONS REPOSANT SUR DE NOUVEAUX FLUX DE REVENUS, DE NOUVEAUX MÉCANISMES DE PRIX OU DES STRUCTURES DE COÛTS PLUS PERFORMANTES AYANT UNE INCIDENCE SUR LES AUTRES BLOCS DU MODÈLE ÉCONOMIQUE.

Exemple : lorsque Xerox a inventé la Xerox 914 en 1958 – un des premiers photocopieurs à papier ordinaire –, la machine était proposée à un prix trop élevé pour le marché. Xerox a donc développé un nouveau modèle économique. L'entreprise a loué les photocopieurs 95 dollars par mois, forfait comprenant 2 000 photocopies gratuites, et vendu 5 cents la copie supplémentaire. Les clients ont été séduits et se sont mis à faire des milliers de copies chaque mois.

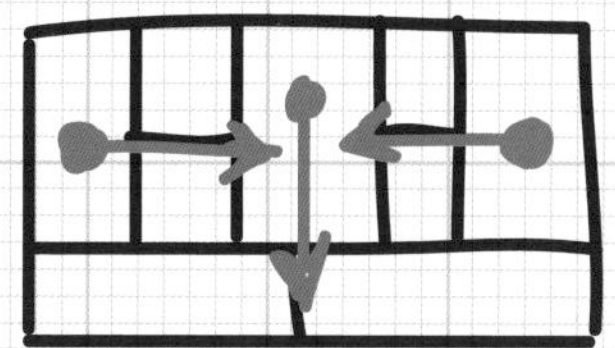

PLUSIEURS ÉPICENTRES

LES INNOVATIONS PILOTÉES PAR PLUSIEURS ÉPICENTRES PEUVENT AVOIR UN IMPACT IMPORTANT SUR PLUSIEURS BLOCS DU MODÈLE ÉCONOMIQUE.

Exemple : Hilti, le fabricant mondial d'outils de construction professionnels, a purement et simplement renoncé à vendre des outils à ses clients pour leur louer des kits d'outils. Cela représente une évolution significative de la proposition de valeur mais également de ses flux de revenus, puisque ceux-ci consistent désormais en revenus de services récurrents.

Le pouvoir des questions « Et si... ? »

Nous avons souvent du mal à imaginer de nouveaux modèles économiques parce que notre pensée est entravée par le statu quo. Le statu quo gèle l'imagination. Une des façons de surmonter ce problème est de remettre en cause les hypothèses dominantes avec des questions « Et si... ? ». Avec les bons ingrédients de modèle économique, ce que nous considérons comme impossible est bien souvent faisable. Les questions « Et si... ? » nous aident à nous affranchir des contraintes imposées par les modèles en place. Elles doivent nous provoquer et remettre en question notre façon de penser. Intrigantes, difficiles à exécuter, elles doivent nous déranger.

Les dirigeants d'un journal quotidien pourront par exemple se demander : « Et si nous arrêtions notre édition papier et adoptions une diffusion exclusivement numérique via la liseuse d'Amazon, le Kindle, ou Internet ? » Cela permettrait au quotidien de réduire considérablement ses coûts de production et ses coûts logistiques, mais exigerait de compenser les revenus publicitaires perdus en presse imprimée et de faire évoluer les lecteurs vers les canaux numériques.

Les questions « Et si... ? » ne sont que des tremplins. Elles nous mettent au défi de découvrir le modèle économique qui pourrait donner vie à leur contenu. Certaines, trop provocatrices, ne trouveront peut-être pas de réponse. Et il suffira peut-être seulement à d'autres de trouver le bon modèle économique pour devenir réalité.

… les meubles étaient vendus en kit dans un grand entrepôt, conditionnés dans un carton plat, et que les acheteurs les assemblent eux-mêmes chez eux ? Ce qui est aujourd'hui pratique courante était impensable jusqu'à ce qu'IKEA lance son concept dans les années 1960.

… les compagnies aériennes n'achetaient pas les moteurs de leurs avions mais payaient à l'heure de fonctionnement ? C'est ainsi que de fabricant anglais perdant de l'argent, Rolls-Royce s'est mué en entreprise de service, aujourd'hui deuxième fournisseur mondial de moteurs pour gros porteurs.

… les communications vocales étaient gratuites dans le monde entier ? En 2003, Skype a lancé un service de téléphonie gratuite par Internet. Cinq ans plus tard, Skype pouvait s'enorgueillir de 400 millions d'utilisateurs actifs ayant passé 100 milliards d'appels gratuits.

… les constructeurs automobiles ne vendaient pas des voitures mais des services de mobilité ? En 2008, Daimler a lancé à titre expérimental le service de voiture en libre-service car2go dans la ville d'Ulm, en Allemagne. La flotte de véhicules de car2go permet aux usagers d'emprunter et de déposer une voiture n'importe où dans la ville, moyennant le paiement d'un tarif à la minute.

… les individus pouvaient se prêter de l'argent au lieu d'emprunter auprès des banques ? En 2008, la société britannique Zopa a lancé sur Internet une plate-forme de prêt peer-to-peer.

… tous les habitants des villages au Bangladesh avaient accès à un téléphone ? C'est l'objectif que s'est fixé Grameenphone en nouant un partenariat avec l'établissement de microcrédit Grameen Bank. À l'époque, le Bangladesh demeurait le pays le moins bien équipé en réseau de télécommunications. Aujourd'hui, Grameenphone est le premier contribuable du pays.

Le processus de génération d'idées

Ce processus peut prendre diverses formes. Nous proposons ici une approche générale pour générer des options de modèles économiques innovants :

1. COMPOSITION DE L'ÉQUIPE

QUESTION CLÉ : VOTRE ÉQUIPE EST-ELLE SUFFISAMMENT DIVERSIFIÉE ?

Réunir la bonne équipe est essentiel pour produire des idées nouvelles. Âge, ancienneté, niveau d'expérience, *business units* représentées, connaissance du client et compétences professionnelles : la composition de l'équipe doit privilégier la diversité des profils.

2. IMMERSION

QUESTION CLÉ : QUELS ÉLÉMENTS DEVONS-NOUS ÉTUDIER AVANT DE GÉNÉRER DES IDÉES DE MODÈLES ÉCONOMIQUES ?

Dans l'idéal, l'équipe doit passer par une phase d'immersion : recherches, étude des clients ou des prospects, évalution de nouvelles technologies ou encore évaluation des modèles existants. L'immersion peut durer plusieurs semaines ou le temps de quelques ateliers (ex. : la carte d'empathie).

3. EXPANSION

QUESTION CLÉ : QUELLES INNOVATIONS POUVONS-NOUS IMAGINER POUR CHAQUE BLOC DU MODÈLE ÉCONOMIQUE ?

Au cours de cette phase, l'équipe élargit l'éventail des solutions, dans le but de générer le plus d'idées possible. Chacun des neuf blocs du modèle économique peut servir de point de départ. L'objectif de cette phase est la quantité, pas la qualité. Définir des règles de brainstorming permettra de maintenir la dynamique créative et d'éviter que les critiques n'interviennent trop tôt dans le processus (voir p. 144).

4. CRITÈRES DE SÉLECTION

QUESTION CLÉ : QUELS SONT LES CRITÈRES LES PLUS IMPORTANTS POUR ÉVALUER NOS IDÉES ?

Après avoir étendu les frontières du possible, l'équipe doit définir des critères pour ramener son choix à un nombre d'idées raisonnable. Les critères dépendront du contexte mais on citera notamment le temps estimé de déploiement, le potentiel de revenus, d'éventuelles résistances des clients et l'impact sur l'avantage concurrentiel.

5. « PROTOTYPAGE »

QUESTION CLÉ : À QUOI RESSEMBLE LE MODÈLE ÉCONOMIQUE POUR CHAQUE IDÉE RETENUE ?

Une fois les critères définis, l'équipe doit être en mesure de ramener le nombre d'idées à une liste de trois à cinq innovations potentielles. Utilisez la matrice pour représenter et évaluer chaque idée sous la forme d'un prototype de modèle économique (voir p. 160).

Rassembler une équipe diversifiée

Produire des idées nouvelles est une tâche qui ne doit pas être laissée aux seuls talents dits « créatifs ». La génération d'idées est un travail d'équipe. La création d'un modèle économique innovant requiert la participation de collaborateurs venus de tous les horizons de l'organisation. Innover, ici, consiste à chercher à créer de la valeur en explorant les blocs de nouveaux modèles et en forgeant des liens innovants entre eux. Tous les blocs de la matrice peuvent être concernés, qu'il s'agisse des canaux de distribution, des flux de revenus ou des ressources clés. Le processus doit donc impliquer des personnes représentant de multiples domaines.

Mettre sur pied la bonne équipe apparaît ainsi comme un préalable indispensable. Réfléchir à de nouveaux modèles économiques ne doit pas être la chasse gardée de la R&D ou de la planification stratégique. La diversité de l'équipe vous aidera à produire, discuter et sélectionner des idées nouvelles. N'hésitez pas, par exemple, à faire appel à des personnes extérieures à l'entreprise, voire à des enfants. Mais il vous faudra veiller à ce que chacun sache pratiquer l'écoute active. Le cas échéant, attachez-vous les services d'un modérateur neutre pour les réunions les plus importantes.

Une équipe diversifiée est une équipe dont les membres :

- *appartiennent à différentes business units ;*
- *sont d'âges différents ;*
- *ont des domaines de compétences différents ;*
- *représentent différents niveaux hiérarchiques ;*
- *ont des parcours divers ;*
- *viennent de différents horizons culturels.*

Règles de brainstorming

Pour être productif, le brainstorming doit suivre un certain nombre de règles. Respecter ces règles vous aidera à maximiser le nombre d'idées utiles produites.

Ne pas se disperser

Débutez par une formulation claire et précise de la problématique. Dans l'idéal, elle devrait être articulée autour d'un besoin client. Ne laissez pas la discussion vagabonder en tous sens ; ramenez-la toujours à l'énoncé du problème.

Faire respecter les règles

Définissez les règles de brainstorming dès le début et faites-les respecter. Les règles les plus importantes sont : « différer le jugement », « une conversation à la fois », « on recherche la quantité », « être visuel » et « encourager les idées audacieuses ». Les médiateurs doivent faire respecter les règles.

Penser visuellement

Notez les idées par écrit ou représentez-les sur un support que tout le monde peut voir. Une bonne façon de collecter les idées consiste à les noter sur des Post-it® que l'on colle ensuite sur un mur. Cela permet de changer les idées de place et de les regrouper.

Mettre en condition

Préparez l'équipe au brainstorming en la confrontant directement à la problématique concernée. Ce pourra être un voyage d'étude, des discussions avec des clients ou tout autre moyen de sensibiliser l'équipe aux enjeux du problème énoncé.

Adapté d'un entretien avec Tom Kelley, IDEO, pour le magazine ***Fast Company***, « Seven Secrets to Good Brainstorming ».

Échauffement : l'exercice de la vache

Pour mettre en mouvement la dynamique créative de votre équipe, il peut être utile de débuter une séance de génération d'idées par une mise en jambes, l'exercice de la vache par exemple. L'objectif est le suivant : représenter trois modèles économiques utilisant une vache. Demandez à votre équipe de définir un certain nombre de caractéristiques d'une vache (produit du lait, mange toute la journée, meugle...), puis d'utiliser ces caractéristiques pour inventer un modèle économique innovant. Donnez-lui trois minutes.

Souvenez-vous que cet exercice peut produire le pire puisqu'il est, de fait, très bête. Mais il a été testé auprès de dirigeants, de comptables, de gestionnaires de risques et d'entrepreneurs, et l'expérience prouve qu'il est extrêmement efficace ! Le but est de dépayser les participants et de leur montrer qu'il suffit de se déconnecter des pratiques établies et de laisser libre cours à sa créativité pour générer des idées.

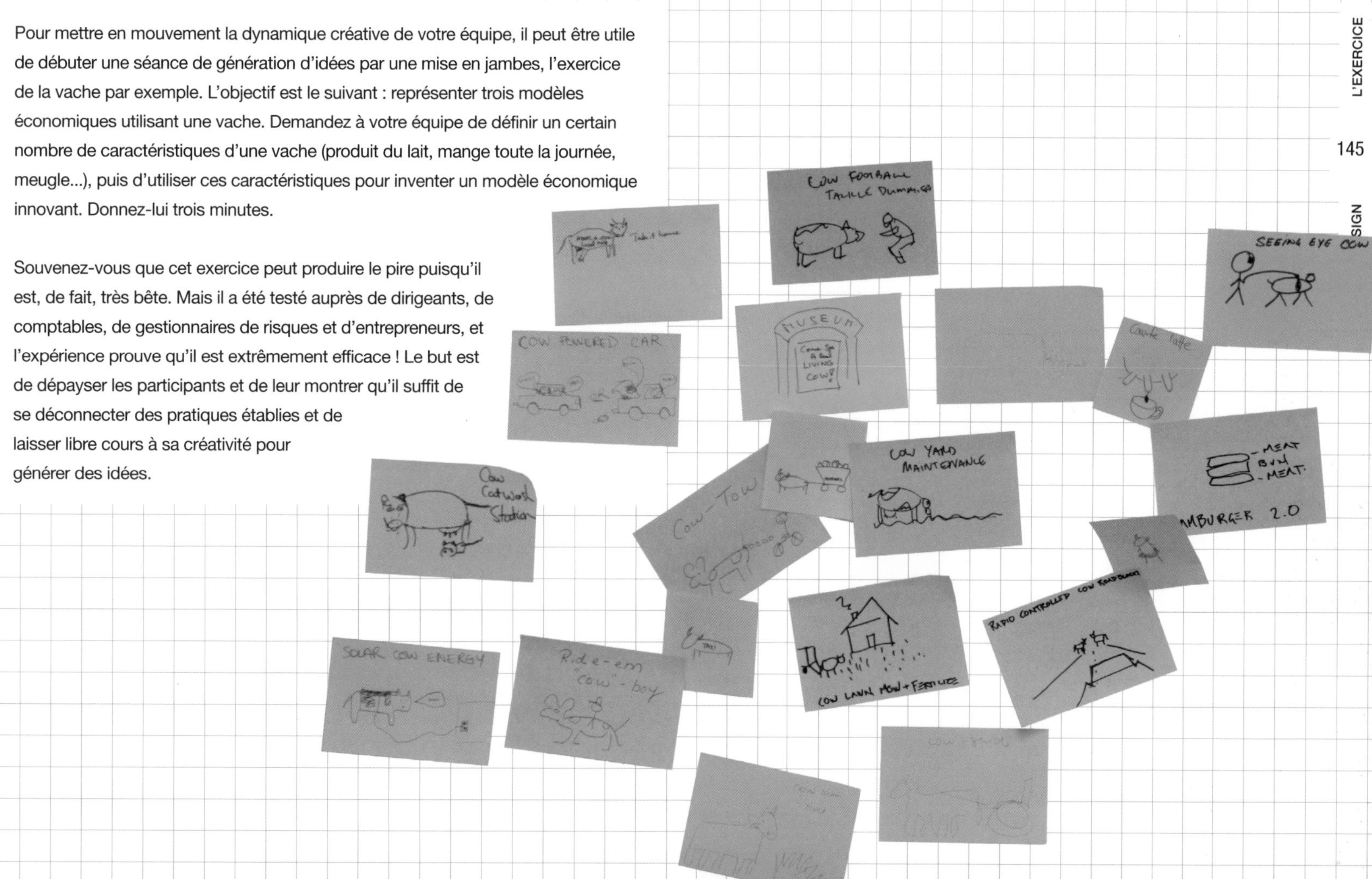

Technique_N° 3

La pensée visuelle

Octobre 2006

Les murs de la salle de réunion sont couverts de grandes feuilles de papier sur lesquelles 14 personnes, concentrées sur leur tâche, dessinent et collent des Post-it®. Si la scène évoque un cours de dessin, elle se déroule au siège de Hewlett-Packard, le géant technologique….

… Les 14 participants viennent de différents services du groupe mais tous travaillent, à un titre ou à un autre, à la gestion de l'information. Ils sont réunis aujourd'hui pour représenter – au sens propre – ce que devrait être la gestion des flux d'information d'un grand groupe mondial.

Dave Gray, fondateur et président de la société de conseil XPLANE, tient le rôle d'animateur. XPLANE utilise des outils de pensée visuelle pour aider ses clients à clarifier des problématiques dans tous les domaines, de la stratégie d'entreprise aux mises en œuvre opérationnelles. Avec un artiste d'XPLANE, David aide les spécialistes d'HP à mieux comprendre les enjeux du partage de l'information dans une entreprise mondialisée. Le groupe se sert des dessins affichés sur le mur pour discuter du partage de l'information, identifier les relations entre les éléments, mettre en place les pièces manquantes et développer une compréhension commune des enjeux de la problématique.

Avec un sourire entendu, Dave explique que, contrairement à l'idée reçue, il n'est pas nécessaire de maîtriser un sujet pour en donner une représentation visuelle. Tout au contraire, souligne-t-il, les dessins – aussi rudimentaires ou maladroits soient-ils – aident à mieux décrire, discuter et comprendre les problèmes, en particulier les problèmes complexes. Pour l'équipe de HP, l'approche visuelle d'XPLANE a fonctionné à merveille. À leur arrivée, ils étaient 14 spécialistes, chacun avec sa vision des choses ; à la fin de la séance, tous avaient une représentation commune – un graphique d'une page – de la façon dont un groupe mondial doit gérer l'information. La liste des clients de XPLANE, véritable Who's Who des plus grandes entreprises du monde, témoigne du nombre croissant d'organisations convaincues de la valeur de ce type de pensée visuelle.

De l'utilité de la pensée visuelle

La pensée visuelle est indispensable pour travailler sur les modèles économiques. Telle que nous l'entendons, elle consiste à utiliser des outils visuels tels que des images, des dessins, des graphiques et des Post-it® pour construire du sens et alimenter la discussion. Parce que les modèles économiques sont des concepts complexes composés de blocs et de relations, il est difficile d'en comprendre la logique et l'articulation sans les représenter.

Un modèle économique est un système où tout élément influence les autres ; il n'a de sens qu'en tant que tout. Saisir cette image d'ensemble sans la visualiser est difficile. Représenter un modèle économique, c'est en fait traduire les hypothèses qui le sous-tendent en informations explicites. Le modèle devient tangible, et les discussions et changements gagnent en clarté. Les techniques visuelles « donnent vie » à un modèle économique et facilitent la co-création.

Représenter un modèle le transforme en un objet durable et en point de repère conceptuel auquel il est toujours possible de se référer. Le discours devient concret, ce qui améliore la qualité du débat. En règle générale, si vous cherchez à améliorer un modèle économique existant, le décrire visuellement en fera apparaître les failles logiques et facilitera la discussion. De même, si vous concevez un nouveau modèle économique, le représenter vous permettra de discuter de différentes options en ajoutant, ôtant ou déplaçant des images.

Les entreprises sont familières de certaines techniques visuelles, les graphiques et les diagrammes notamment, abondamment utilisés dans les rapports et autres projets pour rendre les messages plus clairs. Mais les techniques visuelles sont plus rarement exploitées pour discuter, explorer et définir des problématiques. À quand remonte la dernière réunion au cours de laquelle vous ayez vu des dirigeants dessiner sur les murs ? Pourtant, c'est dans le processus stratégique que la pensée visuelle peut être la plus précieuse. Elle renforce le questionnement stratégique en rendant concret l'abstrait, en éclairant les relations entre éléments et en simplifiant le complexe. Dans cette section, nous allons voir comment la pensée visuelle peut vous aider tout au long du processus de définition, de discussion et de changement d'un modèle économique.

Nous abordons deux techniques : l'utilisation de Post-it® et l'utilisation de dessins en association avec la matrice. Nous nous intéresserons également à quatre processus que la pensée visuelle rend plus performants : compréhension, dialogue, exploration et communication.

VISUAL
ACTION
SPACE

Visualiser avec des Post-it®

Un bloc de Post-it® est un outil indispensable que tout innovateur de modèle économique doit garder à portée de main ! Les Post-it® s'apparentent à des conteneurs d'idées que l'on peut ajouter, ôter, déplacer à sa guise d'un élément du modèle économique à un autre. Au cours d'une discussion sur un modèle économique, en effet, il est rare que tous les participants soient d'emblée d'accord sur les éléments qu'ils doivent contenir ou la place qu'ils doivent occuper. Lors de la phase exploratoire en particulier, il est fréquent que certains éléments soient ôtés et remplacés à plusieurs reprises pour expérimenter de nouvelles idées.

Voici trois consignes simples : (1) utilisez des marqueurs, (2) n'inscrivez qu'un élément par Post-it®, et (3) n'écrivez que quelques mots par Post-it® pour rendre l'essentiel. Utiliser des marqueurs à pointe épaisse est loin d'être un détail : cela vous empêche de noter trop de choses sur un Post-it® tout en facilitant la lecture et l'appréhension visuelle rapide.

N'oubliez pas que le processus d'élaboration du modèle économique est aussi important que son résultat. Quels Post-it® ajouter ou supprimer ? Qu'est-ce que cela implique ? : ces discussions apportent aux participants une compréhension approfondie du modèle et de sa dynamique. Un Post-it® est bien plus qu'un petit bout de papier repositionnable représentant un bloc du *business model* : c'est un catalyseur du débat sur la stratégie.

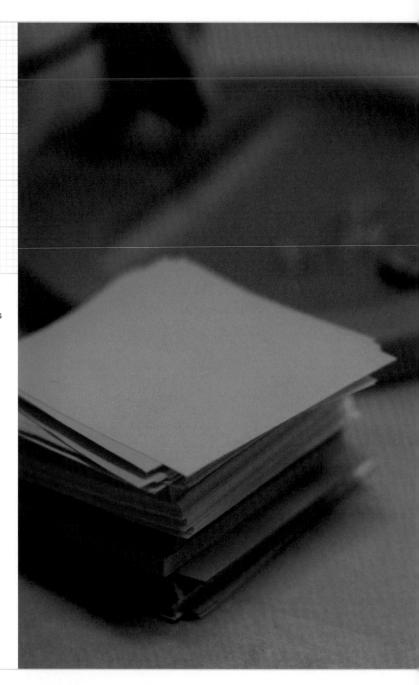

Visualiser avec des dessins

Les dessins peuvent avoir encore plus de force que les Post-it® parce que l'être humain est plus réceptif aux images qu'aux mots. Les images délivrent instantanément un message. Quelques traits de crayon suffisent souvent à exprimer des idées qui exigeraient beaucoup de mots.

L'exercice est plus facile que nous le pensons. Un petit personnage au visage souriant, même maladroitement dessiné, véhicule de l'émotion. Un gros sac d'argent et un petit sac d'argent donnent une idée de proportion. Le problème, c'est que la plupart d'entre nous sont convaincus de ne pas savoir dessiner. Nous n'osons pas nous lancer, de crainte que nos dessins soient maladroits ou enfantins. La vérité, c'est que même des dessins rudimentaires, réalisés avec conviction, rendent les choses tangibles et compréhensibles. On interprète beaucoup plus facilement de petits personnages « bâton » que des concepts abstraits exprimés par des mots.

Les ébauches et les dessins peuvent être utiles sur plusieurs plans. Pour commencer, ils vous permettent d'expliquer et de communiquer votre modèle économique au moyen d'une représentation simple. Nous y reviendrons à la fin de ce chapitre. Ensuite, ils vous aideront à « donner vie » à une cliente type et à son environnement pour illustrer un de vos segments de clients. Il s'ensuivra une discussion plus concrète et vivante que si vous vous contentiez de décrire la cliente type. Enfin, vous pourrez les utiliser pour représenter les besoins d'un segment de clients et les actions à conduire.

Ces dessins susciteront des discussions constructives d'où émergeront de nouvelles idées de modèles économiques. Intéressons-nous à présent aux quatre processus que les techniques de visualisation contribueront à rendre plus performants.

Comprendre l'essentiel

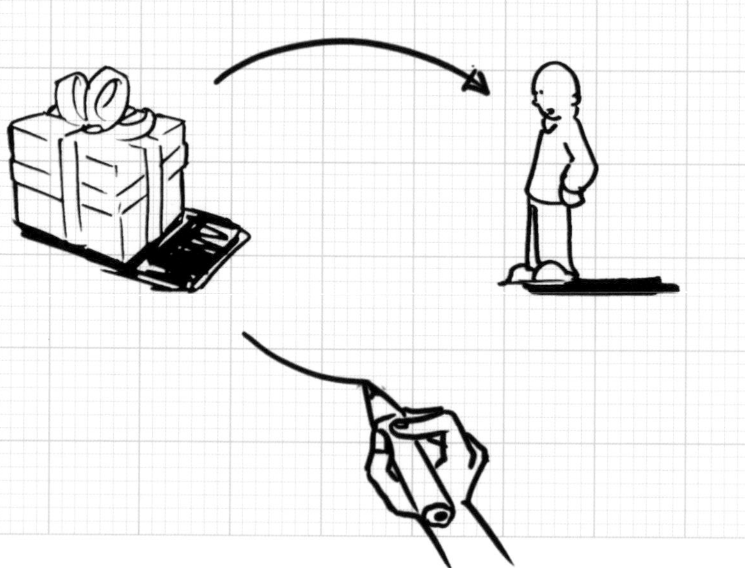

GRAMMAIRE VISUELLE

Représentée sur une grande feuille de papier, la matrice du modèle économique est une carte conceptuelle qui fonctionne comme un langage visuel, avec sa grammaire. Elle vous indique quels éléments d'information insérer dans le modèle, et où. C'est un guide illustré de toutes les informations nécessaires pour donner forme à un modèle économique.

IMAGE D'ENSEMBLE

En représentant tous les éléments de la matrice, vous transmettez immédiatement l'image d'ensemble du modèle. Un croquis apporte juste ce qu'il faut d'informations pour permettre à la personne qui regarde de saisir l'idée, sans se laisser distraire par des détails. La matrice donne une représentation simplifiée de la réalité d'une entreprise, avec ses processus, ses structures et ses systèmes. Dans un modèle économique comme celui de Rolls-Royce par exemple, où les moteurs d'avion sont loués à l'heure et non vendus, c'est la configuration d'ensemble, davantage que les éléments, qui est parlante.

VOIR LES RELATIONS

Comprendre un modèle économique exige de connaître les éléments qui le composent mais aussi de saisir les interdépendances entre ces éléments. Celles-ci sont plus faciles à exprimer visuellement. C'est encore plus vrai lorsque plusieurs éléments et relations sont en jeu. Dans la description du modèle économique d'une compagnie aérienne low-cost, par exemple, des dessins montreront pourquoi une flotte homogène d'appareils est indispensable pour maîtriser les coûts de maintenance et de formation.

Améliorer le dialogue

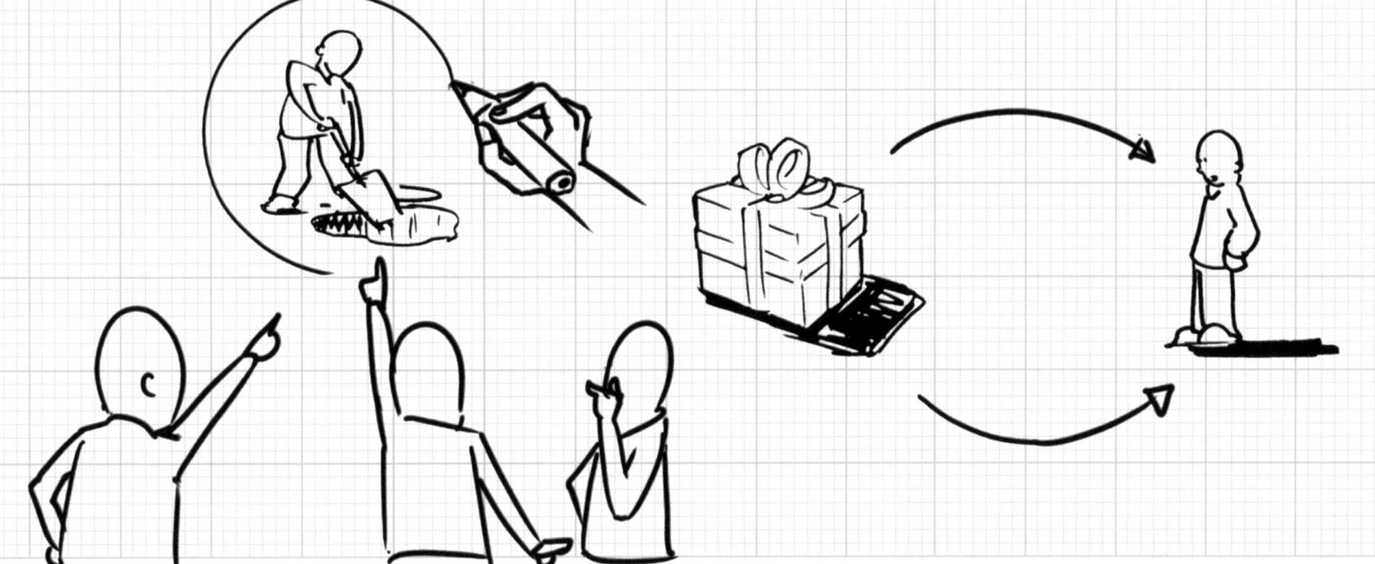

UN POINT DE RÉFÉRENCE COLLECTIF

Nous avons tous des hypothèses préconçues, et afficher une image qui transforme ces postulats implicites en informations explicites contribue à améliorer la qualité du dialogue. Le modèle économique devient un objet tangible et durable, point de référence auquel les participants peuvent se référer à tout moment. Un individu ne pouvant conserver qu'un nombre limité d'idées dans sa mémoire à court terme, il est indispensable de représenter visuellement les modèles économiques pour avoir une discussion de qualité. Même les modèles les plus simples sont composés de plusieurs blocs et interactions.

UN LANGAGE COMMUN

La matrice du modèle économique est un langage visuel partagé. Elle apporte un point de référence mais aussi une grammaire et un vocabulaire qui aident les participants à mieux se comprendre. Une fois les participants familiarisés avec la matrice, tout le monde parle le même langage et de la même chose. C'est particulièrement précieux dans les organisations aux structures de reporting matricielles, où les membres d'un groupe de travail n'ont souvent qu'une connaissance limitée de leurs domaines fonctionnels respectifs. Un langage visuel commun favorise les échanges d'idées et renforce la cohésion de l'équipe.

COMPRÉHENSION COLLECTIVE

Visualiser les modèles économiques en groupe est la manière la plus efficace de parvenir à une compréhension commune. Des collaborateurs issus de différents services de l'organisation peuvent avoir une compréhension fine des éléments du modèle économique mais manquer d'une appréhension solide de l'ensemble. Lorsque des spécialistes construisent collectivement une représentation d'un modèle économique, chacun acquiert la maîtrise de ses composants et développe une compréhension commune des relations entre ces composants.

Explorer des idées

DÉCLENCHEUR D'IDÉES

La matrice du modèle économique est un peu comme la toile d'un peintre. Lorsqu'un artiste commence un tableau, il n'a souvent qu'une vague idée en tête. Il pose son premier coup de pinceau là où le lui dicte son inspiration et construit le tableau de manière organique. Comme l'a dit Picasso, « Je commence avec une idée et puis elle devient autre chose. » Pour lui, les idées n'étaient que des points de départ. Il savait qu'elles produiraient quelque chose de nouveau au fil de leur élucidation.

C'est la même chose pour les modèles économiques. Les idées positionnées dans la matrice en suscitent de nouvelles. La matrice devient un outil au service d'un dialogue d'idées.

JOUER

Un modèle économique visuel est également un outil ludique. Les éléments d'un modèle étant visibles sur un mur sous la forme de Post-it®, il devient possible de discuter de ce qui se produit lorsqu'on supprime certains éléments ou qu'on en ajoute de nouveaux. Qu'arriverait-t-il par exemple à votre modèle économique si vous en retiriez le segment de clients le moins rentable ? Serait-il possible de le faire ? Ou bien ce segment vous est-il nécessaire pour attirer des clients rentables ? L'exclusion des clients non rentables vous permettrait-elle de réduire les ressources et les coûts, et d'améliorer les services pour les clients rentables ? Un modèle visuel vous aide à envisager l'impact de la modification de tel ou tel élément.

Améliorer la communication

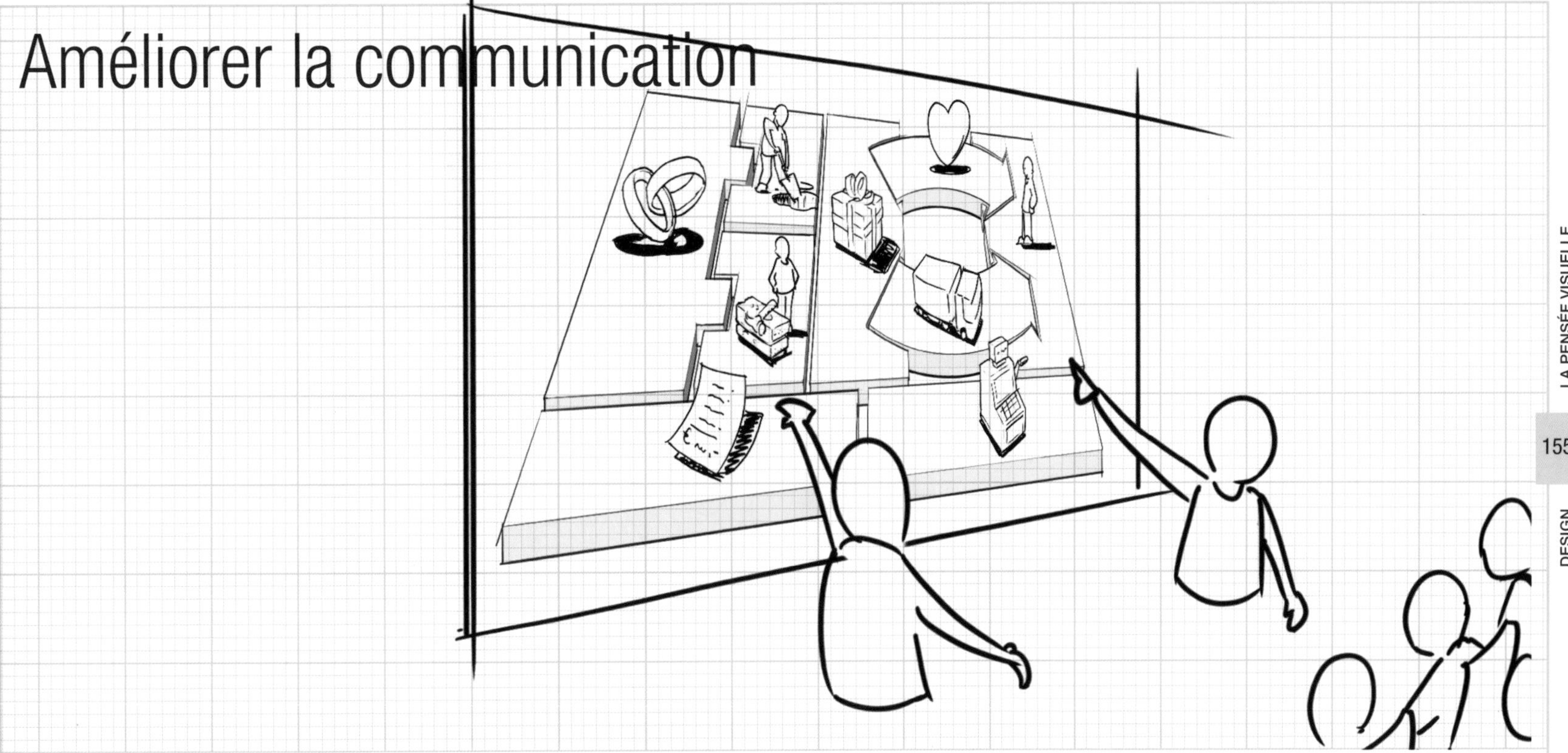

CRÉER UNE COMPRÉHENSION COMMUNE

Pour ce qui est de communiquer un modèle économique et ses éléments les plus importants, une image vaut mille fois mieux que mille mots. Tous les membres d'une entreprise doivent comprendre son modèle économique car chacun peut potentiellement contribuer à son amélioration. Les collaborateurs ont au minimum besoin d'une compréhension commune du modèle pour pouvoir progresser dans la même direction stratégique. La description visuelle est la meilleure façon de créer cette compréhension commune.

SUSCITER L'ADHÉSION EN INTERNE

Dans les entreprises, les idées et les projets doivent souvent être « vendus » en interne à différents niveaux pour obtenir soutiens et financement. Une histoire visuelle convaincante à l'appui de votre discours peut augmenter vos chances. Les images, par leur impact immédiat, renforcent votre argumentation et communiquent instantanément la situation de votre organisation, ce qui doit être fait, comment, et à quoi pourrait ressembler l'avenir.

GAGNER L'ADHÉSION EN EXTERNE

Tout comme les collaborateurs doivent « vendre » leurs idées en interne, les entrepreneurs porteurs de projets fondés sur de nouveaux modèles économiques doivent les vendre à des tiers, investisseurs ou collaborateurs potentiels notamment. Des visuels convaincants augmentent les chances de succès.

Différents types de visualisation pour différents besoins

La représentation visuelle d'un modèle économique appellera différents niveaux de détail selon ses objectifs. La matrice illustrée du modèle économique de Skype ci-contre met en lumière ses différences clés par rapport au modèle d'un opérateur traditionnel. L'objectif est de mettre en relief ce qui distingue leurs éléments, pour la prestation de services similaires.

La représentation, en page 157, du modèle économique de la jeune entreprise hollandaise Sellaband répond à un objectif différent, ce qui explique qu'elle soit plus détaillée. Elle vise à donner une image d'ensemble d'un modèle économique nouveau dans le secteur de la musique : celui d'une plate-forme permettant le financement collectif d'artistes indépendants. Sellaband utilise cette représentation pour expliquer son modèle innovant aux investisseurs, partenaires et collaborateurs. Cette combinaison d'images et de texte s'est révélée beaucoup plus efficace qu'une simple description textuelle.

- *Les ressources et les activités clés de Skype s'apparentent à celles d'un éditeur de logiciels parce que son service repose sur une application qui utilise Internet pour acheminer des appels. Avec une base de plus de 400 millions d'utilisateurs, les coûts d'infrastructure de l'entreprise sont très faibles. De fait, Skype ne possède ni ne gère aucun réseau de télécommunications.*

- *Depuis le premier jour, Skype est un opérateur mondial parce que son service est délivré par Internet et indépendant des réseaux de télécommunications traditionnels. Son activité est très évolutive.*

- *Bien qu'il fournisse un service de télécommunication, le modèle économique de Skype repose sur une logique financière d'éditeur de logiciels et non d'opérateur de réseau de télécommunications.*

- *90 % des utilisateurs de Skype ne déboursent jamais un centime. Seuls 10 % environ sont des clients payants. Chez Skype, à la différence des opérateurs traditionnels, la distribution et la gestion de la relation avec les clients sont très automatisées. Elles n'exigent quasiment aucune intervention humaine et sont par conséquent relativement peu coûteuses.*

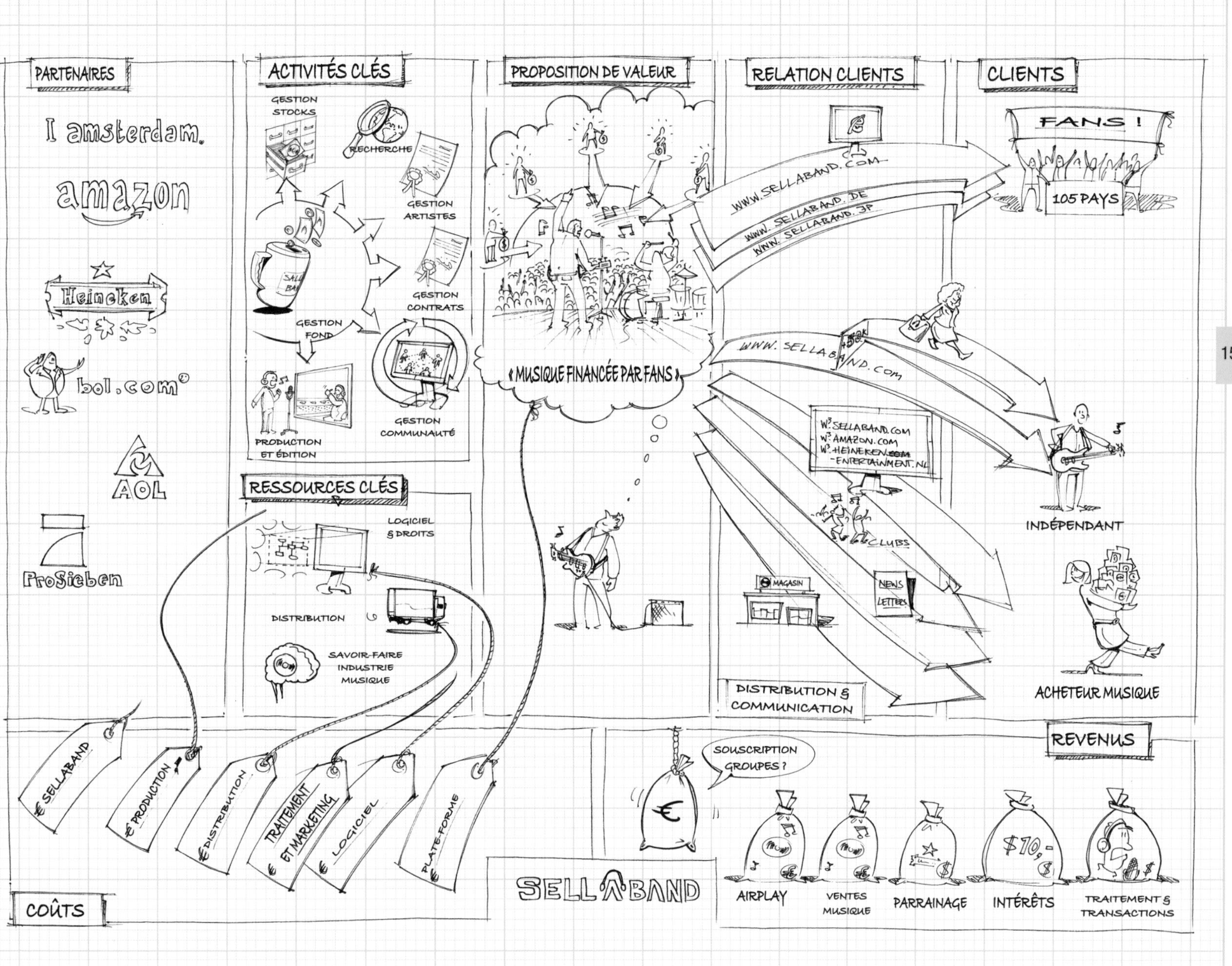
PARTENAIRES
I amsterdam.
amazon
Heineken
bol.com
AOL
ProSieben
ACTIVITÉS CLÉS
GESTION STOCKS
RECHERCHE
GESTION ARTISTES
GESTION CONTRATS
GESTION FOND
PRODUCTION ET ÉDITION
GESTION COMMUNAUTÉ
RESSOURCES CLÉS
LOGICIEL & DROITS
DISTRIBUTION
SAVOIR-FAIRE INDUSTRIE MUSIQUE
PROPOSITION DE VALEUR
« MUSIQUE FINANCÉE PAR FANS »
RELATION CLIENTS
WWW.SELLABAND.COM
WWW.SELLABAND.DE
WWW.SELLABAND.JP
WWW.SELLABAND.COM
W3.SELLABAND.COM
W3.AMAZON.COM
W3.HEINEKEN-ENTERTAINMENT.NL
CLUBS
MAGASIN
NEWS LETTERS
DISTRIBUTION & COMMUNICATION
CLIENTS
FANS !
105 PAYS
INDÉPENDANT
ACHETEUR MUSIQUE
COÛTS
€ SELLABAND
€ PRODUCTION
€ DISTRIBUTION
€ TRAITEMENT ET MARKETING
€ LOGICIEL
€ PLATE-FORME
SELLABAND
REVENUS
SOUSCRIPTION GROUPES ?
$10,-
AIRPLAY
VENTES MUSIQUE
PARRAINAGE
INTÉRÊTS
TRAITEMENT & TRANSACTIONS

Raconter une histoire visuelle

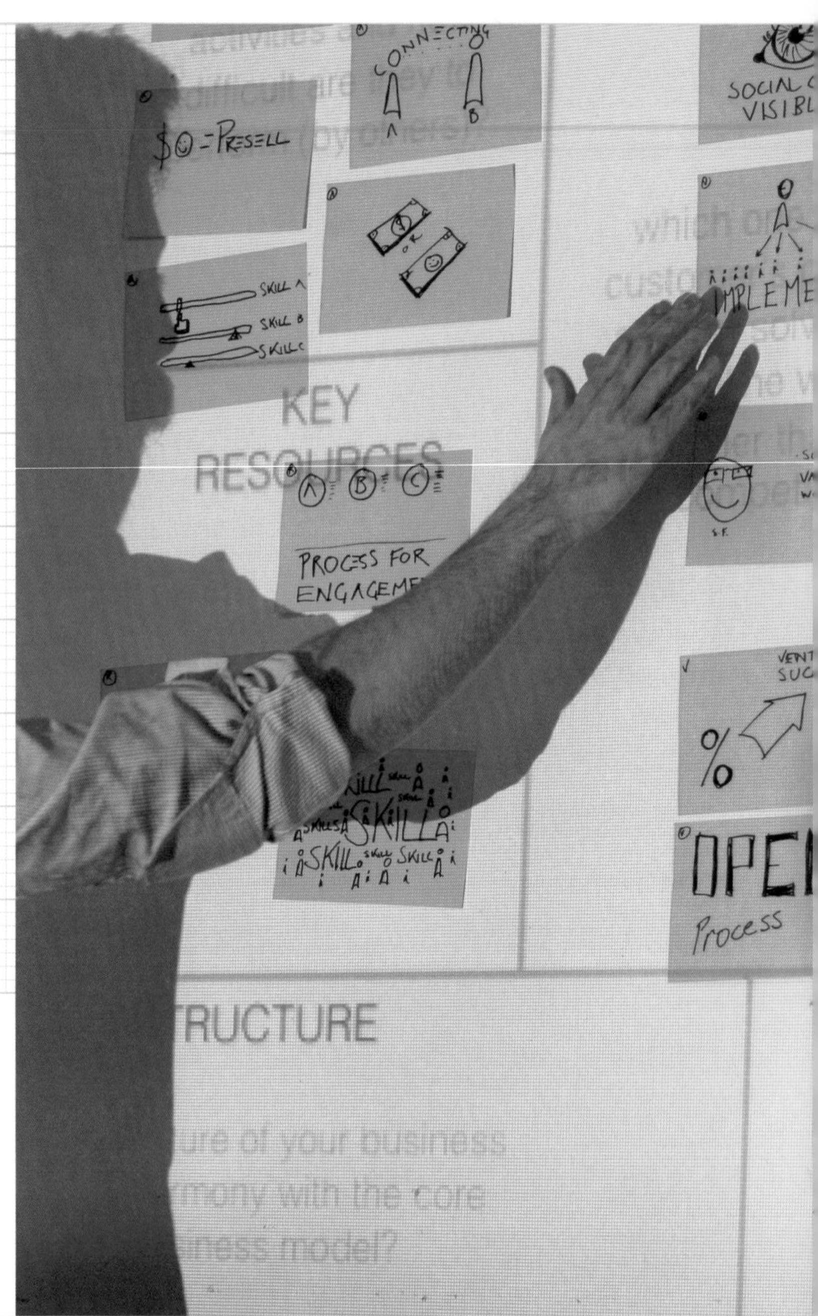

Raconter une histoire image par image est une excellente façon d'expliquer un modèle économique. Elle permet à votre public d'assimiler progressivement les informations. Vous êtes libre de choisir les outils qui vous conviennent le mieux : le dessin ou la présentation PowerPoint. Vous pouvez par exemple dessiner au préalable tous les éléments du modèle économique sur des Post-it®, puis les afficher au fur et à mesure de votre présentation. Les participants suivent ainsi pas à pas la construction du modèle, et les images complètent votre discours.

En pratique

1

CARTOGRAPHIEZ VOTRE MODÈLE ÉCONOMIQUE

- *Commencez par représenter une version simple du modèle économique.*
- *Inscrivez chaque élément sur un Post-it®.*
- *Cette cartographie peut être réalisée individuellement ou en groupe.*

2

DESSINEZ CHAQUE ÉLÉMENT DU MODÈLE ÉCONOMIQUE

- *Prenez chaque Post-it® l'un après l'autre et remplacez-le par un dessin représentant son contenu.*
- *Restez simple : ne compliquez pas les dessins avec trop de détails.*
- *Ce qui compte, c'est que le message soit compréhensible, pas la qualité du dessin.*

3

DÉFINISSEZ LE SCÉNARIO

- *Choisissez les Post-it® que vous présenterez en premier.*
- *Expérimentez différentes narrations : vous pouvez par exemple débuter par les segments de clients ou la proposition de valeur.*
- *Tout élément peut servir de point de départ, pourvu qu'il soutienne efficacement votre récit.*

4

RACONTEZ L'HISTOIRE

- *Racontez votre modèle économique, un Post-it® après l'autre.*

  Remarque : en fonction du contexte et de vos préférences personnelles, vous choisirez peut-être d'utiliser un logiciel de présentation, comme PowerPoint ou Keynote. Sachez cependant que l'effet de surprise sera moindre qu'avec les Post-it®.

Technique_N° 4

Le prototypage

Été 2000

Incrédule, Richard Boland, professeur à Weatherhead School of Management, regarda Matt Fineout, architecte chez Gehry & Associates, déchirer tranquillement les plans du nouveau bâtiment de l'école…

… Boland et Fineout s'étaient creusé les méninges pendant deux jours pour réduire de 500 m^2 le plan conçu par l'architecte vedette Frank Gehry, tout en conservant suffisamment d'espace pour les salles de réunion et les équipements de bureau.

À la fin de cette session de planification marathon, Boland avait poussé un soupir de soulagement. « Enfin, c'est fait. » Mais au même instant, Fineout se leva, déchira le document et jeta sans sourciller les morceaux dans la corbeille à papier, faisant ainsi disparaître toute trace du dur labeur des jours précédents. Voyant l'expression consternée de Boland, il ajouta tranquillement : « Nous avons montré que nous *pouvons* le faire ; maintenant, nous devons réfléchir à la *façon* dont nous voulons le faire. »

Avec le recul, Boland voit dans cet incident une illustration de la démarche de questionnement têtu qui avait prévalu tout au long de son travail avec l'équipe de Gehry sur le nouveau bâtiment de Weatherhead. Durant la phase de conception, les architectes avaient réalisé des centaines de maquettes, de toutes tailles et dans toutes sortes de matériaux, pour explorer de nouvelles pistes. Boland explique que le but de cette activité de prototypage n'était pas seulement de tester ou de valider des idées. C'était une méthode pour explorer différentes possibilités jusqu'à ce qu'émerge une voie réellement intéressante. Il souligne que le prototypage, tel que pratiqué par l'équipe de Gehry, est au cœur d'un processus de questionnement qui permet de mettre à jour d'éventuelles failles dans la compréhension initiale d'une problématique. Un nouveau champ de possibles émerge alors, qui conduit à l'identification de la bonne option. Pour le professeur Boland, l'expérience avec Gehry & Associates est à marquer d'une pierre blanche. Il sait désormais quel peut être l'apport des techniques de design, et notamment du prototypage, pour toutes les problématiques de l'entreprise. Avec le professeur Fred Collopy et d'autres collègues, Boland porte aujourd'hui le concept de *Manage by Designing,* intégré au programme du MBA de Weatherhead. Les étudiants y utilisent les outils et techniques du design pour représenter des options, suivre des situations problématiques, transcender les frontières traditionnelles et donner forme à des idées.

De l'utilité du prototypage

Le prototypage est un outil particulièrement intéressant pour élaborer de nouveaux modèles économiques. Comme la pensée visuelle, il rend tangibles des concepts abstraits et facilite l'exploration d'idées nouvelles. Il est issu du design et de l'ingénierie et trouve de nombreuses applications en architecture, design de produits et design d'interactions notamment. On le rencontre moins fréquemment en sciences de gestion du fait de la nature plus abstraite du comportement et des stratégies des organisations. Si le prototypage a de tout temps joué un rôle au carrefour de l'entreprise et du design, dans la conception de produits manufacturés par exemple, il a investi ces dernières années des domaines tels que le design de processus, le design de services, et même le design organisationnel et stratégique. Nous nous intéressons ici à ce que le prototypage peut apporter à la conception de modèles économiques.

Bien qu'ils emploient le même mot, les designers de produits, les architectes et les ingénieurs ont chacun leur conception de ce qu'est un « prototype ». Pour nous, les prototypes représentent des modèles économiques futurs potentiels – des outils au service de la discussion, du questionnement ou de la validation de concepts. Un prototype de modèle économique peut prendre la forme d'une simple ébauche, d'un concept abouti tel que représenté par la matrice de modèle économique ou d'une feuille de tableur simulant les mécanismes financiers d'une nouvelle entreprise.

Il est important de comprendre qu'un prototype de modèle économique n'est pas nécessairement une esquisse grossière de ce que sera le modèle. Il doit plutôt être envisagé comme un outil de réflexion qui aide à explorer différentes directions vers lesquelles nous pourrions conduire notre *business model.* Qu'est-ce que cela implique pour le modèle d'ajouter un segment de clients ? Quelles sont les conséquences de la suppression d'une ressource coûteuse ? Que se passerait-il si nous offrions quelque chose gratuitement et substituions à ce flux de revenus un élément plus innovant ? Fabriquer et manipuler un prototype de modèle économique oblige à prendre en compte les problématiques de structure, de relations et de logique autrement que nous ne le ferions par la réflexion ou la discussion. Pour réellement comprendre les avantages et les inconvénients de différentes possibilités, et pour aller plus loin dans notre questionnement, nous devons construire de multiples prototypes de notre modèle à différents stades d'élaboration. Jouer avec des prototypes fait jaillir des idées beaucoup plus spontanément que ne le permet une discussion. Certains modèles économiques expérimentaux seront déstabilisants – voire un peu fous –, nous aidant ainsi à repousser les limites de notre réflexion. Lorsque cela se produit, les prototypes sont autant de panneaux indicateurs pointant vers des directions que nous n'avions pas imaginées jusque-là, et non de simples représentations de modèles économiques à déployer. « Questionnement » est synonyme de quête obstinée de la meilleure solution. Ce n'est qu'à l'issue d'un réel questionnement que nous pourrons choisir à bon escient un prototype à améliorer et à réaliser – lorsque notre design sera mûr.

Face à ce processus de questionnement, le monde de l'entreprise a deux types de réaction. Certains disent : « Bon, c'est une idée très intéressante, si seulement nous avions le temps d'explorer plusieurs options. » D'autres soutiennent que les études de marché seraient un moyen tout aussi efficace de trouver de nouveaux modèles économiques. Ces deux réactions reposent sur des *a priori* dangereux.

La première idée préconçue est que « le train-train » ou les améliorations incrémentales suffisent pour survivre dans l'environnement concurrentiel actuel. Selon nous, cette voie mène à la médiocrité. Les entreprises qui ne prennent pas le temps de concevoir et de prototyper des idées de modèles économiques nouvelles, révolutionnaires, risquent d'être reléguées au second plan ou dépassées par des concurrents plus dynamiques – ou par d'audacieux challengers qu'elles n'auraient pas vu venir.
La seconde est que les données sont l'élément le plus important à prendre en compte lorsqu'on conçoit de nouvelles options stratégiques. Ce n'est pas le cas. Les études de marché ne sont qu'un des multiples éléments qui viennent nourrir ce processus long et laborieux qu'est le prototypage de modèles économiques propres à conférer un réel avantage concurrentiel ou à créer de nouveaux marchés.

Où voulez-vous être ? Parmi les meilleurs, parce que vous aurez pris le temps d'expérimenter de nouveaux modèles économiques ? Ou sur le bord de la route parce que vous étiez trop occupé à soutenir votre modèle existant ? Nous sommes convaincus que c'est d'un questionnement incessant qu'émergent les modèles économiques réellement révolutionnaires.

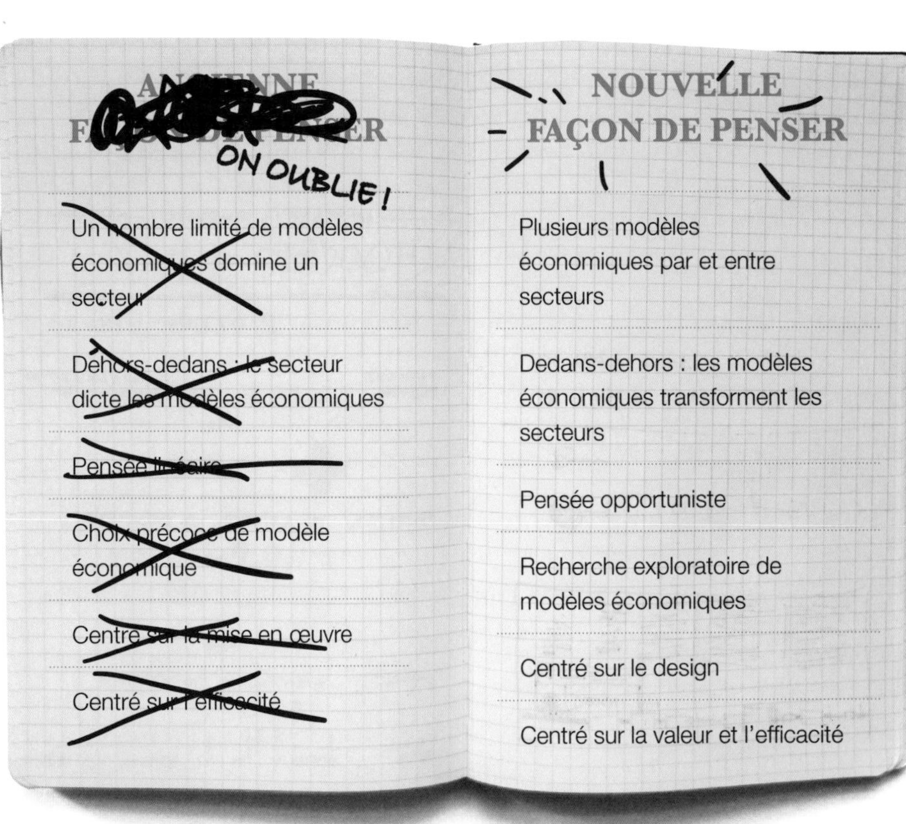

La design attitude

« Si vous figez une idée trop vite, vous en tombez amoureux. Si vous la perfectionnez trop vite, vous vous y attachez et il devient très difficile de poursuivre l'exploration, de continuer à chercher mieux. Le caractère rudimentaire des premiers modèles, en particulier, est tout à fait délibéré. »

Jim Glymph, Gehry Partners

En tant que femmes et hommes d'entreprise, lorsque nous voyons un prototype, nous avons tendance à nous arrêter à sa forme physique ou sa représentation, le considérant comme quelque chose qui incarne l'essence de ce à quoi nous voulons parvenir. Pour nous, un prototype n'est souvent qu'un « objet » à améliorer. Dans le monde du design, les prototypes ont effectivement une fonction de visualisation et de test préalablement à la mise en œuvre. Mais ils jouent également un autre rôle très important : celui d'outils de questionnement. Ils accompagnent la réflexion et l'exploration de nouvelles possibilités. Ils aident à mieux comprendre ce qui pourrait être.

Cette démarche peut être appliquée à la création de modèles économiques innovants. Grâce à la « fabrication » du prototype d'un modèle économique, nous pouvons explorer certains aspects d'une idée – par exemple, des flux de revenus inédits. Le processus d'élaboration d'un prototype, et les discussions qui l'accompagnent, enrichissent la compréhension que nous avons de ses éléments. Comme nous l'avons déjà souligné, les prototypes de modèles économiques peuvent varier en taille et en niveau de précision. À notre sens, il est très important de conduire une réflexion approfondie sur plusieurs possibilités élémentaires de modèles économiques avant de développer une argumentation en faveur d'un modèle donné. Nous appelons « design attitude » cette démarche de questionnement parce que, comme l'a découvert le professeur Boland, elle tient une place centrale dans tous les métiers du design. Ses attributs sont la volonté d'explorer des idées sommaires, de les rejeter rapidement, puis de prendre le temps d'examiner plusieurs options avant de choisir d'en perfectionner quelques-unes – et accepter l'incertitude jusqu'à ce qu'une direction se précise. Toutes choses qui ne viennent pas naturellement aux acteurs du monde de l'entreprise mais sont indispensables pour générer de nouveaux modèles économiques. La design attitude exige de ne plus chercher à prendre des décisions mais de créer des options parmi lesquelles on choisira.

Prototypes à différentes échelles

En architecture ou en design industriel, on comprend aisément ce que l'on entend par prototypage à différentes échelles : on parle d'objets physiques. Au cours d'un projet, l'architecte Frank Gehry et le designer Philippe Starck construisent d'innombrables maquettes, de la simple esquisse et de la maquette rudimentaire à des prototypes élaborés. Nous pouvons appliquer les mêmes variations d'échelle et de taille lorsque nous concevons des prototypes de modèles économiques, mais d'une manière plus conceptuelle. Le prototype d'un modèle économique peut prendre diverses formes, de la simple esquisse d'une idée sur une serviette en papier à la matrice détaillée du modèle économique, avec tous ses blocs, et jusqu'à un modèle susceptible d'être testé sur le terrain. Vous vous demandez peut-être en quoi tout ceci se distingue des schémas que produisent régulièrement entrepreneurs et dirigeants. Pourquoi parler de « prototypage » ?

Il y a deux réponses à cette question. La première : l'état d'esprit est différent. La seconde : la matrice du modèle économique apporte une structure qui facilite l'exploration.

Dans le domaine des modèles économiques, le prototypage renvoie à cet état d'esprit que nous avons appelé précédemment la « design attitude ». À savoir, la détermination à découvrir des modèles économiques nouveaux et plus performants en élaborant de nombreux prototypes – du plus simple au plus sophistiqué – représentant de nombreuses options stratégiques. Il ne s'agit pas de définir les grandes lignes des seules idées que vous envisagez réellement de mettre en œuvre. Mais bien d'explorer des idées nouvelles et peut-être absurdes, voire irréalisables, en ajoutant et en supprimant des éléments à chaque prototype. L'expérimentation peut être conduite à différents niveaux.

UN DESSIN SUR UNE SERVIETTE EN PAPIER

DONNER LES GRANDES LIGNES ET LES POINTS FORTS D'UNE IDÉE RUDIMENTAIRE

DESSINEZ UNE MATRICE SIMPLE, DÉCRIVEZ L'IDÉE EN UTILISANT SEULEMENT LES ÉLÉMENTS CLÉS

- *Donnez les grandes lignes*
- *Ajoutez la proposition de valeur*
- *Ajoutez les principaux flux de revenus*

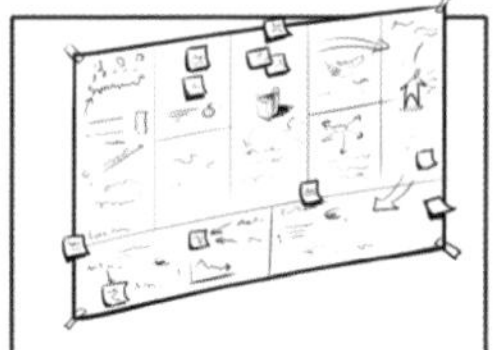

MATRICE ÉLABORÉE

EXPLORER CE QU'IL FAUDRAIT POUR QUE L'IDÉE MARCHE

CONSTRUISEZ UNE MATRICE PLUS ÉLABORÉE POUR EXPLORER TOUS LES ÉLÉMENTS REQUIS

- *Élaborez une matrice complète*
- *Envisagez tous les tenants et aboutissants*
- *Estimez le potentiel de marché*
- *Identifiez et analysez les relations entre les blocs*
- *Vérifiez la pertinence de vos hypothèses (données)*

ARGUMENTAIRE

ÉVALUER LA VIABILITÉ DE L'IDÉE

TRANSFORMEZ LA MATRICE DÉTAILLÉE EN FEUILLE DE TABLEUR POUR ESTIMER LE POTENTIEL DE GAINS DE VOTRE MODÈLE

- *Créez une matrice complète*
- *Intégrez les données clés*
- *Calculez les coûts et les revenus*
- *Estimez le potentiel de bénéfices*
- *Produisez des scénarios financiers basés sur différentes hypothèses*

TEST TERRAIN

ÉTUDIER L'ACCEPTATION PAR LES CLIENTS ET LA FAISABILITÉ

TESTEZ EN GRANDEUR RÉELLE CERTAINS ASPECTS D'UN NOUVEAU MODÈLE ÉCONOMIQUE POTENTIEL

- *Préparez un argumentaire étayé justifiant les avantages du nouveau modèle*
- *Demandez à des prospects ou à des clients de participer au test*
- *Testez sur le marché la proposition de valeur, la distribution, le mécanisme de prix et/ou d'autres éléments*

Huit prototypes de modèles économiques pour publier un livre

Sont représentés huit prototypes de modèles économiques illustrant différentes façons de publier un livre. Chaque prototype met en lumière différents éléments de son modèle.

Un prototype décrit rarement tous les évènements d'un « vrai » modèle économique. Il met en lumière des aspects particuliers, suggérant de nouvelles pistes à explorer.

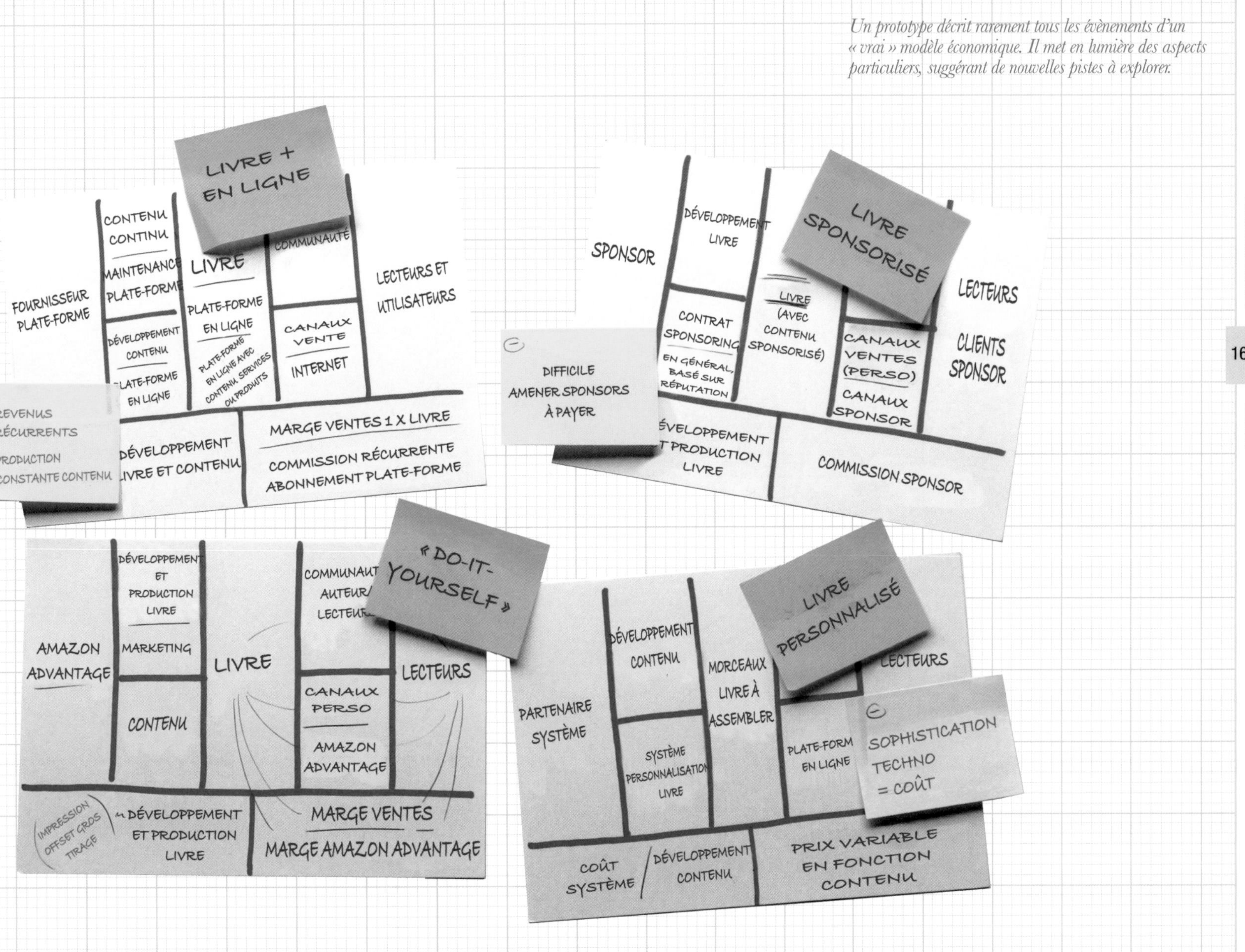

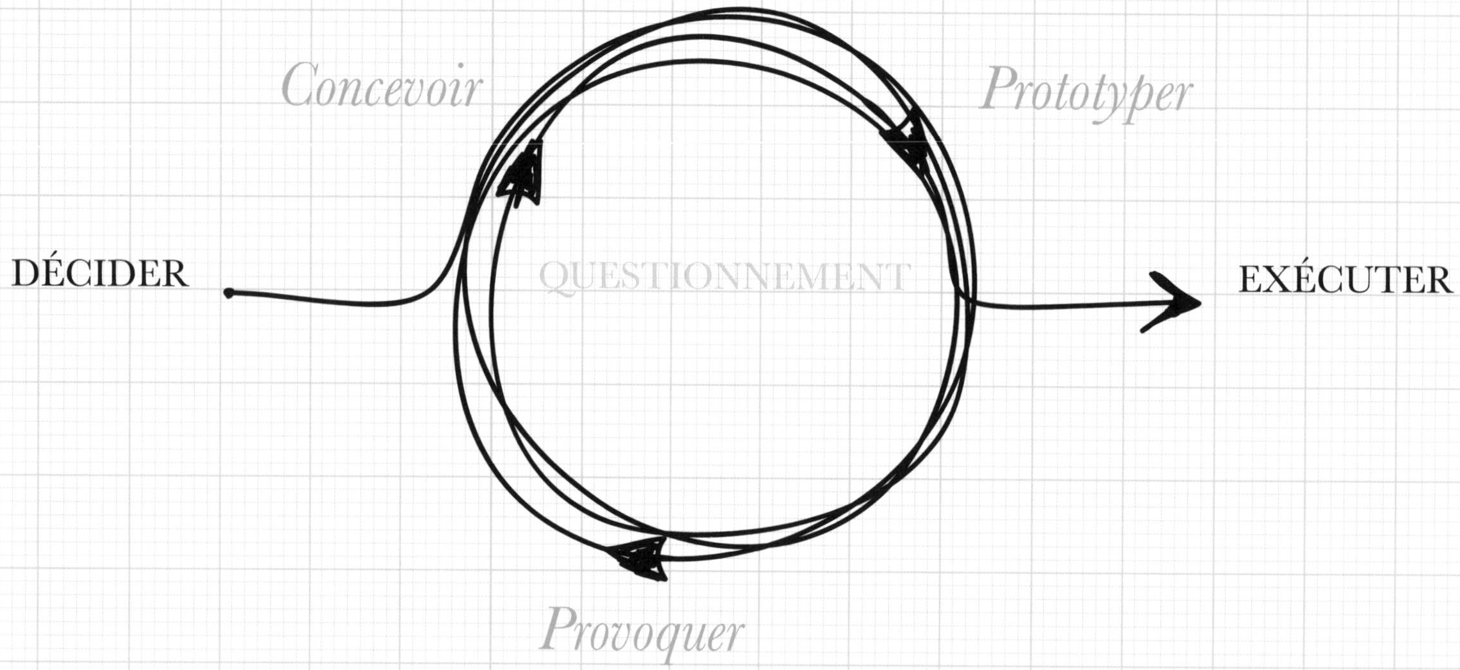

Concevoir

Prototyper

DÉCIDER

QUESTIONNEMENT

EXÉCUTER

Provoquer

Recherche nouveau modèle économique pour activités de conseil

John Sutherland a besoin de votre aide. John est le fondateur et PDG d'une société de conseil internationale de taille moyenne, spécialisée dans le conseil stratégique et le conseil organisationnel. Convaincu de la nécessité de mettre en place de nouvelles façons de faire, il est à la recherche de quelqu'un qui lui apportera un regard neuf sur son métier. John a créé son entreprise il y a vingt ans et emploie aujourd'hui 210 personnes à travers le monde. Sa société aide les dirigeants dans leur démarche stratégique et l'alignement de leur organisation. Elle est en concurrence directe avec McKinsey, Bain et Roland Berger. Un des problèmes auquel est confronté John est que son entreprise est plus petite que ses concurrents les plus performants, mais beaucoup plus grande que ne le sont en général les sociétés de conseil qui ciblent des marchés de niche. La société ayant toujours de bons résultats, ce problème ne le préoccupe pas vraiment. Ce qui l'inquiète beaucoup plus, c'est la mauvaise réputation des professionnels du conseil et la remise en cause par un nombre croissant de clients du modèle de facturation à l'heure et au projet. Bien que la réputation de son cabinet reste bonne, plusieurs clients lui ont dit qu'ils pensaient que les consultants faisaient payer très cher des prestations décevantes et ne s'impliquaient guère dans les projets de leurs clients.

John, 55 ans
Fondateur et PDG
Conseil en stratégie
210 collaborateurs

Ces commentaires sont d'autant plus alarmants pour John qu'il considère que son secteur emploie des individus de grand talent, extrêmement compétents. Après avoir longuement réfléchi à la question, il est parvenu à la conclusion que cette réputation s'expliquait par un modèle économique dépassé et il a décidé de faire évoluer la démarche de son entreprise. John souhaite tirer un trait sur la facturation à l'heure et au projet, mais il ne sait pas encore très bien comment y parvenir.

Aidez John en lui apportant un regard neuf et en explorant avec lui des modèles économiques innovants pour son activité.

1

IDENTIFIER LES GRANDS ENJEUX

- ***Dressez le portait d'un client type de conseil en stratégie.***
- ***Sélectionnez le segment de clients et le secteur de votre choix.***
- ***Décrivez les cinq grands enjeux de l'activité de conseil en stratégie. Reportez-vous à la carte d'empathie (voir p. 131).***

2

GÉNÉRER DES POSSIBILITÉS

- ***Réexaminez les cinq enjeux clients que vous avez sélectionnés.***
- ***Générez autant d'idées de modèles économiques que vous le pouvez.***
- ***Retenez les cinq idées qui vous semblent les meilleures (pas nécessairement les plus réalistes). Reportez-vous au processus de génération d'idées (voir p. 134).***

3

PROTOTYPE DU MODÈLE ÉCONOMIQUE

- ***Choisissez les trois idées les plus différentes parmi les cinq générées.***
- ***Élaborez trois prototypes conceptuels de modèles économiques en représentant les éléments de chaque idée sur une matrice (une matrice par modèle économique).***
- ***Indiquez les pour et les contre de chaque modèle.***

storytelling

PRINTEMPS 2007

Minuit a sonné depuis longtemps. Anab Jain visionne les dernières séquences vidéo qu'elle a tournées dans la journée...

... Elle travaille sur une série de courts métrages pour Colebrook Bosson Saunders, designer et fabricant d'accessoires ergonomiques pour le bureau, plusieurs fois primé. Anab est « conteuse » et designer, et les films sur lesquels elle travaille font partie d'un projet qui doit aider Colebrook Bosson Saunders à imaginer le travail et le bureau de demain. Pour donner corps à cet avenir, elle a inventé trois protagonistes qu'elle a projetés en 2012. Elle leur a aussi inventé des emplois, en se fondant sur des travaux de recherche consacrés aux technologies émergentes et à l'impact de l'évolution démographique et des risques environnementaux sur nos vies futures. Les films racontent cet avenir proche. Mais plutôt que de décrire 2012, Anab a choisi de le raconter, explorant le nouvel environnement et interviewant les trois protagonistes. Chacun explique en quoi consiste son travail et présente des objets qu'il ou elle utilise. Les films sont suffisamment réalistes pour que les spectateurs « y croient » et réagissent au nouvel environnement qui leur est décrit. C'est exactement ce que recherchent les entreprises qui engagent Anab Jain, Microsoft et Nokia par exemple : des histoires qui rendent tangibles des futurs potentiels.

De l'utilité du storytelling

Parents, nous lisons des histoires à nos enfants, les mêmes, parfois, que celles qui ont bercé notre enfance. Collègues, nous partageons les potins de couloir. Et amis, nous nous racontons ce qui nous arrive. Omniprésentes dans nos vies, les histoires disparaissent sitôt poussée la porte de nos univers professionnels. C'est regrettable. À quand remonte la dernière réunion au cours de laquelle un débat a été lancé par une histoire ? Le storytelling est un art sous-estimé et sous-utilisé dans le monde de l'entreprise. Voyons en quoi cette technique peut être un outil très utile pour rendre plus tangibles de nouveaux modèles économiques.

Par leur nature même, les modèles économiques nouveaux ou innovants peuvent être difficiles à décrire et à comprendre. Ils défient l'ordre établi en combinant les choses de manière inhabituelle. Ils obligent ceux qui les découvrent à ouvrir leur esprit à de nouvelles possibilités. Il est probable qu'un modèle qui s'écarte du connu suscitera des résistances. Il est donc essentiel de décrire un nouveau *business model* d'une façon qui permettra de les surmonter.

Exactement comme la matrice vous aide à représenter et analyser un nouveau modèle, le storytelling vous aidera à en communiquer efficacement l'essence. Les bonnes histoires impliquent les auditeurs ; l'histoire est donc l'outil idéal pour ouvrir la porte à une discussion approfondie du modèle économique et de sa logique sous-jacente. Le storytelling exploite le pouvoir explicatif de la matrice en donnant vie à la fiction.

Le storytelling, pour quoi faire ?

Présenter le nouveau

De nouvelles idées de modèles économiques peuvent surgir n'importe où dans une organisation. Certaines idées seront bonnes, d'autres médiocres, d'autres encore, désespérantes. Mais même les idées géniales peuvent avoir du mal à se frayer un chemin à travers le management et à trouver leur place dans la stratégie de l'organisation. Il est donc particulièrement important de savoir « vendre » au management vos idées de modèles économiques. C'est ici que les histoires peuvent être d'une grande utilité. Ce qui intéresse les managers, ce sont les chiffres et les faits, certes, mais avoir la bonne histoire peut vous gagner leur attention. Une bonne histoire est une manière convaincante d'esquisser les grandes lignes d'une idée.

Défendre votre idée auprès d'investisseurs

Si vous êtes entrepreneur, il est probable que vous aurez à défendre votre idée ou votre modèle économique devant des investisseurs ou d'autres actionnaires potentiels (et comme vous ne l'ignorez pas, les investisseurs cessent d'écouter à l'instant où vous leur dites que vous êtes le prochain Google). Ce que les actionnaires et les partenaires potentiels veulent savoir, c'est : Comment créerez-vous de la valeur pour les clients ? Comment gagnerez-vous de l'argent en créant de la valeur pour les clients ? C'est le contexte parfait pour une histoire, la façon idéale de présenter votre projet et votre *business model* avant d'en venir au business plan proprement dit.

Recueillir l'adhésion des collaborateurs

Lorsqu'une organisation change de modèle économique, elle doit convaincre les collaborateurs de lui emboîter le pas. Chacun a besoin de comprendre le nouveau modèle et ce qu'il signifie pour lui. Autrement dit, l'organisation a besoin de recueillir l'adhésion de ses troupes. C'est là que les présentations PowerPoint traditionnelles se prennent généralement les pieds dans le tapis. Présenter un nouveau modèle économique à travers une histoire (quel que soit le support que vous choisissiez pour la raconter) est une démarche bien plus sûre pour conquérir votre auditoire. Capter l'attention et la curiosité de ceux qui vous écoutent ouvre la voie à des discussions de fond.

Rendre tangible le nouveau

Expliquer un nouveau modèle économique qui n'a jamais été expérimenté, c'est comme décrire un tableau. Mais raconter une histoire qui dit comment le modèle crée de la valeur, c'est comme appliquer des couleurs sur la toile. Cela rend les choses tangibles.

Clarification

Raconter une histoire qui montre comment votre modèle économique résout le problème d'un client transmet instantanément votre idée à vos auditeurs. Ce qui vous permet ensuite d'expliquer votre modèle en détail.

Susciter l'adhésion

L'être humain est plus sensible aux histoires qu'aux arguments logiques. Faites entrer en douceur vos auditeurs dans le nouveau ou l'inconnu en construisant un récit à partir de la logique de votre modèle économique.

Donner vie aux modèles économiques ?

Raconter, c'est présenter un nouveau modèle économique en lui donnant vie. Préférez les histoires simples et ne mettez en scène qu'un protagoniste – il pourra être différent en fonction du public auquel vous vous adressez. Nous vous proposons ci-après deux axes narratifs.

Perspective ENTREPRISE

Collaborateur observateur

Le point de vue est celui d'un collaborateur. Faites-en le protagoniste qui démontre en quoi le nouveau modèle est pertinent. Par exemple, de par ses fonctions, le collaborateur est régulièrement témoin des problèmes des clients que le nouveau modèle résout. Ou encore le nouveau modèle utilise mieux ou différemment les ressources, activités ou partenaires par rapport au modèle existant (ex. : réduction des coûts, amélioration de la productivité, nouvelles sources de revenus, etc.). Dans ce type d'histoire, le collaborateur incarne le fonctionnement interne d'une organisation et son modèle économique, et démontre pourquoi il faut changer de modèle.

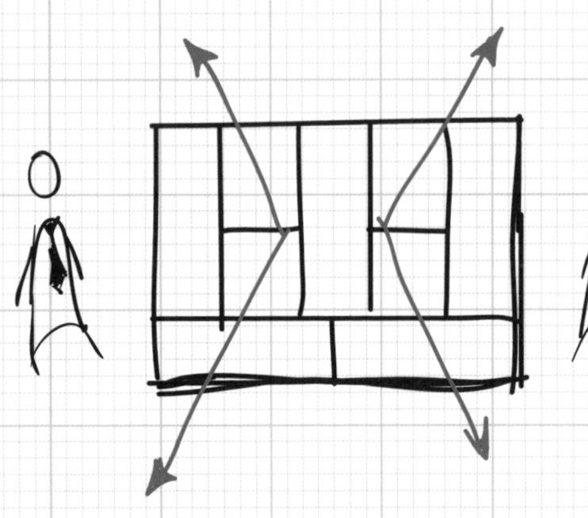

Perspective CLIENT

Dans la peau du client

La perspective des clients est un excellent point de départ pour une histoire. Choisissez une cliente comme protagoniste et racontez l'histoire depuis son point de vue. Montrez les défis auxquels elle est confrontée et les tâches qu'elle doit accomplir. Ensuite, indiquez comment votre organisation crée de la valeur pour elle. Le récit décrira par exemple ce que lui apporte concrètement l'entreprise, comment, et ce que la cliente est disposée à payer pour en bénéficier. Ajoutez un peu d'émotion et d'action à l'histoire, et montrez comment votre organisation lui facilite la vie. Plus vous serez précis, mieux cela vaudra. Le plus difficile avec ce type d'histoires est de leur conférer de l'authenticité tout en évitant les discours lénifiants ou paternalistes.

Rendre le futur concret

Les histoires sont le lieu par excellence où se brouillent les frontières entre réalité et fiction. Par là même, elles constituent un outil privilégié pour mettre en scène différentes visions de l'avenir. Cela vous aidera par exemple à remettre en cause l'ordre établi ou à justifier l'adoption d'un nouveau modèle économique.

Modèle économique actuel

Quel modèle économique demain ?

Nouveau modèle économique

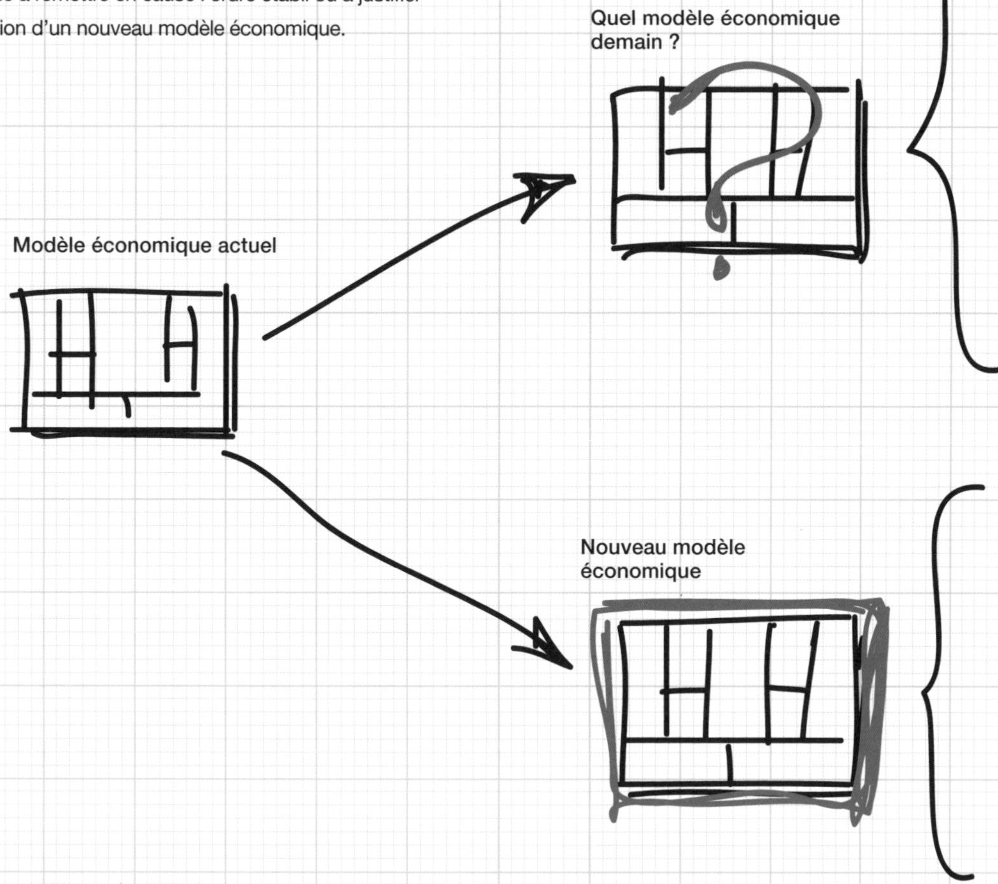

Susciter des idées

Parfois, le seul but d'une histoire est de remettre en question le statu quo organisationnel. Il s'agit alors de donner vie à un environnement concurrentiel futur dans lequel le modèle économique existant sera gravement menacé, voire obsolète. Propulsés dans l'avenir, les auditeurs « y croient » et prennent conscience de la nécessité de générer de nouveaux modèles économiques. Ce type d'histoire peut aussi bien être raconté du point de vue de l'organisation que de celui du client.

Justifier le changement

Parfois, une organisation a une idée très précise de la façon dont son environnement concurrentiel va évoluer. Dans ce cas, l'histoire visera à démontrer en quoi un nouveau modèle économique permettra à l'entreprise de tenir son rang dans le nouveau paysage concurrentiel. Chacun pourra imaginer comment le modèle actuel doit évoluer. Le protagoniste de l'histoire peut être un client, un employé ou un dirigeant.

Élaborer l'histoire

Une histoire permet de présenter un nouveau modèle économique en lui donnant vie. Préférez les histoires simples et mettez en scène un seul protagoniste. En fonction du public, vous pouvez utiliser différents personnages avec des perspectives différentes. Voici deux points de départ possibles.

Perspective Entreprise
Ajit, 32 ans, directeur informatique, Amazon.com

Ajit a travaillé comme directeur informatique pour Amazon.com pendant neuf ans. Lui et ses collègues ont passé d'innombrables nuits blanches pour mettre au point l'infrastructure IT sur laquelle repose l'activité de commerce en ligne de l'entreprise.

Ajit est fier de son travail. Avec l'excellence de l'exécution (1,6), l'infrastructure informatique d'Amazon et ses capacités de développement de logiciels (2,3) sont au cœur de la réussite de ce grand magasin en ligne (7) qu'est Amazon. En 2008, Amazon.com a délivré plus d'un demi-milliard de pages vues aux acheteurs en ligne (9) et a dépensé plus d'un milliard de dollars en technologie et en contenu (5), notamment pour faire fonctionner ses opérations de e-commerce.

Aujourd'hui, Ajit est encore plus enthousiaste parce qu'Amazon.com s'est engagé sur une voie bien différente : l'entreprise est en passe de devenir l'un des plus importants fournisseurs d'infrastructure du commerce en ligne.

Avec un service baptisé *Amazon Simple Storage Systems* (Amazon S3), la société utilise sa propre infrastructure pour offrir du stockage en ligne à d'autres entreprises à des prix défiant toute concurrence. Cela signifie par exemple qu'un service d'hébergement de vidéos en ligne peut stocker toutes les vidéos de ses clients sur l'infrastructure d'Amazon au lieu d'acheter et d'entretenir ses propres serveurs. De la même manière, *Amazon Elastic Computing Cloud* (Amazon EC2) met à la disposition de clients ses propres capacités de calcul.

Ajit sait que certains voient dans cette nouvelle offre de Web services une diversification hasardeuse, qui risque de détourner Amazon de son cœur de métier, le commerce électronique. Du point de vue de l'entreprise, cependant, cette diversification est parfaitement cohérente.

Ajit se souvient que quatre ans auparavant, son équipe a passé beaucoup de temps à coordonner le travail des groupes d'ingénierie du réseau, responsables de la gestion de l'infrastructure informatique, et des groupes de programmation des applications, en charge de la gestion des nombreux sites Internet d'Amazon. Ils ont alors décidé de construire des interfaces de programmation (API) (12) entre ces deux couches pour faciliter l'interopérabilité. Ajit se souvient aussi très précisément du moment où ils ont commencé à se dire que cela pourrait aussi intéresser les clients. C'est ainsi que, sous la houlette de Jeff Bezos, Amazon.com a décidé de créer une nouvelle activité susceptible de constituer une source de revenus significative pour l'entreprise. Amazon.com a ouvert les API de son infrastructure pour proposer les Web Services Amazon à des entreprises sur la base d'une tarification au service (14). Amazon ayant de toute façon à concevoir, créer, déployer et maintenir cette infrastructure, l'ouvrir à des tiers ne saurait être considéré comme une diversification hasardeuse.

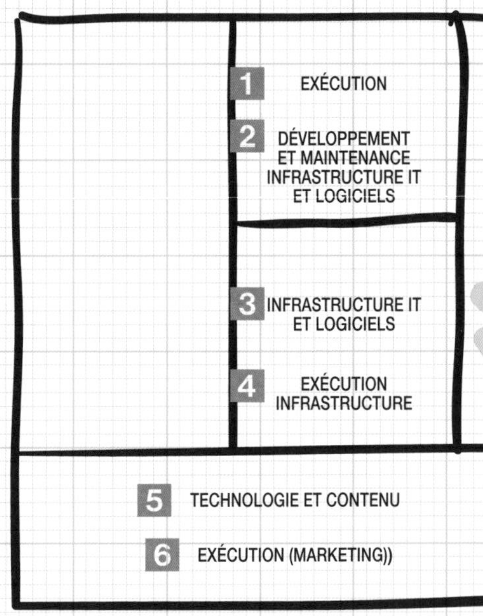

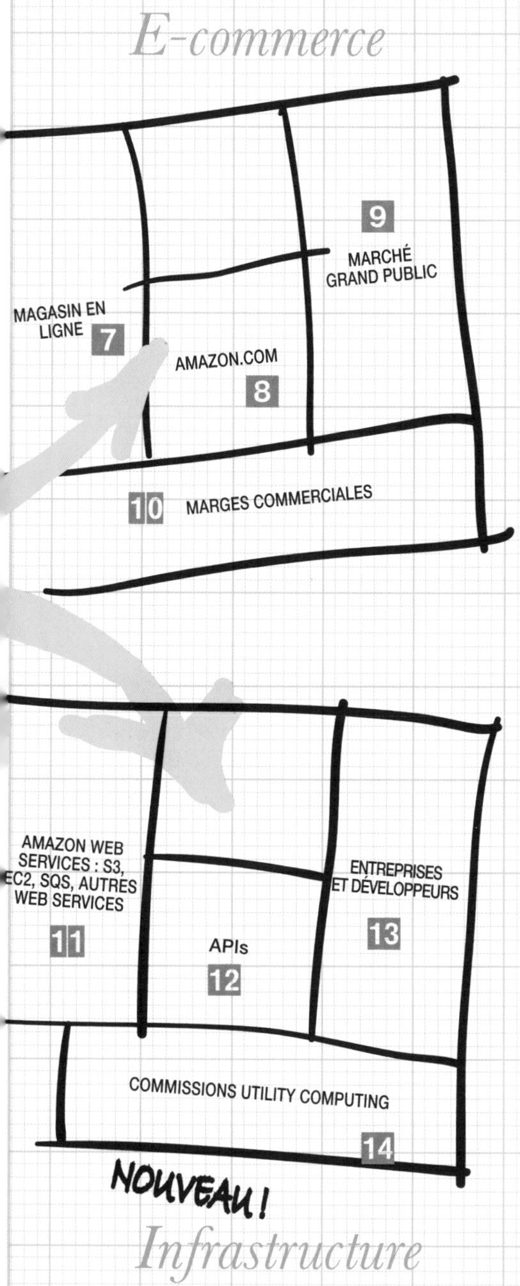

E-commerce

MAGASIN EN LIGNE 7
AMAZON.COM 8
9 MARCHÉ GRAND PUBLIC
10 MARGES COMMERCIALES

AMAZON WEB SERVICES : S3, EC2, SQS, AUTRES WEB SERVICES 11
APIs 12
ENTREPRISES ET DÉVELOPPEURS 13
COMMISSIONS UTILITY COMPUTING
14
NOUVEAU !

Infrastructure

Perspective Client

Randy, 41 ans, entrepreneur Internet

Randy est un entrepreneur Internet passionné. Il a créé récemment sa deuxième start-up, prestataire de logiciels professionnels sur Internet. Randy travaille depuis plus de 18 ans dans le secteur du logiciel, d'abord chez de grands éditeurs puis dans des start-ups. Ces différentes expériences lui ont enseigné une chose : l'importance de prendre les bonnes décisions en matière d'investissements dans les infrastructures. À ses yeux, gérer des serveurs pour fournir des services est une activité certes banalisée, mais non sans risque, du fait de l'importance des sommes en jeu. La gestion serrée des coûts est fondamentale : lorsque vous dirigez une start-up, vous ne pouvez pas investir des millions dans une ferme de serveurs.

Mais lorsque vous vous adressez au marché BtoB, vous ne pouvez pas vous permettre de mégoter sur la fiabilité et la robustesse de votre infrastructure informatique. C'est la raison pour laquelle Andy avait dressé l'oreille lorsqu'un de ses amis, qui travaillait chez Amazon, lui avait parlé des nouveaux Web services que lançait le géant du commerce en ligne. C'était la réponse à une des missions les plus importantes de Randy : faire tourner ses services sur une infrastructure de classe mondiale, capable d'évoluer rapidement, tout en ne payant que pour ce que son entreprise utilisait réellement. C'est exactement ce que promettaient les Web Services Amazon (11). Grâce à *Amazon Simple Storage Systems* (Amazon S3), Randy pouvait se brancher sur l'infrastructure d'Amazon avec une interface de programmation (API) (12) et stocker sur les serveurs d'Amazon toutes les données et les applications pour son propre service. Même chose pour les services de *cloud computing* proposés par Amazon, *Elastic Computing Cloud* (Amazon EC2). Grâce à Amazon, Randy n'avait plus besoin de mettre en place et d'entretenir sa propre infrastructure de traitement des données. Il lui suffisait de se brancher sur Amazon et d'utiliser sa puissance de calcul informatique en échange du paiement d'un droit d'usage horaire (14).

Randy a immédiatement compris pourquoi l'offre émanait du géant du e-commerce et non d'IBM ou d'Accenture. Amazon.com fournissait et maintenait une infrastructure IT (2, 3, 5) au service de ses activités de commerce en ligne (7). C'était sa compétence centrale. Proposer les mêmes services d'infrastructure à d'autres entreprises (9) n'était pas très difficile. Et Amazon étant dans la distribution de détail, une activité où les marges sont faibles (11), il lui fallait être très vigilant sur les coûts (5), ce qui expliquait le prix très bas de ses nouveaux Web services.

Techniques

Il y a différentes manières de raconter une histoire. Chaque technique présente des avantages et des inconvénients et sera plus ou moins adaptée à telle ou telle situation ou tel ou tel public. Pour choisir, il est donc important de savoir à quel public vous allez vous adresser et dans quel contexte vous ferez votre présentation.

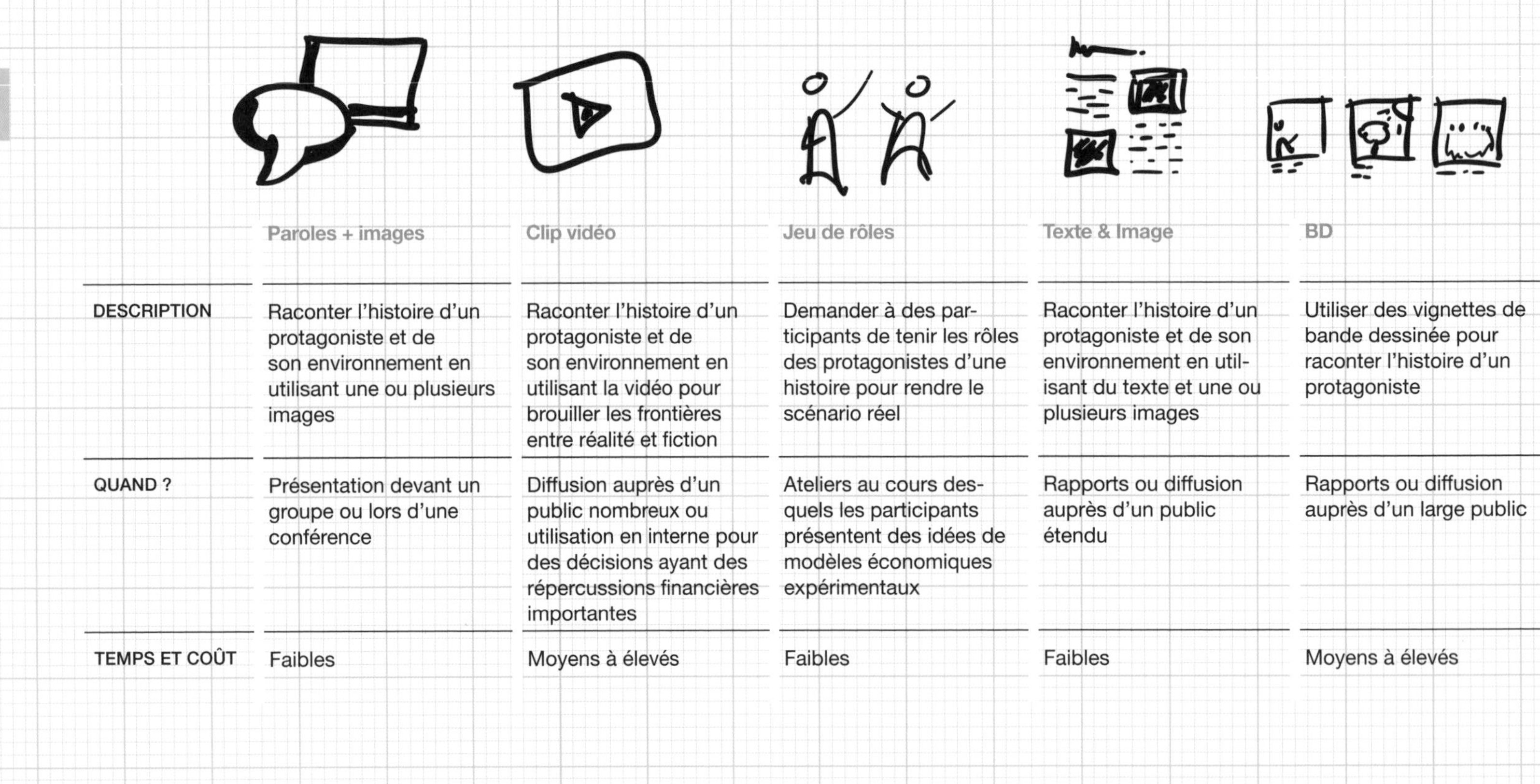

	Paroles + images	Clip vidéo	Jeu de rôles	Texte & Image	BD
DESCRIPTION	Raconter l'histoire d'un protagoniste et de son environnement en utilisant une ou plusieurs images	Raconter l'histoire d'un protagoniste et de son environnement en utilisant la vidéo pour brouiller les frontières entre réalité et fiction	Demander à des participants de tenir les rôles des protagonistes d'une histoire pour rendre le scénario réel	Raconter l'histoire d'un protagoniste et de son environnement en utilisant du texte et une ou plusieurs images	Utiliser des vignettes de bande dessinée pour raconter l'histoire d'un protagoniste
QUAND ?	Présentation devant un groupe ou lors d'une conférence	Diffusion auprès d'un public nombreux ou utilisation en interne pour des décisions ayant des répercussions financières importantes	Ateliers au cours desquels les participants présentent des idées de modèles économiques expérimentaux	Rapports ou diffusion auprès d'un public étendu	Rapports ou diffusion auprès d'un large public
TEMPS ET COÛT	Faibles	Moyens à élevés	Faibles	Faibles	Moyens à élevés

Le modèle économique de Super Pain Grillé SA

Débutez votre entraînement au storytelling avec cet exercice simple, un peu sot : le modèle économique de Super Pain Grillé SA, dont les grandes lignes sont représentées dans la matrice ci-après. Vous pouvez commencer où vous voulez : clients, proposition de valeur, ressources clés, ou ailleurs. Inventez votre histoire. Les seules contraintes sont les neuf images qui résument le modèle économique de Super Pain Grillé SA. Essayez de raconter l'histoire plusieurs fois, en partant de différents blocs. Chaque point de départ donnera à l'histoire une tournure un peu différente et mettra l'accent sur différents aspects du modèle économique.

Soit dit en passant, c'est une merveilleuse approche pour présenter la matrice aux « néophytes » d'une manière simple et attractive – avec une histoire.

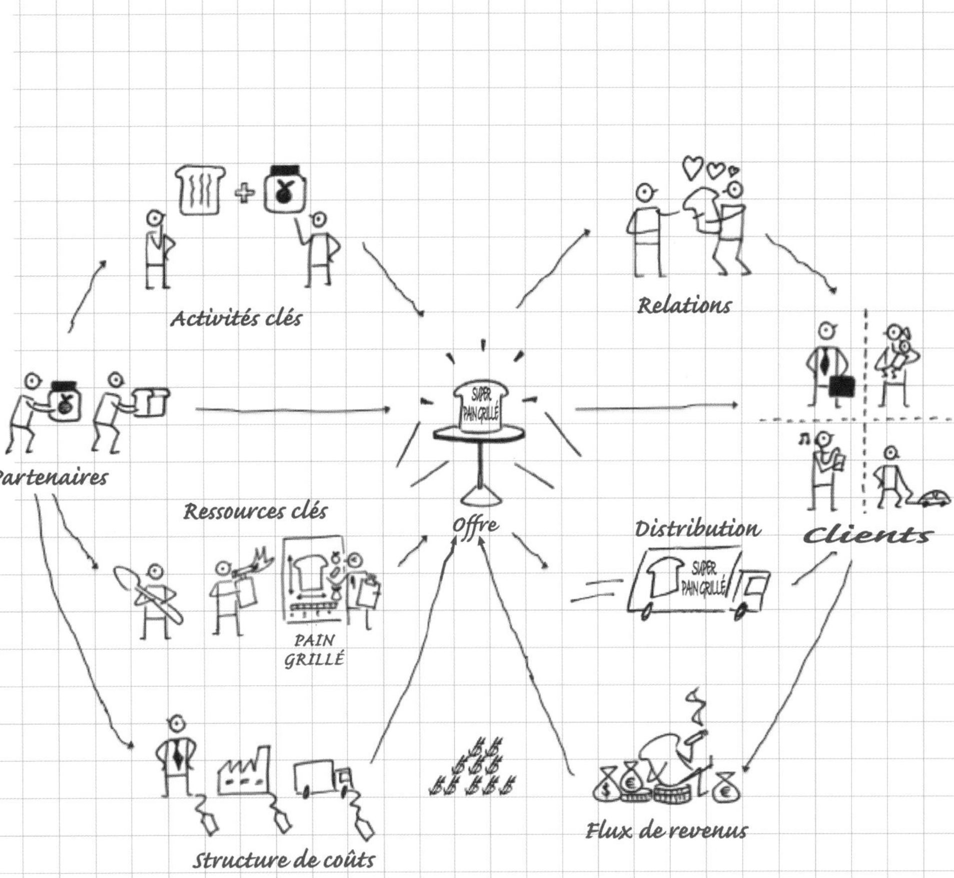

XPLANATIONS™ by XPLANE™
©XPLANE 2008

Technique_N° 6

Les scénarios

FÉVRIER 2000

Le professeur Jeffrey Huang et Muriel Waldvogel semblent perdus dans leurs pensées, face à des maquettes à différentes échelles du Swisshouse, le nouveau bâtiment du consulat suisse qui doit être construit à Boston…

… Huang et Waldvogel ont été appelés sur le projet pour concevoir l'architecture du nouveau consulat, appelé à servir de plate-forme de networking et d'échanges de connaissances. Le binôme étudie diverses options d'utilisation du bâtiment par le public et a réalisé des maquettes physiques et des scénarios afin de rendre plus concrète la vocation de ce bâtiment consulaire d'un type inédit.

Un premier scénario met en scène Nicolas, chirurgien du cerveau qui vient de quitter la Suisse pour s'installer à Boston. Il se rend au Swisshouse pour rencontrer d'autres chercheurs et des membres de la communauté américano-suisse. Un second scénario raconte l'histoire du professeur Smith, qui utilise le Swisshouse pour présenter les travaux de son Media Lab du MIT à la communauté suisse de Boston et aux universitaires de deux universités suisses, grâce à une connexion Internet haut débit.

Ces scénarios sont le fruit de travaux de recherche sur les rôles que le nouveau type de consulat pourrait jouer. Les histoires illustrent les intentions du gouvernement suisse et leur rôle est d'accompagner la réflexion sur la conception du bâtiment. À l'issue du projet, le nouvel équipement répondait effectivement aux applications imaginées et remplissait ses objectifs.

Aujourd'hui, près de dix ans après sa conception, le Swisshouse est considéré comme un lieu d'échanges internationaux de premier plan pour les communautés scientifiques et technologiques de l'agglomération de Boston. Sous la bannière du Swiss Knowledge Network, ou swissnex, le Swisshouse a inspiré des installations « sœurs » à Bangalore, San Francisco, Shanghai et Singapour.

Concevoir des modèles économiques à partir de scénarios

Les scénarios peuvent être utilisés pour guider la conception de nouveaux modèles économiques ou innover à partir de modèles existants. Comme la pensée visuelle (p. 146), le prototypage (p. 160) et le storytelling (p. 170), les scénarios rendent les choses concrètes. Dans le contexte qui nous intéresse, leur fonction première est de contribuer au processus de développement du modèle économique en donnant de la chair au contexte.

Nous abordons ici deux types de scénarios. Le premier décrit différents contextes côté clients : comment sont utilisés les produits et services, quelles sortes de clients les utilisent, quels sont les préoccupations, désirs et objectifs des clients. Ce type de scénario repose sur la connaissance des clients (p. 126) mais va plus loin en intégrant ces éléments à un ensemble d'images concrètes. Parce qu'il décrit une situation particulière, ce type de scénarios rend tangible ce que nous savons du client.

Un second type de scénario décrit les environnements futurs auxquels un modèle économique pourrait être confronté. L'objectif n'est pas de prédire l'avenir mais d'imaginer en détail des futurs possibles. Cet exercice aide les innovateurs à s'interroger sur le modèle économique le plus pertinent pour chaque environnement. C'est ce que l'analyse stratégique appelle la « planification par scénario ». Appliquer ces techniques à la création de modèles économiques oblige à s'interroger sur la façon dont un modèle pourrait devoir évoluer sous certaines conditions. Il en résulte une compréhension plus fine du modèle et des éventuelles adaptations à y apporter. Plus important, cela nous aide à envisager l'avenir.

RENDRE CONCRET

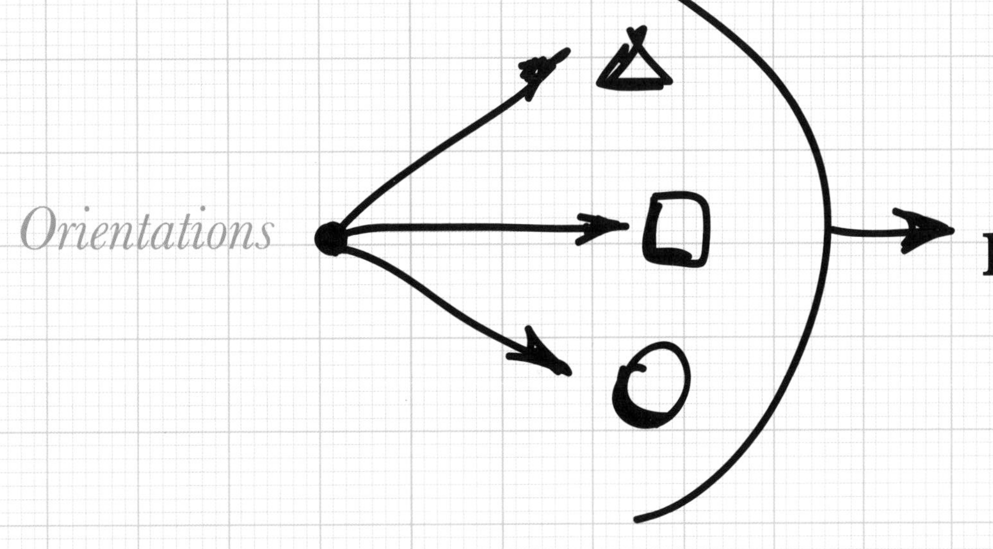

DESIGN DOCUMENTÉ

Explorer des idées

Les scénarios clients nous guident durant la conception du modèle économique. Ils aident à résoudre différentes problématiques – quels sont les canaux de distribution les plus appropriés, quel type de relations faudrait-il mettre en place, pour quelles solutions à leurs problèmes les clients sont-ils disposés à payer ? Une fois que nous avons élaboré des scénarios pour différents segments de clients, nous pouvons nous demander si un modèle économique unique suffira à les servir tous – ou si nous avons besoin d'adapter le modèle à chaque segment. Les trois scénarios proposés ci-après décrivent des services qui utilisent le GPS. Ils éclairent la réflexion sur la conception du modèle économique mais laissent délibérément la porte ouverte à des réflexions autour de la proposition de valeur, les canaux de distribution, les relations avec le client et les flux de revenus. Les scénarios sont écrits depuis le point de vue d'un opérateur de services de téléphonie mobile qui cherche à développer de nouveaux modèles économiques innovants.

SERVICE DE LIVRAISON À DOMICILE

Tom a toujours rêvé d'avoir sa propre entreprise. Il savait que ce serait difficile, mais il a choisi de gagner sa vie en vivant sa passion.

Mordu de cinéma, Tom est une véritable encyclopédie du 7e art et c'est ce qu'apprécient les clients de son service de livraison de DVD à domicile. Ils peuvent lui poser des questions sur les acteurs, les techniques et à peu près tout ce qui concerne le film, avant de commander en ligne les DVD qui leur seront livrés sur le pas de leur porte.

La concurrence est vive mais Tom a pu donner un coup de fouet à sa productivité et améliorer le service au client grâce à un nouveau planificateur de livraison basé sur le GPS proposé par son opérateur de téléphonie mobile. Moyennant une cotisation modique, il a équipé son téléphone d'un logiciel qu'il a pu faire dialoguer avec son programme de gestion de la relation clients. Ce logiciel a fait gagner beaucoup de temps à Tom en l'aidant à mieux planifier ses circuits de livraison et à éviter les encombrements. Il a pu être installé sur les téléphones portables de deux assistants qui l'aident le week-end. Tom sait que sa petite activité ne le rendra jamais riche mais pour rien au monde il n'échangerait sa place contre un emploi de salarié.

LES TOURISTES

Dale et Rose se rendent à Paris pour un long week-end. Ils sont impatients de retourner sur le Vieux continent, où ils ont passé leur lune de miel il y a vingt-cinq ans. Manquant de temps et d'énergie pour planifier leur voyage en détail, Rose et Dale ont décidé d'improviser. Dans l'avion, un article du magazine de la compagnie aérienne a retenu leur attention : il y était question d'un nouveau service touristique basé sur GPS utilisant les téléphones mobiles. Fans de technologie, Dale et Rose ont loué le combiné conseillé à leur arrivée à l'aéroport. Et les voilà qui découvrent Paris au fil d'une visite personnalisée – le tout, sans avoir ouvert le moindre guide touristique. Ils apprécient tout particulièrement le guide audio intégré qui leur propose un large choix d'informations lorsqu'ils arrivent à proximité de tel ou tel site. Dans l'avion du retour, Dale et Rose imaginent la vie qu'ils auraient s'ils venaient s'installer à Paris à l'heure de la retraite. Et se disent en riant qu'il leur faudra sans doute bien plus que ce petit appareil pour les aider à s'adapter à la culture française.

LE VITICULTEUR

Comme son père avant lui, Alexander a hérité du vignoble planté par son grand-père, Suisse émigré en Californie pour cultiver la vigne. Perpétuer la tradition familiale n'est pas tous les jours facile mais, en digne héritier, Alexander prend beaucoup de plaisir à apporter ici et là de petites innovations.

Sa dernière découverte en date est une application de gestion des terres, qu'il a installée sur son téléphone mobile. Bien que n'étant pas destinée aux viticulteurs, Alexander n'a eu aucun mal à l'adapter à ses besoins. L'application est couplée à sa liste de tâches, qui lui rappelle quand et où vérifier le sol ou la qualité des grappes. Il se demande à présent comment il pourrait partager l'application avec ses managers. L'outil n'a de sens que si tous peuvent mettre à jour la base de données sur la qualité du sol et des grappes.

LES TOURISTES

- Le service doit-il être basé sur un appareil propriétaire ou sur une application que les clients peuvent télécharger sur leur téléphone ?
- Les compagnies aériennes doivent-elles être des partenaires pour distribuer le service/appareil ?
- Quels partenaires de contenu potentiels pourraient être intéressés ?
- Pour quelles propositions de valeur les clients seraient-ils le plus disposés à payer ?

LE SERVICE DE LIVRAISON À DOMICILE

- La valeur ajoutée est-elle suffisante pour motiver les consommateurs à payer un abonnement mensuel ?
- Via quels canaux peut-on toucher le plus facilement ces segments de clients ?
- Avec quels autres appareils et/ou logiciels faudrait-il que ce service soit intégré ?

LE VITICULTEUR

- La valeur ajoutée est-elle suffisante pour motiver un propriétaire terrien à payer une redevance mensuelle ?
- Via quels canaux peut-on toucher le plus facilement ces segments de clients ?
- Avec quels autres appareils et/ou logiciels faudrait-il que ce service soit intégré ?

QUESTIONS RELATIVES AU MODÈLE ÉCONOMIQUE

Un seul modèle peut-il servir les trois segments de clients ?

Chaque segment a-t-il besoin d'une proposition de valeur distincte ?

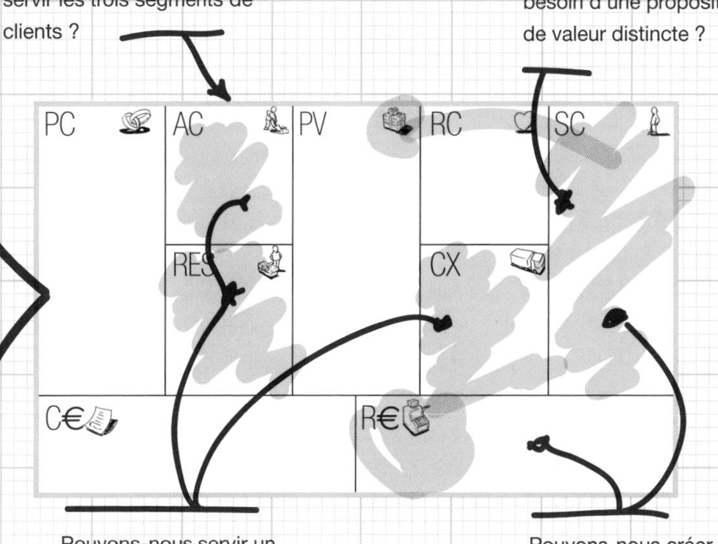

Pouvons-nous servir un ou plusieurs segments de clients à moindre coût en vue d'attirer d'autres segments plus lucratifs ?

Pouvons-nous créer des synergies de ressources, d'activités ou de canaux en servant simultanément les trois segments de clients ?

Scénarios pour l'avenir

Le scénario est un outil supplémentaire qui aide à envisager les modèles économiques du futur. Il stimule notre créativité en donnant forme à des contextes pour lesquels nous pouvons inventer des *business models* pertinents. C'est généralement plus facile et plus productif que le simple brainstorming. Cela exige, toutefois, d'élaborer plusieurs scénarios ce qui, selon leur niveau de détail et leur réalisme, peut être coûteux.

Dans l'industrie pharmaceutique, concevoir des modèles économiques innovants est presque une question de survie. Il y a plusieurs raisons à cela. Ces dernières années, les grands acteurs du secteur ont vu s'éroder la productivité de leur R&D et la pression pour mettre au point et commercialiser des *blockbusters* – traditionnellement, le cœur de leur activité – est énorme. Dans le même temps, les brevets sur nombre de leurs molécules les plus lucratives sont en passe d'expirer, ce qui signifie que les revenus générés par ces médicaments ne vont sans doute pas tarder à rejoindre l'escarcelle des fabricants de génériques. Et ce ne sont là que deux des maux qui frappent les acteurs historiques du secteur.

Dans ce contexte turbulent, combiner le brainstorming et l'élaboration de plusieurs scénarios prospectifs peut se révéler extrêmement productif. Les scénarios nous entraînent hors des sentiers battus, ce qui n'est pas toujours facile quand on essaye de développer des modèles économiques innovants. Voyons comment conduire ce type d'exercice.

Pour commencer, il faut élaborer une série de scénarios décrivant des images de l'avenir de l'industrie pharmaceutique. Le mieux est de confier cette tâche à des spécialistes de la planification de scénarios dotés des bons outils et de la bonne méthodologie. Pour les besoins de l'exercice, nous avons créé quatre squelettes de scénarios à partir de deux facteurs susceptibles d'influencer l'évolution de l'industrie pharmaceutique au cours des dix prochaines années. Il va sans dire que beaucoup d'autres scénarios, fondés sur d'autres facteurs, pourraient être élaborés à partir d'une étude plus poussée.

Les deux facteurs que nous avons retenus sont (1) l'émergence de la médecine personnalisée et (2) le passage d'une logique de traitement à une logique de prévention. Le premier repose sur les progrès de la pharmacogénomique qui vise à identifier les causes sous-jacentes de maladies à partir de la structure de l'ADN d'un individu. Un jour, cela donnera peut-être naissance à des traitements entièrement individualisés, avec des médicaments personnalisés en fonction de la structure génétique du patient. Le second découle en partie des progrès de la pharmacogénomique et en partie d'une nécessité accrue de maîtrise des coûts. Quatre scénarios illustrés par le graphique ci-contre sont envisagés :

- RIEN NE CHANGE : la médecine personnalisée n'émerge pas malgré sa faisabilité technique (pour des raisons de protection de la vie privée par exemple) et le traitement demeure le principal générateur de revenus des acteurs du secteur.
- MY.MEDECINE : la médecine individualisée se développe mais le traitement demeure le principal générateur de revenus.
- LE PATIENT EN BONNE SANTÉ : l'évolution vers la médecine préventive se poursuit mais la médecine individualisée ne prend pas réellement son essor malgré sa faisabilité technologique.
- L'INDUSTRIE PHARMACEUTIQUE RÉINVENTÉE : la médecine personnalisée et la médecine préventive constituent les nouvelles voies de croissance de l'industrie pharmaceutique.

Modèles économiques pour l'industrie pharmaceutique de demain

C) Le patient en bonne santé

- *Quel type de relations client pour une médecine préventive efficace ?*
- *Quels sont les principaux partenaires que nous devrions associer à l'élaboration de notre modèle économique pour la médecine préventive ?*
- *Quelles sont les conséquences du passage à la médecine préventive au niveau des relations entre les médecins et nos commerciaux ?*

D) L'industrie pharmaceutique réinventée

- *En quoi consiste notre proposition de valeur dans ce nouveau paysage ?*
- *Quels rôles les segments de clients joueront-ils dans notre nouveau modèle économique ?*
- *Devons-nous développer certaines activités, comme la bio-informatique et le séquençage du génome par exemple, en interne ou via des partenariats ?*

LA PRÉVENTION DEVIENT LE PRINCIPAL GÉNÉRATEUR DE REVENUS

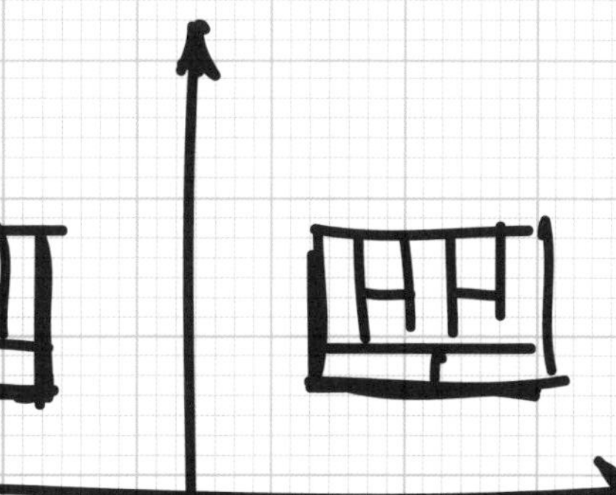

LA MÉDECINE PERSONNALISÉE NE DÉPASSE PAS LE STADE DE L'ENGOUEMENT

LA MÉDECINE PERSONNALISÉE DEVIENT UN PILIER DU MARCHÉ

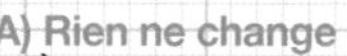

A) Rien ne change

- *À quoi ressemblera notre modèle économique dans le futur si ces deux facteurs n'évoluent pas ?*

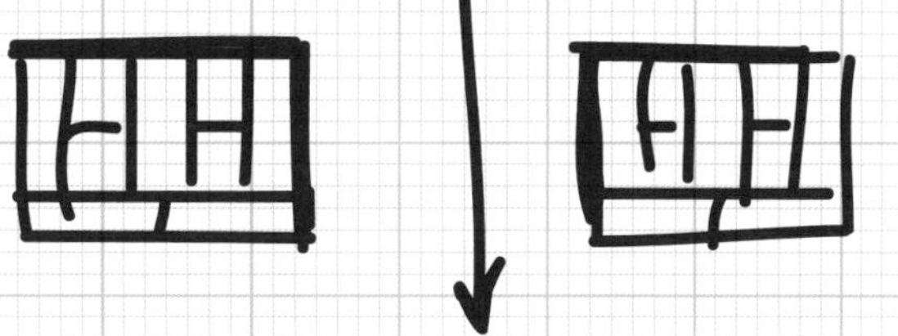

B) My.Medecine

- *Quel type de relations nous faudra-t-il établir avec les patients ?*
- *Quels canaux de distribution sont les plus adaptés à la médecine personnalisée ?*
- *Quelles ressources et activités, bio-informatique ou séquençage de l'ADN par exemple, avons-nous besoin de développer ?*

LE TRAITEMENT DEMEURE LE PRINCIPAL GÉNÉRATEUR DE REVENUS

Scénario D : Réinventer l'industrie pharmaceutique

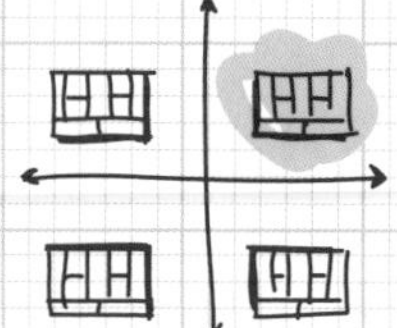

Le paysage de l'industrie pharmaceutique a changé du tout au tout. La recherche pharmacogénomique a tenu ses promesses et occupe désormais une place centrale. Les médicaments personnalisés, adaptés aux profils génétiques individuels, comptent pour une part importante du chiffre d'affaires du secteur. La prévention se substitue progressivement au traitement, grâce à des outils de diagnostic plus performants et à une meilleure compréhension des liens entre maladies et profil génétique individuel.

Ces deux tendances – le développement des médicaments personnalisés et la montée en puissance de la prévention – ont totalement transformé le modèle économique traditionnel des laboratoires pharmaceutiques : ressources clés, activités clés, flux de revenus mais aussi relations avec les clients.

Les acteurs historiques ont payé un lourd tribut à cette évolution. Certains n'ont pas su s'adapter assez vite et ont disparu ou ont été rachetés par des acteurs plus agiles. Dans le même temps, de nouveaux venus avec de nouveaux modèles économiques se sont fait leur place au soleil. Certains ont été rachetés par de grands groupes.

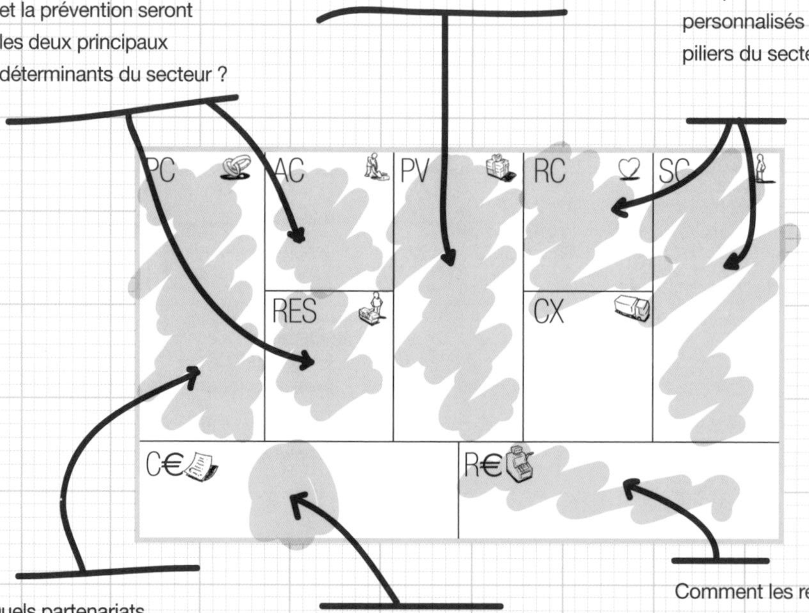

Quelles ressources clés et quelles activités clés apporteront un avantage concurrentiel lorsque les médicaments personnalisés et la prévention seront les deux principaux déterminants du secteur ?
Quels sont les attributs d'une proposition de valeur compétitive dans le nouveau paysage ?
Quels rôles les clients et les relations clients joueront-ils lorsque les médicaments personnalisés seront un des piliers du secteur ?
PC
AC
PV
RC
SC
RES
CX
C€
R€
Quels partenariats maximiseront la performance du nouveau modèle économique d'un laboratoire pharmaceutique ?
Quelle sera la structure de coûts d'un modèle économique de laboratoire pharmaceutique dans ce nouveau contexte ?
Comment les revenus seront-ils générés ?

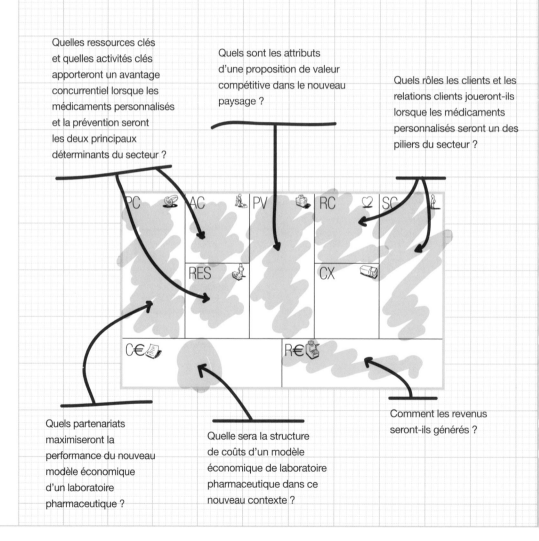

Scénarios pour l'avenir et nouveaux modèles économiques

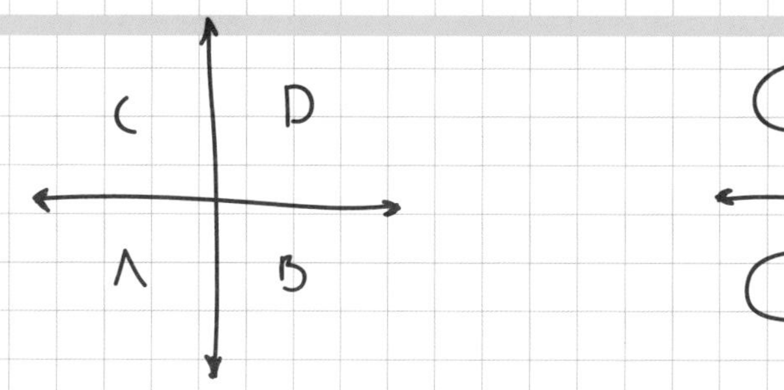

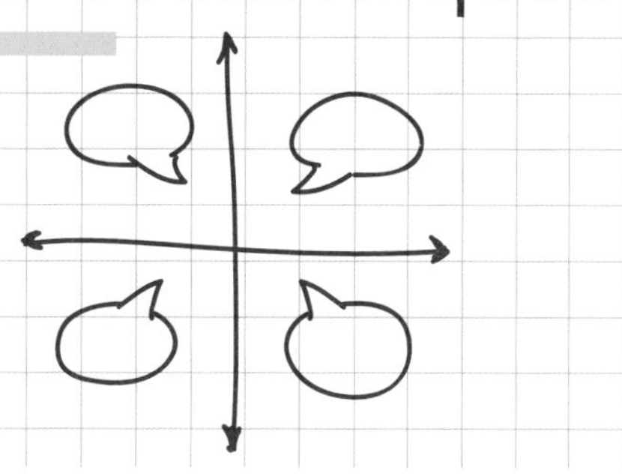

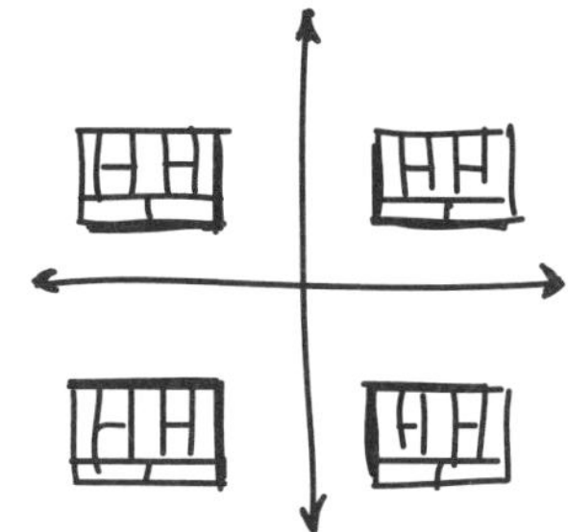

1

ÉLABOREZ UNE SÉRIE DE SCÉNARIOS FONDÉS SUR DEUX OU PLUSIEURS CRITÈRES IMPORTANTS.

2

RACONTEZ CHAQUE SCÉNARIO PAR LE BIAIS D'UNE HISTOIRE METTANT EN LUMIÈRE SES PRINCIPAUX ÉLÉMENTS.

3 ATELIER

ÉLABOREZ UN OU PLUSIEURS MODÈLES ÉCONOMIQUES POUR CHAQUE SCÉNARIO.

Associer scénarios et création de modèles économiques peut aider votre organisation à se préparer pour l'avenir. Ce processus suscite des discussions de fond autour d'un sujet difficile parce qu'il oblige les participants à se projeter dans des « futurs » concrets étayés par des données (certes considérées comme des hypothèses). Lorsque les participants décrivent leurs modèles économiques, ils doivent être capables d'argumenter leurs choix dans le contexte d'un scénario donné.

Les scénarios devront avoir été créés préalablement à l'atelier sur les modèles économiques. Le degré de sophistication des « scripts » dépendra du budget dont vous disposez. Souvenez-vous que les scénarios pourront être réutilisés à d'autres fins. Même les scénarios simples stimulent la créativité et projettent les participants dans l'avenir.

Dans l'idéal, pour pouvoir conduire un bon atelier, vous devez développer deux à quatre scénarios basés sur deux ou plusieurs critères. Chaque scénario doit avoir un titre et faire l'objet d'une brève description en précisant les principaux éléments.

Débutez l'atelier en demandant aux participants de prendre connaissance des scénarios puis d'élaborer un modèle économique pour chacun. Si votre objectif est de permettre au groupe d'acquérir une bonne compréhension de tous les futurs potentiels, il pourra être préférable de réunir tous les participants en un seul groupe et de les laisser développer ensemble différents modèles économiques pour chaque scénario. Si votre objectif est plutôt de générer un éventail de *business models* très divers pour l'avenir, vous pourrez décider de répartir les participants en plusieurs groupes travaillant en parallèle sur des solutions distinctes pour les différents scénarios.

Entreprise et design : pour aller plus loin

Design Attitude

Boland Richard et Collopy Fred, *Managing as Designing*, Stanford Business Books, 2004.
Pink Daniel, *L'Homme aux deux cerveaux*, Robert Laffont, 2007.
Kelley Tom, *The Ten Faces of Innovation: Strategies for Heightening Creativity*, Profile Business, 2008.

Connaissance des clients

Buxton Bill, *Sketching User experiences: Getting the Design Right and the Right Design*, Elsevier, 2007.
Goodwin Kim, *Designing for the Digital Age: How to Create Human-Centered Products and Services*, John Wiley & Sons, 2009.

Génération d'idées

Kelley Tom, Littman Jonathan et Peters Tom, *The Art of Innovation: Lessons in Creativity from IDEO, America's Leading Design Firm*, Broadway Business, 2001.
Harrison Sam, *IdeaSpotting: How to Find Your Next Great Idea*, How Books, 2006.

Pensée visuelle

Roam Dan, *Convaincre en deux coups de crayon*, ESF, 2009.
Medina John, *Les 12 lois du cerveau*, Leduc, 2010.

Prototypage

Schrage Michael, *Serious Play: How the World's Best Companies Simulate to Innovate*, Harvard Business Press, 1999.
Moggridge Bill, *Designing Interactions,* MIT Press, 2007, chapitre 10.

Storytelling

Denning Stephen, *The Leader's Guide to Storytelling: Mastering the Art and Discipline of Business Narrative*, Jossey-Bass, 2005.
Heath Chip et Heath Dan, *Ces idées qui collent*, Pearson, 2007.

Scénarios

Schwartz Peter, *The Art of the Long View: Planning for the Future in an Uncertain World*, Currency Doubleday, 1996.
Pillkahn Ulf, *Using Trends and Scenarios as Tools for Strategy Development*, Publicis Corporate Publishing, 2008.

Aurez-vous le cran de partir de zéro ?

QUELS OBSTACLES SUR VOTRE ROUTE ?

Dans mon travail avec des organisations à but non lucratif, les plus grands obstacles à la création de modèles économiques innovants sont **1.** incapacité à comprendre le modèle économique existant, **2.** absence d'un langage commun et **3.** contraintes entravant la capacité à imaginer de nouveaux modèles économiques.
Jeff De Cagna, États-Unis

Les dirigeants d'une PME ont attendu que la banque leur coupe les vivres pour envisager de changer de modèle économique. Le plus grand obstacle (dans ce cas et probablement dans tous les autres) sont les individus qui s'opposent à tout changement jusqu'à ce que les problèmes apparaissent et exigent des actions correctrices.
Danilo Tic, Slovénie

TOUT LE MONDE AIME L'INNOVATION TANT QU'ELLE NE LES CONCERNE PAS.
Le plus grand obstacle n'est pas la technologie : ce sont les êtres humains et leurs institutions qui refusent l'expérimentation et le changement.
Saul Kaplan, États-Unis
Harry Verwayen, Netherlands

J'ai observé que la direction et les collaborateurs clés de nombreuses PME manquent d'un cadre et d'un langage communs pour réfléchir ensemble à de nouveaux modèles économiques. Ils n'ont pas le bagage théorique mais sont des acteurs essentiels du processus parce que ce sont ceux qui connaissent l'entreprise.
Michael N. Wilkens, Danemark

INDICATEURS DE RÉUSSITE :
Ils peuvent conditionner l'envergure et l'ambition des comportements. À leur meilleur, ils favorisent l'agilité, source d'innovations qui changent réellement la donne ; à leur pire, ils réduisent la vision à des cycles d'évolution itératifs à court terme qui ne tirent pas parti de l'évolution de l'environnement.
Nicky Smith, U.K.

La peur de prendre des risques. Lorsque vous êtes PDG, il vous faut du courage pour décider de changer de modèle économique. En 2005, l'opérateur de télécommunications hollandais KPN a décidé de migrer en IP et, ce faisant, de cannibaliser son activité historique. KPN est aujourd'hui considéré comme un des acteurs les plus performants du secteur.
Kees Groeneveld, Pays-Bas

Lors de mon travail avec un grand service d'archives, le plus gros obstacle a été de leur faire comprendre que même un service d'archives a un modèle économique. Nous avons contourné la difficulté en lançant un petit projet et nous leur avons montré que cela aurait une incidence sur leur modèle existant.
Harry Verwayen, Pays-Bas

IMPLIQUER TOUT LE MONDE
et maintenir l'allure du changement. Pour notre concept novateur Seats-2meet.com, nous avons consacré quatre mois à former le personnel à communiquer ce nouveau modèle économique à toutes les parties prenantes.
Ronald van Den Hoff, Pays-Bas

1. Anticorps organisationnels qui attaquent un projet lorsque les ressources tirées de leur domaine sont en contradiction avec leurs objectifs. **2.** Processus de gestion de projet incapables de prendre en charge les risques/incertitudes associés aux idées audacieuses, de sorte que les leaders refusent les idées ou les dénaturent pour les faire entrer dans les zones de confort existantes.
John Sutherland, Canada

Le plus gros obstacle est cette idée fausse que les modèles doivent contenir tous les détails – l'expérience montre que les clients demandent beaucoup mais se rangent à la simplicité une fois qu'on les a éclairés sur leur entreprise et leur activité.
David Edwards, Canada

1. Ne pas savoir : Qu'est-ce qu'un modèle économique ? Qu'est-ce qu'innover dans ce domaine ? **2.** Ne pas avoir les compétences : Comment créer un modèle économique innovant ? **3.** Ne pas vouloir : Pourquoi devrais-je faire évoluer mon modèle économique ? Y-a-t-il urgence ? **4.** Combinaison des précédents.
Ray Lai, Malaisie

PASSER DU MODE DE PENSÉE LINÉAIRE TRADITIONNEL AU MODE DE PENSÉE HOLISTIQUE ET SYSTÉMIQUE. Les entrepreneurs doivent faire l'effort d'apprendre à envisager le modèle comme un système dont les éléments sont en interaction et ont une influence les uns sur les autres d'une manière holistique et non linéaire.
Jeaninne Horowitz Gassol, Espagne

Spécialiste du marketing Internet depuis 15 ans, j'ai vu de nouveaux modèles économiques vivre et mourir.
LA CLÉ DE CEUX QUI ONT RÉUSSI : LES PRINCIPALES PARTIES PRENANTES COMPRENAIENT PARFAITEMENT LE MODÈLE ET L'ONT PORTÉ.
Stéphanie Diamond, États-Unis.

LES MODÈLES MENTAUX des dirigeants. Le manque de candeur et la peur de s'écarter du statu quo favorisent la pensée unique. Les dirigeants sont à l'aise avec la phase d'exploit et non la phase d'exploration, inconnue et donc risquée.
Cheenu Srinivasan, Australie

Dans mon expérience d'entrepreneur Internet et d'investisseur, les plus gros obstacles sont l'absence de vision et la mauvaise gouvernance. Sans la bonne vision et la bonne gouvernance, une entreprise ne repérera pas le paradigme émergent du secteur et sera dans l'incapacité de réinventer à temps son modèle économique.
Nicolas De Santis, U.K.

Dans les grands groupes internationaux, il est essentiel de créer une compréhension et des synergies trans-fonctionnelles. En matière de modèles économiques, l'innovation ne se satisfait pas des contraintes organisationnelles que connaissent ceux qui y travaillent. Pour réussir l'exécution, il est indispensable que toutes les disciplines soient à bord et interconnectées !
Bas van Oosterhout, Pays-Bas

LA PEUR, L'INCERTITUDE ET LA CUPIDITÉ des personnes qui ont intérêt à défendre le modèle économique en place…
Frontier Service Design, LLC, États-Unis

Le déficit d'esprit d'entreprise dans l'organisation. Innover, c'est prendre des risques, avec sagesse. Si on ne laisse pas s'exprimer les points de vue créatifs ou si les individus ne sont pas autorisés à explorer autre chose que le modèle existant, inutile d'essayer d'innover : vous échouerez.
Ralf de Graaf, Pays-Bas

Au niveau organisationnel, le plus gros obstacle pour une grande entreprise bien établie est la réticence à tenter quoi que ce soit qui puisse mettre en péril le modèle existant. Au niveau individuel/du dirigeant, **il est plus que probable que leur réussite est un produit du modèle économique en place…**
Jeffrey Murphy, États-Unis.

La pensée « Si ce n'est pas cassé, **ne le répare pas**. » Les entreprises bien établies s'accrochent à leur façon de faire les choses jusqu'à ce qu'il soit évident que les clients veulent autre chose.
Ola Dagberg, Suède

LA PUISSANCE DU **LEADERSHIP** peut être un obstacle. Lorsque l'innovation est estampillée « risque », il est facile de faire semblant de s'y intéresser, en particulier dans les institutions culturelles où elle n'est pas particulièrement à l'honneur. Alors, il n'est pas rare que l'innovation périsse sous les assauts répétés de processus internes indéracinables, au lieu d'être considérée comme le moteur des stratégies futures.
Anne McCrossan, U.K.

Bien souvent, les entreprises conçoivent un modèle économique innovant mais ne savent pas y adapter leur structure et leur organisation.
Andrew Jenkins, Canada

LE SUCCÈS empêche les entreprises de se demander comment elles pourraient faire évoluer leur modèle économique. Les structures organisationnelles ne sont pas conçues pour faire émerger de nouveaux modèles économiques.
Howard Brown, États-Unis

Les entreprises qui réussissent à améliorer de manière continue l'efficacité de leur modèle économique se laissent souvent aveugler par « c'est comme ça qu'on fait chez nous » et ne voient pas l'émergence de modèles économiques innovants.
Wouter van der Burg, Pays-Bas

Stra

tégie

« Il n'y a pas un modèle économique unique… Les opportunités et les options sont innombrables. Elles sont là, elles existent, à nous de les découvrir. »

Tim O'Reilly, PDG, O'Reilly

Dans les pages qui précèdent, nous vous avons enseigné un langage pour décrire et concevoir des modèles économiques, un langage d'échanges et de discussion. Nous avons décrit des motifs de modèles économiques et proposé des techniques qui facilitent la conception et l'invention de nouveaux modèles. Dans cette section, nous allons nous intéresser à la stratégie, pour l'envisager du point de vue de notre matrice. Cela vous aidera à remettre en question de manière constructive des *business models* en place et à analyser l'environnement dans lequel fonctionne le modèle de votre organisation.
Quatre grands domaines stratégiques retiendront plus particulièrement notre attention : l'environnement du modèle économique, l'évaluation de modèles économiques, la stratégie Océan bleu et la gestion de plusieurs modèles économiques au sein d'une même entreprise.

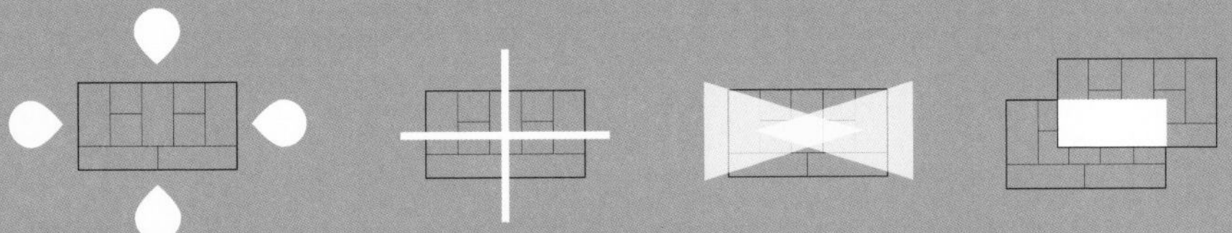

Stratégie

ENVIRONNEMENT DU MODÈLE ÉCONOMIQUE : CONTEXTE, FACTEURS ET CONTRAINTES

Un modèle économique est toujours conçu et déployé dans un environnement donné. Acquérir une bonne connaissance de l'environnement de son entreprise permet de concevoir des modèles économiques plus solides, plus compétitifs.

Complexification du paysage économique (*business models* en réseau par exemple), incertitude (innovations technologiques), événements qui ébranlent les marchés (crise économique, nouvelle proposition de valeur) : l'écoute active de l'environnement est, plus que jamais, indispensable. Comprendre les changements à l'œuvre vous aidera à mieux adapter votre modèle économique à des forces extérieures instables.

Dans cette perspective, l'environnement peut être envisagé comme une sorte d' « espace de conception ». C'est-à-dire comme un contexte dans lequel concevoir ou adapter votre modèle économique, en prenant en compte un certain nombre de facteurs (nouveaux besoins des consommateurs, nouvelles technologies, etc.) et de contraintes (évolution de la législation, principaux concurrents, etc.). Cet environnement ne doit en aucun cas limiter votre créativité ou prédéfinir votre modèle économique. Il doit, cependant, influencer vos choix de conception et vous aider à prendre des décisions plus informées. Avec un modèle économique révolutionnaire, vous deviendrez même architecte de cet environnement et établirez de nouvelles normes pour votre secteur.

Afin de mieux appréhender « l'espace de conception » de votre modèle, nous vous recommandons de cartographier quatre grandes dimensions de votre environnement : (1) forces du marché, (2) forces du secteur, (3) tendances clés et (4) forces macroéconomiques. Si vous souhaitez approfondir votre analyse au-delà de la cartographie simple que nous proposons, chacune de ces dimensions bénéficie d'une abondante littérature et d'outils d'analyse spécifiques.

Dans les pages qui suivent, les forces externes clés qui influencent les modèles économiques sont décrites et classées selon les quatre dimensions que nous venons d'évoquer. L'exemple retenu est celui de l'industrie pharmaceutique, présentée dans la section précédente. Ce secteur connaîtra vraisemblablement des changements importants dans les années qui viennent. Les entreprises de biotechnologies, qui reproduisent pour l'heure le modèle des médicaments *blockbusters* des laboratoires pharmaceutiques, développeront-elles des modèles économiques radicalement nouveaux ? Changement technologique rimera-t-il avec transformation ? La demande des consommateurs et du marché imposera-t-elle des changements ?

Nous vous recommandons de cartographier l'environnement de votre entreprise et de réfléchir aux implications potentielles des tendances observées. Une bonne compréhension de l'environnement vous permettra de mieux évaluer les différentes directions dans lesquelles votre modèle pourrait évoluer. Vous pouvez également créer des scénarios (voir p. 186) – une excellente façon de lancer le travail d'innovation ou, tout simplement, de préparer votre organisation pour l'avenir.

— PROSPECTIVE —

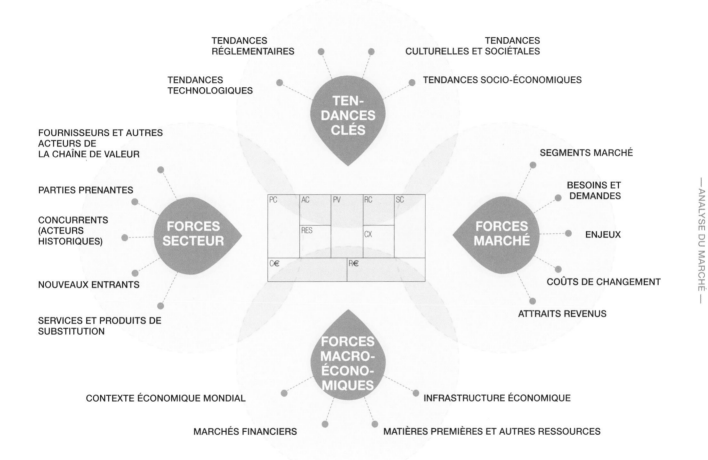

TENDANCES RÉGLEMENTAIRES

TENDANCES CULTURELLES ET SOCIÉTALES

TENDANCES TECHNOLOGIQUES

TENDANCES SOCIO-ÉCONOMIQUES

TEN-DANCES CLÉS

— ANALYSE CONCURRENTIELLE —

FOURNISSEURS ET AUTRES ACTEURS DE LA CHAÎNE DE VALEUR

PARTIES PRENANTES

CONCURRENTS (ACTEURS HISTORIQUES)

NOUVEAUX ENTRANTS

SERVICES ET PRODUITS DE SUBSTITUTION

FORCES SECTEUR

PC AC PV RC SC RES CX C€ R€

FORCES MARCHÉ

SEGMENTS MARCHÉ

BESOINS ET DEMANDES

ENJEUX

COÛTS DE CHANGEMENT

ATTRAITS REVENUS

— ANALYSE DU MARCHÉ —

FORCES MACRO-ÉCONO-MIQUES

CONTEXTE ÉCONOMIQUE MONDIAL

INFRASTRUCTURE ÉCONOMIQUE

MARCHÉS FINANCIERS

MATIÈRES PREMIÈRES ET AUTRES RESSOURCES

— MACROÉCONOMIE —

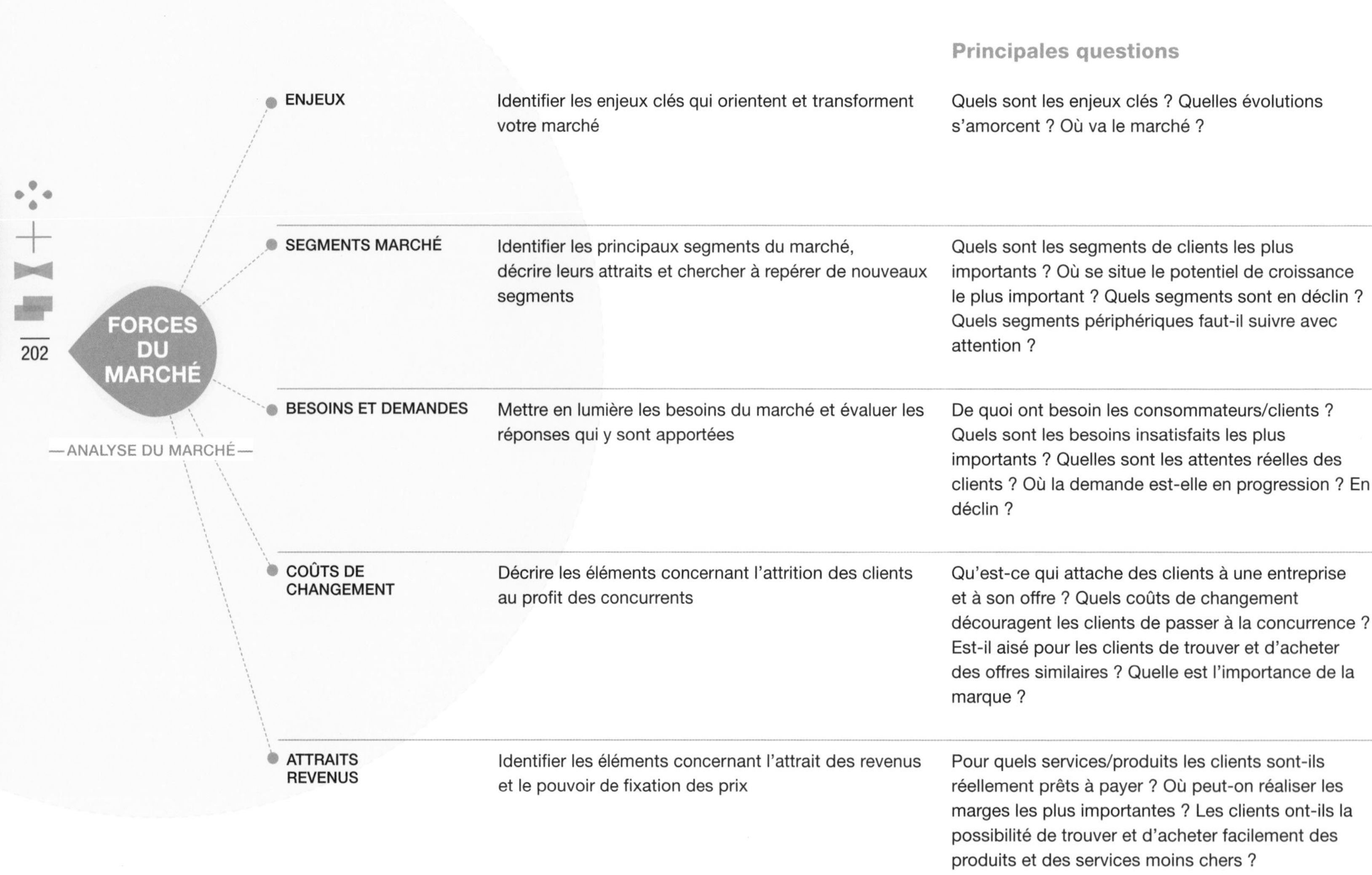

		Principales questions
ENJEUX	Identifier les enjeux clés qui orientent et transforment votre marché	Quels sont les enjeux clés ? Quelles évolutions s'amorcent ? Où va le marché ?
SEGMENTS MARCHÉ	Identifier les principaux segments du marché, décrire leurs attraits et chercher à repérer de nouveaux segments	Quels sont les segments de clients les plus importants ? Où se situe le potentiel de croissance le plus important ? Quels segments sont en déclin ? Quels segments périphériques faut-il suivre avec attention ?
BESOINS ET DEMANDES	Mettre en lumière les besoins du marché et évaluer les réponses qui y sont apportées	De quoi ont besoin les consommateurs/clients ? Quels sont les besoins insatisfaits les plus importants ? Quelles sont les attentes réelles des clients ? Où la demande est-elle en progression ? En déclin ?
COÛTS DE CHANGEMENT	Décrire les éléments concernant l'attrition des clients au profit des concurrents	Qu'est-ce qui attache des clients à une entreprise et à son offre ? Quels coûts de changement découragent les clients de passer à la concurrence ? Est-il aisé pour les clients de trouver et d'acheter des offres similaires ? Quelle est l'importance de la marque ?
ATTRAITS REVENUS	Identifier les éléments concernant l'attrait des revenus et le pouvoir de fixation des prix	Pour quels services/produits les clients sont-ils réellement prêts à payer ? Où peut-on réaliser les marges les plus importantes ? Les clients ont-ils la possibilité de trouver et d'acheter facilement des produits et des services moins chers ?

Exemple de l'industrie pharmaceutique

- Explosion des coûts de santé
- Montée en puissance de la prévention (vs traitement)
- Convergence des traitements, diagnostics, appareils et services support
- Les marchés émergents gagnent en importance

- Médecins et prestataires soins médicaux
- Pouvoirs publics/régulateurs
- Distributeurs
- Patients
- Fort potentiel sur marchés émergents
- États-Unis demeurent le marché mondial prédominant

- Importants, avec besoins dispersés de traitements de niche
- Gérer les coûts exponentiels des soins médicaux
- Besoins insatisfaits très importants dans les marchés émergents et les pays en développement
- Consommateurs mieux informés

- Monopole sur des médicaments brevetés
- Faibles coûts changement pour médicaments dont le brevet a expiré, remplaçables par des génériques
- Volume de plus en plus important d'informations de qualité disponibles en ligne
- Accords avec pouvoirs publics, grands prestataires de santé augmentent les coûts de changement

---

- Marges élevées sur médicaments brevetés
- Marges faibles sur génériques
- Prestataires santé, pouvoirs publics ont de plus en plus d'influence sur les prix
- Les patients n'ont toujours qu'une influence limitée sur les prix

QUELLES NOUVELLES RESSOURCES CLÉS AVONS-NOUS BESOIN DE DÉVELOPPER OU D'ACQUÉRIR FACE À LA MONTÉE EN PUISSANCE DE LA PRÉVENTION ?

COMMENT NOTRE PROPOSITION DE VALEUR PEUT-ELLE RÉPONDRE AU PROBLÈME DE L'EXPLOSION DES COÛTS DE SANTÉ ?

QUELLES CONSÉQUENCES POUR LES AUTRES BLOCS DE NOTRE MODÈLE SI NOUS METTIONS DAVANTAGE L'ACCENT SUR LES MARCHÉS ÉMERGENTS ?

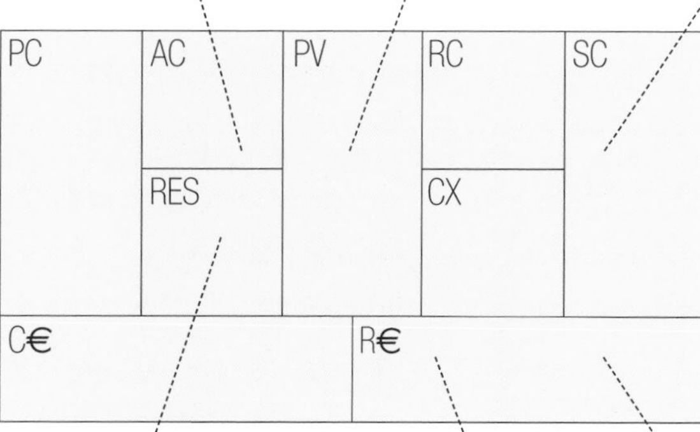

QUELLES SONT LES IMPLICATIONS DE LA CONVERGENCE DU TRAITEMENT, DES DIAGNOSTICS, DES APPAREILS ET DES SERVICES SUPPORT POUR NOS RESSOURCES CLÉS ET NOS ACTIVITÉS CLÉS ?

COMMENT CONSERVER DES REVENUS TOUT EN CONTRIBUANT À LA MAÎTRISE DES COÛTS DE SANTÉ ?

QUEL GENRE DE NOUVELLES OPPORTUNITÉS DE REVENUS POURRAIT ÊTRE CRÉÉ PAR LE PASSAGE DU TRAITEMENT À LA PRÉVENTION ?

FORCES DU SECTEUR

— ANALYSE CONCURRENTIELLE —

		Principales questions
CONCURRENTS (ACTEURS HISTORIQUES)	Identifier les acteurs établis et leurs atouts	Qui sont nos concurrents ? Qui sont les acteurs dominants dans notre secteur ? Quels sont leurs avantages ou handicaps concurrentiels ? Décrivez leurs offres. Quels segments de clients ciblent-ils ? Quelle est leur structure de coûts ? Quelle influence ont-ils sur vos segments de clients, vos flux de revenus et vos marges ?
NOUVEAUX ENTRANTS	Identifier les nouveaux acteurs et déterminer si leur modèle économique est différent du vôtre	Qui sont les nouveaux entrants sur votre marché ? En quoi sont-ils différents ? Quels sont leurs avantages ou handicaps concurrentiels ? Quelles barrières doivent-ils surmonter ? Quelles sont leurs propositions de valeur ? Quels segments de clients ciblent-ils ? Quelle est leur structure de coûts ? Quelle influence ont-ils sur vos segments de clients, vos flux de revenus et vos marges ?
PRODUITS ET SERVICES DE SUBSTITUTION	Décrire les substituts potentiels à vos offres – y compris ceux émanant d'autres marchés et secteurs	Quels produits et services pourraient remplacer les vôtres ? Combien coûtent-ils par rapport aux vôtres ? Serait-il facile pour les clients de les adopter à la place des vôtres ? De quelles traditions de modèle économique ces produits de substitution résultent-ils (ex. : trains à grande vitesse vs avions, téléphones mobiles vs appareils photo, Skype vs opérateur classique) ?
FOURNISSEURS ET AUTRES ACTEURS DE LA CHAÎNE DE VALEUR	Décrire les acteurs clés de la chaîne de valeur dans votre secteur et repérer les acteurs émergents	Qui sont les acteurs clés de la chaîne de valeur de votre secteur ? Dans quelle mesure votre modèle économique est-il dépendant des autres acteurs ? Des acteurs périphériques émergent-ils ? Lesquels sont les plus rentables ?
STAKEHOLDERS	Préciser quels acteurs peuvent influencer votre organisation et votre modèle économique	Quelles parties prenantes pourraient influencer votre modèle économique ? Quel est le pouvoir d'influence des parties prenantes ? Salariés ? Pouvoirs publics ? Lobbyistes ?

Exemple de l'industrie pharmaceutique

- Plusieurs acteurs de grande et moyenne taille
- La plupart des acteurs sont confrontés à une pénurie de produits et une faible productivité de la R&D
- La consolidation du secteur se confirme, avec des fusions et des acquisitions
- Les acteurs dominants acquièrent des développeurs de biotechnologie, médicaments de spécialité pour alimenter leur réservoir de produits
- Plusieurs acteurs commencent à s'appuyer sur des processus d'innovation ouverts

---

- Peu de bouleversements dans l'industrie pharmaceutique au cours des dix dernières années
- Les principaux nouveaux entrants sont des fabricants de génériques, indiens en particulier

---

- Dans une certaine mesure, la prévention représente un substitut au traitement
- Les médicaments tombés dans le domaine public sont remplacés par des génériques peu coûteux

---

- Utilisation croissante de prestataires de recherche extérieurs
- Les sociétés de biotechnologies et les développeurs de médicaments de spécialité sont de nouveaux acteurs de premier plan dans la création de produits
- Médecins et prestataires de santé
- Compagnies d'assurance
- Les prestataires de bio-informatique gagnent en importance
- Laboratoires

- La pression des actionnaires oblige les laboratoires à se concentrer sur les résultats financiers à court terme (trimestriels)
- Pouvoirs publics/régulateurs ont un poids important sur les actions des laboratoires pharmaceutiques du fait de leur rôle central dans les politiques de santé
- Lobbyistes, groupes et/ou fondations partisans de l'entrepreneuriat social (ex. : rendre les traitements accessibles aux pays en développement)
- Chercheurs et scientifiques, qui sont la ressource humaine clé et centrale de l'industrie pharmaceutique

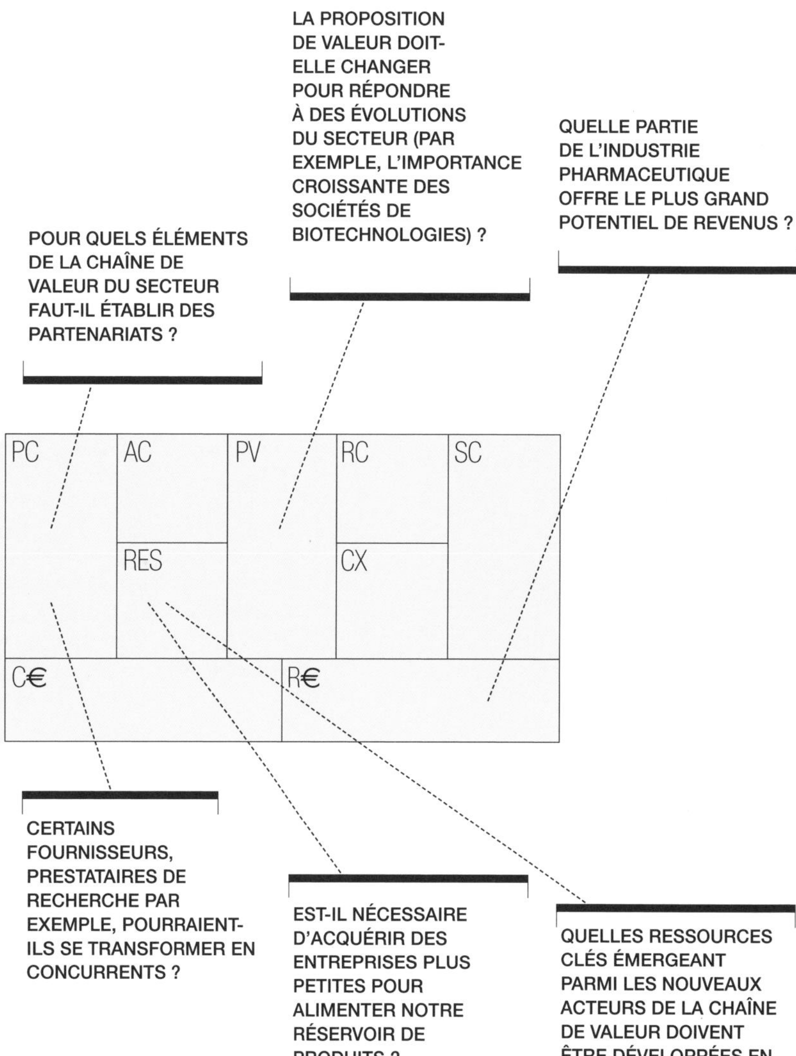
LA PROPOSITION DE VALEUR DOIT-ELLE CHANGER POUR RÉPONDRE À DES ÉVOLUTIONS DU SECTEUR (PAR EXEMPLE, L'IMPORTANCE CROISSANTE DES SOCIÉTÉS DE BIOTECHNOLOGIES) ?
QUELLE PARTIE DE L'INDUSTRIE PHARMACEUTIQUE OFFRE LE PLUS GRAND POTENTIEL DE REVENUS ?
POUR QUELS ÉLÉMENTS DE LA CHAÎNE DE VALEUR DU SECTEUR FAUT-IL ÉTABLIR DES PARTENARIATS ?
PC
AC
PV
RC
SC
RES
CX
C€
R€
CERTAINS FOURNISSEURS, PRESTATAIRES DE RECHERCHE PAR EXEMPLE, POURRAIENT-ILS SE TRANSFORMER EN CONCURRENTS ?
EST-IL NÉCESSAIRE D'ACQUÉRIR DES ENTREPRISES PLUS PETITES POUR ALIMENTER NOTRE RÉSERVOIR DE PRODUITS ?
QUELLES RESSOURCES CLÉS ÉMERGEANT PARMI LES NOUVEAUX ACTEURS DE LA CHAÎNE DE VALEUR DOIVENT ÊTRE DÉVELOPPÉES EN INTERNE (PAR EXEMPLE, LA BIOINFORMATIQUE) ?

TEN-DANCES CLÉS

— PROSPECTIVE —

Principales questions

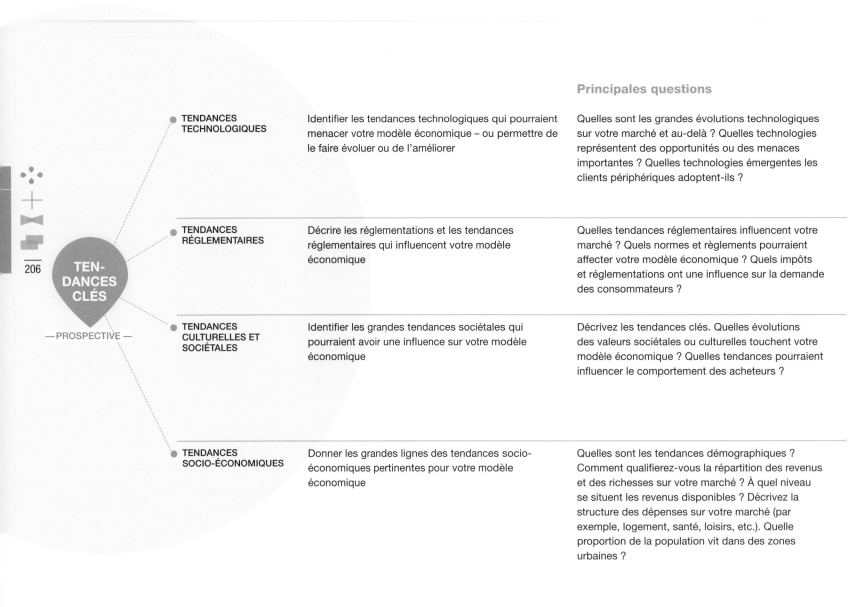

		Principales questions
TENDANCES TECHNOLOGIQUES	Identifier les tendances technologiques qui pourraient menacer votre modèle économique – ou permettre de le faire évoluer ou de l'améliorer	Quelles sont les grandes évolutions technologiques sur votre marché et au-delà ? Quelles technologies représentent des opportunités ou des menaces importantes ? Quelles technologies émergentes les clients périphériques adoptent-ils ?
TENDANCES RÉGLEMENTAIRES	Décrire les réglementations et les tendances réglementaires qui influencent votre modèle économique	Quelles tendances réglementaires influencent votre marché ? Quels normes et règlements pourraient affecter votre modèle économique ? Quels impôts et réglementations ont une influence sur la demande des consommateurs ?
TENDANCES CULTURELLES ET SOCIÉTALES	Identifier les grandes tendances sociétales qui pourraient avoir une influence sur votre modèle économique	Décrivez les tendances clés. Quelles évolutions des valeurs sociétales ou culturelles touchent votre modèle économique ? Quelles tendances pourraient influencer le comportement des acheteurs ?
TENDANCES SOCIO-ÉCONOMIQUES	Donner les grandes lignes des tendances socio-économiques pertinentes pour votre modèle économique	Quelles sont les tendances démographiques ? Comment qualifierez-vous la répartition des revenus et des richesses sur votre marché ? À quel niveau se situent les revenus disponibles ? Décrivez la structure des dépenses sur votre marché (par exemple, logement, santé, loisirs, etc.). Quelle proportion de la population vit dans des zones urbaines ?

Exemple de l'industrie pharmaceutique

- Émergence de la pharmacogénomique, baisse coûts séquençage génome et essor imminent de la médecine individualisée
- Progrès diagnostic
- Utilisation généralisée de l'informatique et des nanotechnologies pour l'injection/délivrance des médicaments

---

- Paysage réglementaire mondial hétérogène
- De nombreux pays interdisent aux laboratoires de vendre directement aux consommateurs
- Les agences de régulation font pression pour que soient publiées les données des essais cliniques infructueux

---

- Image généralement négative des grands laboratoires
- Conscience sociale accrue parmi les consommateurs
- Les consommateurs de plus en plus sensibilisés au réchauffement climatique, au développement durable, préfèrent les achats « verts »
- Les consommateurs sont mieux informés des activités des fabricants de médicaments dans les pays en développement (ex. : traitements contre le SIDA)

- Société vieillissante dans de nombreux pays développés
- Infrastructure de santé de qualité mais coûteuse dans les pays développés
- Développement classe moyenne dans les pays émergents
- Très importants besoins de santé insatisfaits dans les pays en développement

QUELLES RESSOURCES ET ACTIVITÉS CLÉS SERONT DÉTERMINANTES LORSQUE LES MÉDICAMENTS ET LES DIAGNOSTICS PERSONNALISÉS SERONT UTILISÉS À GRANDE ÉCHELLE ?

QUELLES TECHNOLOGIES POURRAIENT AMÉLIORER LA COMPÉTITIVITÉ DE LA PROPOSITION DE VALEUR DANS LE CONTEXTE ÉVOLUTIF DE L'INDUSTRIE PHARMACEUTIQUE ?

COMMENT LES CONSOMMATEURS RÉAGISSENT-ILS AUX NOUVEAUX DÉVELOPPEMENTS TECHNOLOGIQUES DANS L'INDUSTRIE PHARMACEUTIQUE ?

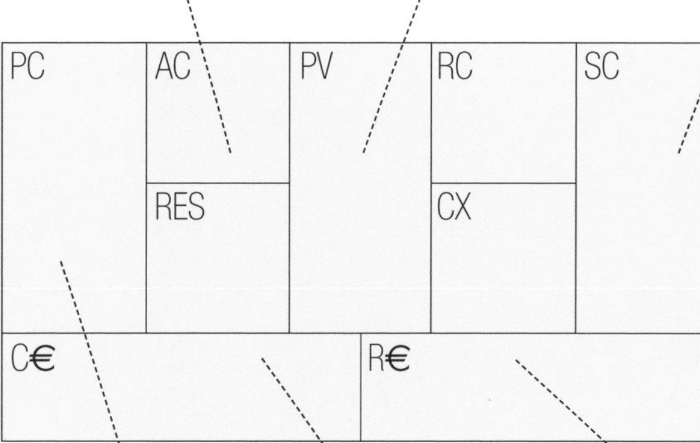

QUELS PARTENARIATS DEVIENDRONT ESSENTIELS LORSQUE LA PHARMACOGÉNOMIQUE FERA PARTIE INTÉGRANTE DU SECTEUR ?

EN QUOI DES TECHNOLOGIES TELLES QUE LA PHARMACOGÉNOMIQUE, L'OUTIL INFORMATIQUE ET LES NANOTECHNOLOGIES AFFECTERONT-ELLES LA STRUCTURE DE COÛTS DU MODÈLE ÉCONOMIQUE D'UN FABRICANT DE MÉDICAMENTS ?

LES AVANCÉES DE LA PHARMACOGÉNOMIQUE, DES TECHNIQUES DE DIAGNOSTIC, DE L'INFORMATIQUE OU DES NOUVELLES TECHNOLOGIES OFFRENT-ELLES DE NOUVELLES OPPORTUNITÉS DE REVENUS ?

FORCES MACRO-ÉCONOMIQUES

— MACROÉCONOMIE —

		Principales questions
SITUATION ÉCONOMIQUE	Décrire le contexte dans une perspective macroéconomique	L'économie est-elle dans une phase d'essor ou de repli ? Décrivez la perception générale du marché. Quel est le taux de croissance du PIB ? À quel niveau se situe le taux de chômage ?
MARCHÉS FINANCIERS	Décrire la situation actuelle des marchés financiers dans la perspective de vos besoins en capitaux	Quelle est la situation des marchés de capitaux ? Est-il facile d'obtenir des financements sur votre marché ? Du capital d'amorçage, du capital risque, des financements publics, des capitaux ou des crédits sont-ils immédiatement disponibles ? À quel coût peut-on trouver des fonds ?
MATIÈRES PREMIÈRES ET AUTRES RESSOURCES	Mettre en lumière les prix actuels et les tendances de prix pour les ressources requises par votre modèle économique	Décrivez la situation actuelle des marchés de matières premières et autres ressources essentielles à votre activité (prix du pétrole et coûts de la main-d'œuvre par exemple). Est-il facile d'obtenir les ressources nécessaires à l'exécution de votre modèle économique (par exemple, attirer des ressources humaines de haut niveau) ? Sont-elles coûteuses ? Comment évoluent les prix ?
INFRASTRUCTURE ÉCONOMIQUE	Décrire l'infrastructure économique du marché sur lequel intervient votre entreprise	Quelle est la qualité de l'infrastructure (publique) dans votre marché ? Comment qualifieriez-vous les transports, les échanges commerciaux, l'enseignement, et l'accès aux fournisseurs et aux consommateurs ? Quel est le niveau de la pression fiscale sur les entreprises et les individus ? Les services publics aux entreprises sont-ils performants ? Comment évalueriez-vous la qualité de vie ?

Exemple de l'industrie pharmaceutique

- Récession mondiale
- Croissance négative en Europe, au Japon et aux États-Unis
- Ralentissement de la croissance en Inde et en Chine
- Incertitude quant à la reprise

- Marchés financiers tendus
- Disponibilité du crédit limitée à cause de la crise bancaire
- Peu de capital d'amorçage disponible
- Disponibilité de capital risque extrêmement limitée

- « Luttes » sans merci pour les meilleurs talents
- Les salariés cherchent à entrer dans des groupes pharmaceutiques ayant une image positive
- Hausse du prix des matières premières
- La demande de ressources naturelles augmentera vraisemblablement avec la reprise
- Les prix du pétrole continuent à fluctuer

- Spécifique à la région dans laquelle opère l'entreprise

L'INFRASTRUCTURE ET L'ENVIRONNEMENT COMMERCIAUX SOUTIENNENT-ILS CORRECTEMENT LES CANAUX DE DISTRIBUTION ?

L'INFRASTRUCTURE ÉCONOMIQUE SOUTIENT-ELLE CORRECTEMENT LES ACTIVITÉS CLÉS ?

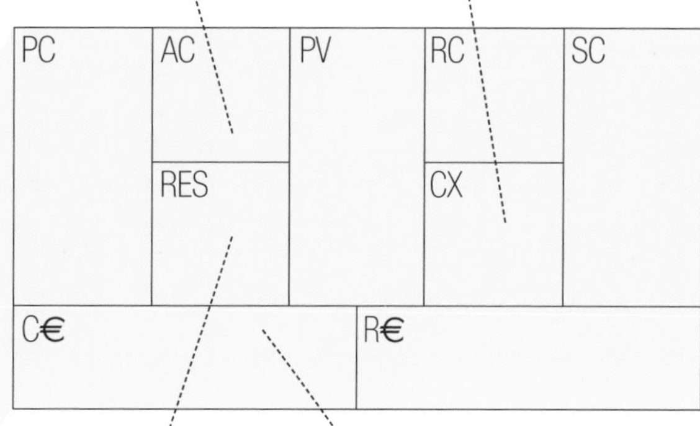

LES UNIVERSITÉS ET LES AUTRES ÉTABLISSEMENTS D'ENSEIGNEMENT FOURNISSENT-ILS UN NOMBRE SUFFISANT D'INDIVIDUS QUALIFIÉS ?

COMMENT LA FISCALITÉ LOCALE ET NATIONALE AFFECTERA-T-ELLE LE MODÈLE ÉCONOMIQUE ?

QUELLES ÉVOLUTIONS POUR VOTRE MODÈLE ÉCONOMIQUE DANS UN ENVIRONNEMENT CHANGEANT ?

Un modèle économique compétitif, pertinent dans le contexte actuel, peut parfaitement être dépassé, voire obsolète, demain. Nous devons tous faire l'effort d'améliorer notre compréhension de l'environnement d'un modèle et de ses facteurs d'évolution. Naturellement, on ne peut être certain de l'avenir. Mais on peut développer des hypothèses sur les forces du marché, les forces du secteur, les tendances clés et les forces macroéconomiques pour nous guider dans la conception des *business models* de demain. Ces forces dessinent « l'espace de conception » où élaborer des options ou des prototypes de modèles économiques (voir p. 160) pour l'avenir. Les scénarios (voir p. 180) sont un autre outil précieux dans une démarche prospective. Représenter l'avenir facilite la génération de modèles économiques potentiels. En fonction de vos critères (niveau de risque acceptable, potentiel de croissance recherché, etc.), vous pouvez alors retenir une option plutôt qu'une autre.

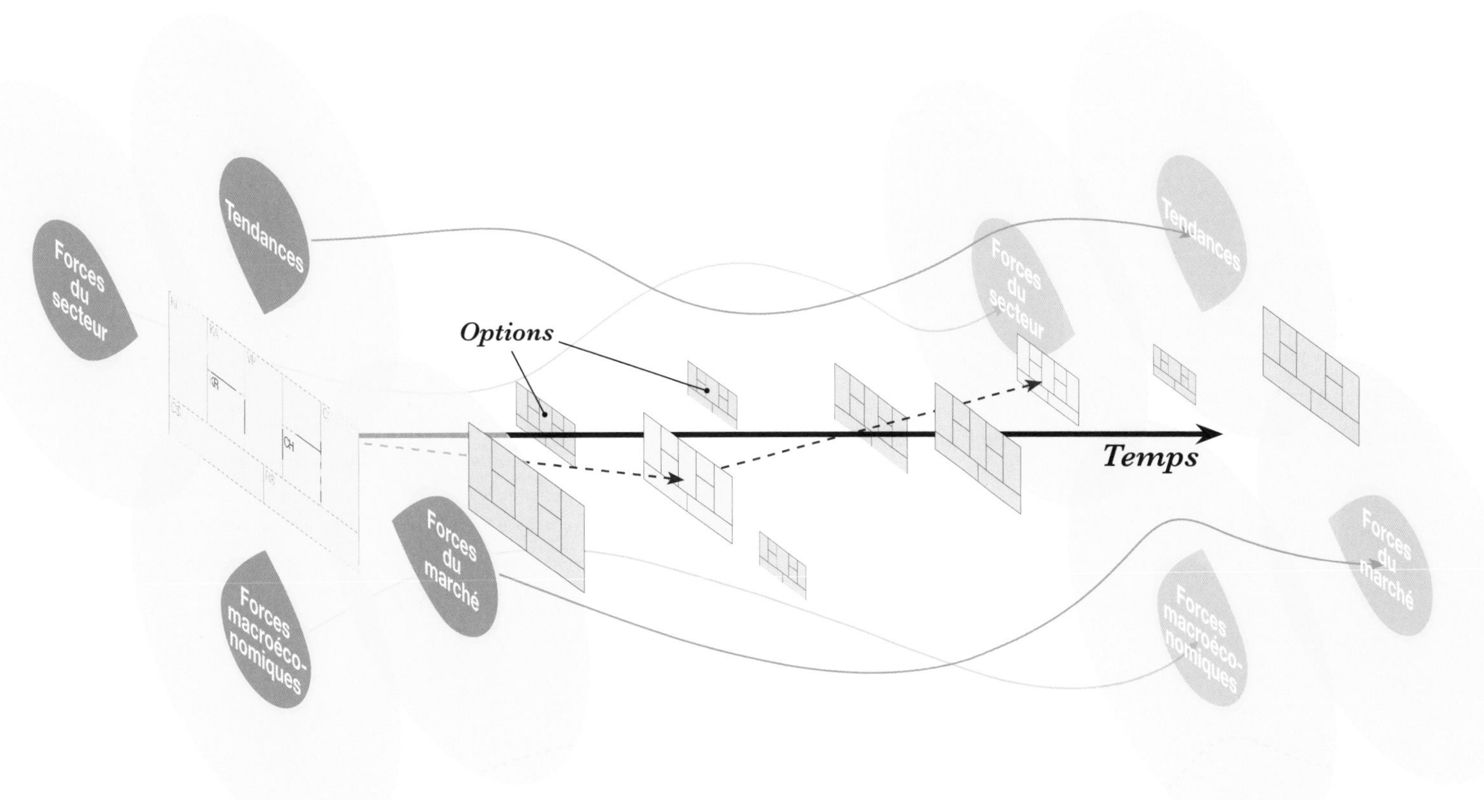

— ENVIRONNEMENT ACTUEL —

— ENVIRONNEMENT PROJETÉ —

ÉVALUATION DES MODÈLES ÉCONOMIQUES

À L'IMAGE D'UNE VISITE MÉDICALE ANNUELLE, CONDUIRE RÉGULIÈREMENT UN DIAGNOSTIC du modèle économique est une activité de management importante, qui permet à une organisation d'évaluer sa position sur le marché et de s'adapter en conséquence. Ce bilan pourra déboucher sur des améliorations incrémentales du modèle ou déclencher une intervention plus conséquente sous la forme d'une initiative d'innovation. Comme l'ont constaté à leurs dépens l'industrie automobile, la presse et le secteur de la musique, ne pas conduire de bilan régulier vous expose à ne pas identifier les problèmes suffisamment tôt et peut même conduire à la disparition pure et simple d'une entreprise.

Dans le chapitre précédent (voir p. 200), nous avons évalué l'influence des forces extérieures à l'entreprise. Ici, nous allons nous placer du point de vue d'un modèle existant et analyser ces forces depuis l'intérieur de l'organisation.

On trouvera dans les pages qui suivent deux types d'évaluation. Tout d'abord, nous proposons une évaluation d'ensemble du modèle économique de vente en ligne d'Amazon.com au milieu des années 2000 et décrivons comment l'entreprise s'est depuis lors appuyée sur ce modèle pour conduire sa stratégie. Ensuite, nous proposons une série de checklists pour analyser les forces, faiblesses, opportunités et menaces (SWOT) de votre modèle économique et vous aider à en évaluer chaque bloc. Ces deux perspectives – image d'ensemble et composants – sont complémentaires. Une faiblesse d'un des éléments, par exemple, peut avoir des conséquences pour un ou plusieurs autres éléments – ou pour l'ensemble du modèle. Le diagnostic de modèles économiques, dès lors, alterne éléments individuels et intégrité de l'ensemble.

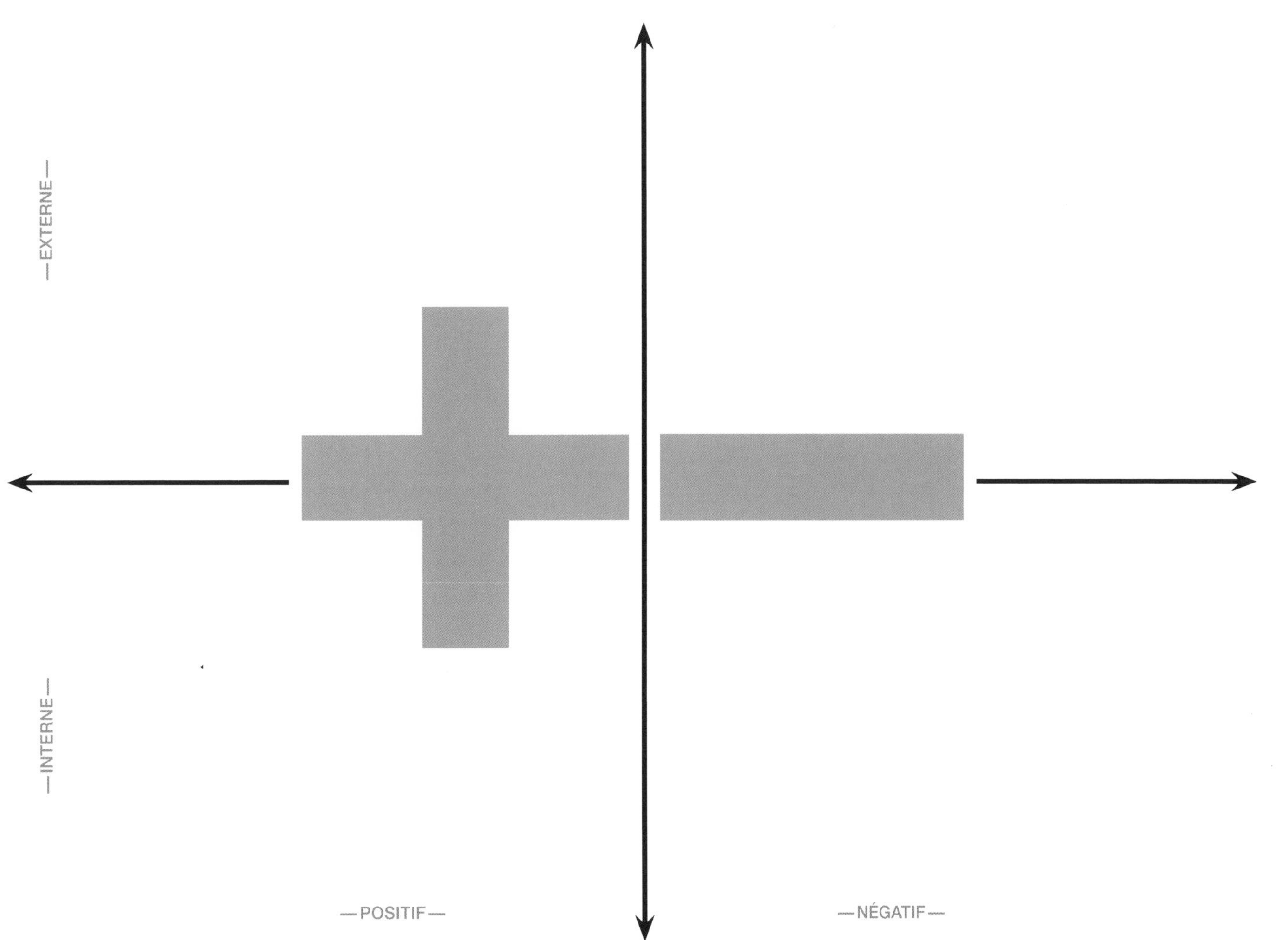
—EXTERNE—
—INTERNE—
—POSITIF—
—NÉGATIF—

DIAGNOSTIC D'ENSEMBLE : AMAZON.COM

Principales forces et faiblesses d'Amazon.com en 2005

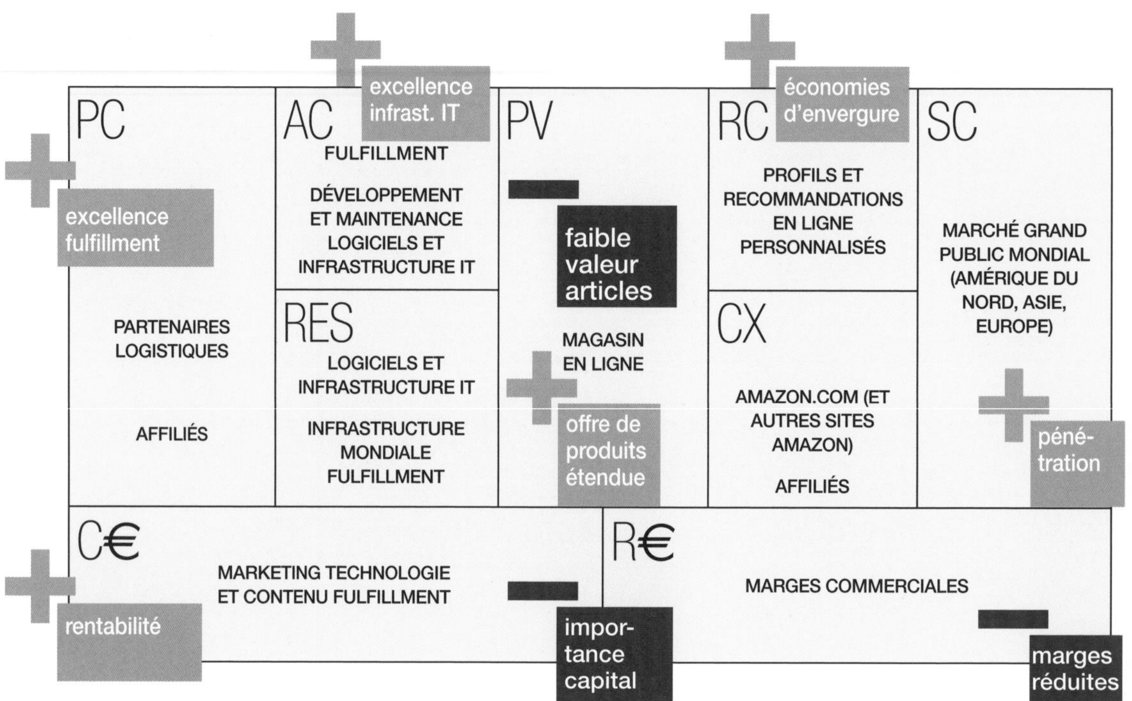

Amazon.com offre une illustration particulièrement intéressante de diversification fondée sur l'analyse des forces et faiblesses de son *business model*. Nous avons déjà expliqué en quoi il était pertinent pour le géant du commerce en ligne de lancer de nouvelles offres de services sous la bannière de ses Web Services (voir p. 176). Examinons à présent en quoi ces offres, qui ont vu le jour en 2006, se rattachaient aux forces et faiblesses de l'entreprise l'année précédente.

Le diagnostic du modèle économique d'Amazon.com vers 2005 révèle un atout formidable et une faiblesse inquiétante. L'atout ? Son nombre extraordinaire d'utilisateurs et sa gigantesque sélection de produits. Les principaux coûts de l'entreprise concernaient les activités où elle excellait, à savoir l'exécution des commandes (745 millions de dollars, soit 46,3 % des dépenses d'exploitation) d'une part, et d'autre part la technologie et le contenu (451 millions de dollars, soit 28,1 % des dépenses d'exploitation). La faiblesse de ses marges, en revanche, résultant du choix de vendre essentiellement des produits de faible valeur et à faible marge – livres CD et DVD notamment –, constituait un sérieux point noir. En 2005, Amazon.com avait enregistré un chiffre d'affaires (commerce en ligne) de 8,5 milliards de dollars avec une marge nette de seulement 4,2 %. Au même moment, Google pouvait se targuer d'une marge nette de 23,9 % sur un chiffre d'affaires de 6,1 milliards de dollars, alors que de son côté, eBay réalisait une marge nette de 23,7 % sur un chiffre d'affaires de 4,6 milliards.

Regardant vers l'avenir, le fondateur Jeff Bezos et son équipe décidèrent de redynamiser le modèle économique d'Amazon.com selon deux axes. Premièrement, augmenter les ventes en ligne en continuant à améliorer la satisfaction des clients et les performances du traitement des commandes. Deuxièmement, engager des initiatives de croissance dans de nouveaux domaines. L'équipe dirigeante avait une vision très précise du « cahier des charges » de ces nouvelles initiatives. Elles devaient (1) cibler des marchés insuffisamment ou mal couverts, (2) présenter un potentiel de croissance significatif et (3) capitaliser sur les capacités existantes d'Amazon.com pour apporter à ce marché une différenciation forte en termes de services aux clients.

Opportunités explorées par Amazon.com en 2006 :

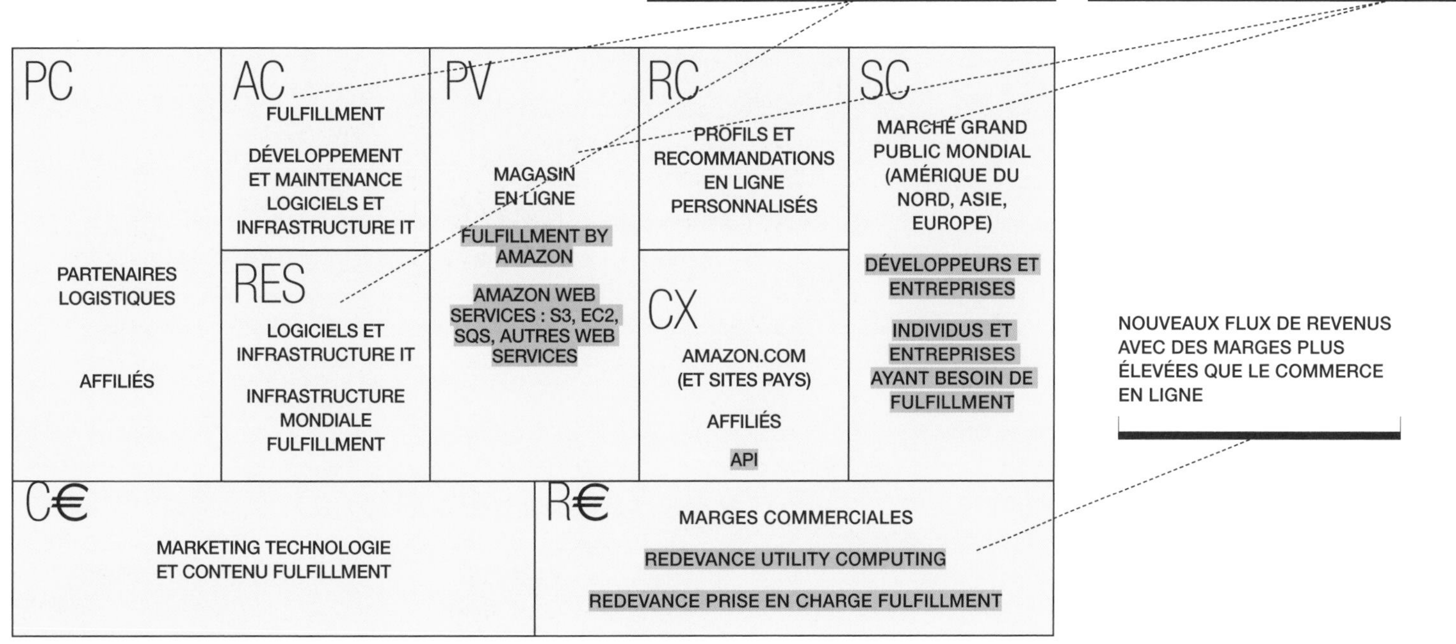

En 2006, Amazon.com concentra ses efforts sur deux initiatives qui satisfaisaient aux critères ci-dessus et promettaient d'enrichir le modèle économique existant. La première consistait en un service appelé *Fulfillment by Amazon*, et la seconde en une série de nouveaux Web Services Amazon. Ces initiatives s'appuyaient sur les atouts majeurs de l'entreprise – exécution des commandes et compétences IT Web – et ciblaient des marchés inexploités. En outre, toutes deux promettaient des marges plus élevées que celles des activités de commerce en ligne de l'entreprise.

Fulfillment by Amazon est un service qui permet aux individus et aux entreprises d'utiliser l'infrastructure de fulfillment d'Amazon.com pour leurs propres activités, moyennant le paiement d'une redevance. Amazon.com conserve les stocks d'un vendeur dans ses entrepôts, et, à réception d'une commande, se charge au nom du vendeur de son traitement logistique – enlèvement, emballage, expédition. Les vendeurs ont la possibilité de distribuer leurs produits via Amazon.com, leurs propres canaux ou une combinaison des deux.

Les Web Services ciblent les développeurs informatiques et tout individu ou entreprise ayant besoin de capacités de serveurs informatiques à hautes performances, avec une offre d'espace de stockage et de capacités de calcul informatique à la demande. *Amazon Simple Storage Systems* (Amazon S3) permet aux développeurs d'utiliser l'infrastructure du centre de données d'Amazon.com pour leurs propres besoins de stockage. De même, *Amazon Elastic Computer Cloud* (EC2) permet aux développeurs de « louer » des serveurs sur lesquels faire tourner leurs applications. Grâce à son savoir-faire et à son expérience, l'entreprise peut proposer ces deux services à des prix défiant toute concurrence, tout en réalisant des marges plus élevées que sur ses activités de commerce électronique.

Au départ, les investisseurs et les analystes accueillirent avec scepticisme ces nouvelles stratégies de croissance à long terme. Dubitatifs quant à la pertinence de cette diversification, ils voyaient d'un mauvais œil ces nouveaux investissements en infrastructure IT. Amazon.com a fini par avoir raison de leurs réticences. Il n'en demeure pas moins que les retours réels de cette stratégie à long terme ne seront peut-être pas connus avant plusieurs années – et après des investissements supplémentaires dans le nouveau modèle économique.

DIAGNOSTIC SWOT DE CHAQUE BLOC

Évaluer l'intégrité globale de votre modèle est essentiel, mais conduire un diagnostic de chacun de ses composants peut également révéler des pistes intéressantes d'innovation et de renouveau. Pour ce faire, nous vous proposons d'associer l'analyse SWOT traditionnelle (*Strengths, Weaknesses, Opportunities & Threats*, soit forces, faiblesses, opportunités et menaces) à la matrice du modèle économique. L'analyse SWOT définit le cadre d'analyse, la matrice offrant un périmètre de discussion structuré.

L'analyse SWOT est un outil dont beaucoup d'entre vous sont certainement familiers. Elle est utilisée pour évaluer les forces et faiblesses d'une organisation et identifier des menaces et des opportunités potentielles. Si sa simplicité en fait un outil particulièrement attrayant, il est assez peu directif quant aux aspects d'une organisation à retenir pour l'analyse. Trop général, le diagnostic ainsi obtenu n'est pas toujours opérationnel, ce qui a entraîné une certaine désaffection des managers à son égard. En revanche, combinée à la matrice, l'analyse SWOT permet un diagnostic ciblé du modèle économique et de ses blocs.

L'analyse SWOT pose quatre questions aussi simples qu'essentielles. Les deux premières – quelles sont les forces et les faiblesses de votre organisation ? – évaluent l'organisation de l'intérieur. Les deux suivantes – quelles opportunités s'offrent à votre organisation et à quelles menaces est-elle confrontée ? – évaluent la position de l'organisation dans son environnement. On obtient ainsi deux zones de ciel bleu (forces et opportunités) et deux zones de nuages noirs (faiblesses et menaces). Il est utile de soumettre à ces quatre questions la configuration d'ensemble de votre modèle économique, d'une part, et chacun de ses neuf blocs, d'autre part. Le diagnostic ainsi obtenu constitue un socle solide pour la discussion, la prise de décision et, au-delà, la création de modèles économiques innovants.

Les pages suivantes proposent plusieurs listes – non limitatives – de questions pour vous aider à évaluer les forces et faiblesses de chaque élément de votre modèle économique. Le cas échéant, elles vous permettront d'affiner vos propres diagnostics – dont les résultats ouvriront la voie au changement et à l'innovation dans votre organisation.

Quelles sont les SWOT de votre modèle économique ?

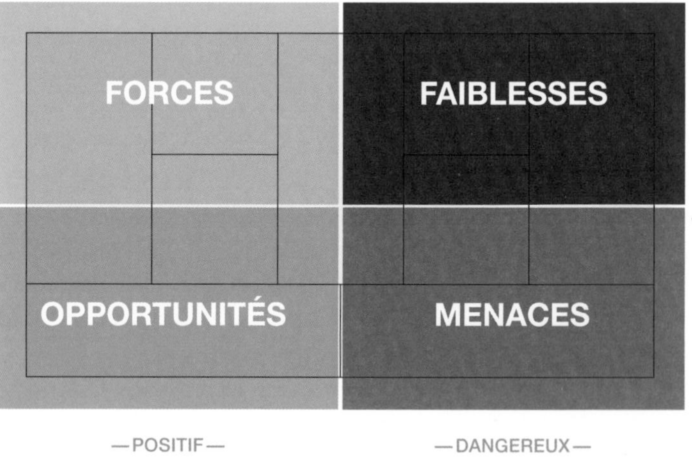

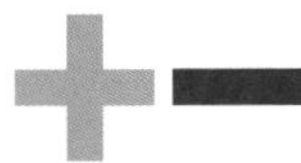

Diagnostic de la proposition de valeur

Importance pour mon M. E. 1-10	+	5 4 3 2 1	1 2 3 4 5	–	Certitude évaluation 1-10
	Nos propositions de valeur correspondent aux besoins de nos clients	5 4 3 2 1	1 2 3 4 5	Nos propositions de valeur et les besoins des clients ne sont pas en phase	
	Nos propositions de valeur ont de forts effets réseau	5 4 3 2 1	1 2 3 4 5	Nos propositions de valeur n'ont pas d'effet réseau	
	Il existe des synergies fortes entre nos produits et services	5 4 3 2 1	1 2 3 4 5	Il n'y a pas de synergie entre nos produits et nos services	
	Nos clients sont très satisfaits	5 4 3 2 1	1 2 3 4 5	Nous recevons régulièrement des réclamations	

Diagnostic des Revenus/Coûts

Importance pour mon M. E. 1-10	+	5 4 3 2 1	1 2 3 4 5	–	Certitude évaluation 1-10
	Nos marges sont élevées	5 4 3 2 1	1 2 3 4 5	Nos marges sont faibles	
	Nos revenus sont prévisibles	5 4 3 2 1	1 2 3 4 5	Nos revenus sont imprévisibles	
	Nous avons des flux de revenus récurrents et de fréquents réachats	5 4 3 2 1	1 2 3 4 5	Nos revenus sont générés par des achats ponctuels, avec peu de réachats	
	Nos flux de revenus sont diversifiés	5 4 3 2 1	1 2 3 4 5	Nous dépendons d'un seul flux de revenus	
	Nos flux de revenus sont durables	5 4 3 2 1	1 2 3 4 5	La pérennité de nos flux de revenus reste à démontrer	
	Nous encaissons nos revenus avant d'engager nos dépenses	5 4 3 2 1	1 2 3 4 5	Nous supportons des coûts élevés avant d'encaisser des revenus	
	Nous facturons ce pour quoi les clients ont réellement envie de payer	5 4 3 2 1	1 2 3 4 5	Ce que nous facturons n'est pas ce pour quoi les clients ont réellement envie de payer	
	Nos mécanismes de fixation des prix permettent de capter tout ce que le client est prêt à payer	5 4 3 2 1	1 2 3 4 5	Nos mécanismes de fixation des prix ne sont pas aussi performants qu'ils pourraient l'être	
	Nos coûts sont prévisibles	5 4 3 2 1	1 2 3 4 5	Nos coûts sont imprévisibles	
	Notre structure de coûts est adaptée à notre modèle économique	5 4 3 2 1	1 2 3 4 5	Notre structure des coûts et notre modèle économique ne sont pas cohérents	
	Nos opérations sont rentables	5 4 3 2 1	1 2 3 4 5	Nos opérations ne sont pas rentables	
	Nous bénéficions d'économies d'échelle	5 4 3 2 1	1 2 3 4 5	Nous ne bénéficions pas d'économies d'échelle	

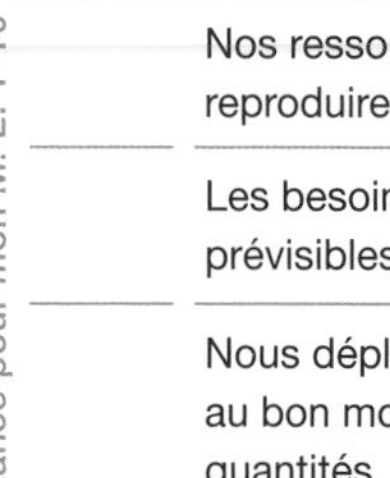

Importance pour mon M. E. 1-10		+	−		Certitude évaluation 1-10
	Nos ressources clés sont difficiles à reproduire par nos concurrents	5 4 3 2 1	1 2 3 4 5	Nos ressources clés sont faciles à reproduire	
	Les besoins en ressources sont prévisibles	5 4 3 2 1	1 2 3 4 5	Nos besoins en ressources sont imprévisibles	
	Nous déployons les ressources clés au bon moment dans les bonnes quantités	5 4 3 2 1	1 2 3 4 5	Nous avons des difficultés à déployer les bonnes ressources au bon moment	
	Nous exécutons efficacement les activités clés	5 4 3 2 1	1 2 3 4 5	L'exécution des activités clés est inefficace	
	Nos activités clés sont difficiles à copier	5 4 3 2 1	1 2 3 4 5	Nos activités clés sont facilement copiables	
	La qualité d'exécution est élevée	5 4 3 2 1	1 2 3 4 5	La qualité d'exécution est médiocre	
	L'équilibre exécution en interne/ exécution externalisée est optimal	5 4 3 2 1	1 2 3 4 5	Nous exécutons trop ou pas assez d'activités nous-mêmes	
	Nos ressources sont au service de nos objectifs et nous travaillons avec des partenaires lorsque c'est nécessaire	5 4 3 2 1	1 2 3 4 5	Nous sommes dispersés et ne travaillons pas assez avec des partenaires	
	Nos avons de bonnes relations de travail avec nos partenaires clés	5 4 3 2 1	1 2 3 4 5	Les relations de travail avec les partenaires clés sont conflictuelles	

Diagnostic de l'interface avec les clients

Importance pour mon M. E. 1-10	+		−		Certitude évaluation 1-10
	Le taux d'attrition des clients est faible	5 4 3 2 1	1 2 3 4 5	Le taux d'attrition des clients est élevé	
	La base de clients est bien segmentée	5 4 3 2 1	1 2 3 4 5	La base de clients n'est pas segmentée	
	Nous acquérons régulièrement de nouveaux clients	5 4 3 2 1	1 2 3 4 5	Nous n'attirons pas de nouveaux clients	
	Nos canaux de distribution sont très efficaces	5 4 3 2 1	1 2 3 4 5	Nos canaux sont inefficaces	
	Nos canaux de distribution sont rentables	5 4 3 2 1	1 2 3 4 5	Nos canaux de distribution ne sont pas rentables	
	La pénétration des canaux est bonne	5 4 3 2 1	1 2 3 4 5	La pénétration des canaux parmi les prospects est insuffisante	
	Les clients repèrent facilement nos canaux	5 4 3 2 1	1 2 3 4 5	Les prospects ne remarquent pas nos canaux	
	Les canaux sont très intégrés	5 4 3 2 1	1 2 3 4 5	Les canaux ne sont pas assez intégrés	
	Les canaux sont sources d'économies d'envergure	5 4 3 2 1	1 2 3 4 5	Les canaux ne sont pas sources d'économies d'envergure	
	Les canaux sont adaptés aux segments de clients	5 4 3 2 1	1 2 3 4 5	Les canaux ne sont pas adaptés aux segments de clients	
	Les relations avec les clients sont solides	5 4 3 2 1	1 2 3 4 5	Les relations avec les clients sont fragiles	
	La qualité des relations est en adéquation avec les segments de clients	5 4 3 2 1	1 2 3 4 5	La qualité des relations n'est pas en adéquation avec les segments de clients	
	Les relations engagent les clients, avec des coûts de changement élevés	5 4 3 2 1	1 2 3 4 5	Les coûts de changement sont faibles	
	Notre marque est forte			Notre marque est faible	

ÉVALUER LES MENACES

Nous avons décrit les facteurs qui déterminent la position d'un modèle économique dans un environnement donné et montré en quoi des forces extérieures telles que la concurrence, l'environnement réglementaire ou l'innovation technologique peuvent influencer ou menacer un modèle (voir p. 200). Dans cette section, nous nous intéressons aux menaces spécifiques à chaque bloc du modèle et proposons une liste – non limitative – de questions pour vous aider à envisager des ripostes.

Menaces sur la proposition de valeur

Question	Note
Des produits et services de substitution sont-ils disponibles ?	1 2 3 4 5
Des concurrents menacent-ils de proposer de meilleurs prix ou plus de valeur ?	1 2 3 4 5

Menaces sur les revenus/coûts

Question	Note
Nos marges sont-elles menacées par des concurrents ? Des technologies ?	1 2 3 4 5
Sommes-nous trop dépendants d'un ou plusieurs flux de revenus ?	1 2 3 4 5
Quels flux de revenus sont appelés à disparaître ?	1 2 3 4 5

Question	Note
Quels coûts risquent de devenir imprévisibles ?	1 2 3 4 5
Quels coûts menacent d'augmenter plus rapidement que les revenus correspondants ?	1 2 3 4 5

Menaces sur l'infrastructure

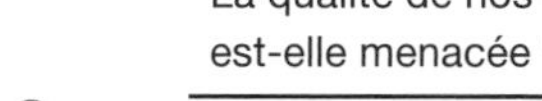

Question	Note
Risquons-nous d'être confrontés à une rupture de l'offre de certaines ressources ?	1 2 3 4 5
La qualité de nos ressources est-elle menacée ?	1 2 3 4 5
Quelles activités clés pourraient être bouleversées ?	1 2 3 4 5
La qualité de nos activités est-elle menacée ?	1 2 3 4 5
Risquons-nous de perdre des partenaires ?	1 2 3 4 5
Nos partenaires pourraient-ils collaborer avec des concurrents ?	1 2 3 4 5
Sommes-nous trop dépendants de certains partenaires ?	1 2 3 4 5

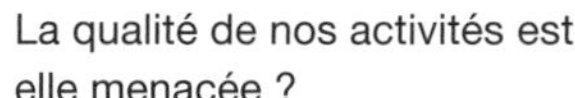

Menaces sur l'interface avec les clients

Question	Note
Notre marché risque-t-il d'être bientôt saturé ?	1 2 3 4 5
Nos concurrents menacent-ils notre part de marché ?	1 2 3 4 5
Quelle est la probabilité que nos clients nous quittent ?	1 2 3 4 5
À quel horizon la concurrence va-t-elle s'intensifier sur notre marché ?	1 2 3 4 5
Des concurrents menacent-ils nos canaux ?	1 2 3 4 5
Nos canaux risquent-ils de ne plus être adaptés à nos clients ?	1 2 3 4 5
Nos relations avec les clients risquent-elles de se détériorer ?	1 2 3 4 5

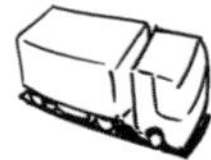

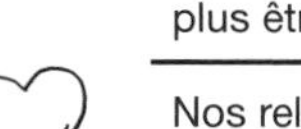

ÉVALUER LES OPPORTUNITÉS

Comme pour les menaces, il est possible d'évaluer les opportunités attachées à chaque bloc du modèle économique. Nous vous proposons des listes de questions – non limitatives – qui vous aideront à réfléchir aux opportunités qui pourraient émerger des différents blocs de votre modèle.

Opportunités de proposition de valeur

Question	Évaluation
Pourrions-nous générer des revenus récurrents en convertissant des produits en services ?	1 2 3 4 5
Nos produits ou services pourraient-ils être mieux intégrés ?	1 2 3 4 5
Quels autres besoins des clients pourrions-nous satisfaire ?	1 2 3 4 5
Quels compléments ou extensions de notre proposition de valeur sont possibles ?	1 2 3 4 5
Quelles autres tâches pourrions-nous accomplir pour le client ?	1 2 3 4 5

Opportunités de revenus/coûts

Question	Évaluation
Pouvons-nous remplacer des revenus de transactions ponctuels par des revenus récurrents ?	1 2 3 4 5
Pour quels autres éléments les clients seraient-ils disposés à payer ?	1 2 3 4 5
Avons-nous des opportunités de ventes associées, en interne ou avec des partenaires ?	1 2 3 4 5
Quels autres flux de revenus pourrions-nous ajouter ou créer ?	1 2 3 4 5
Pouvons-nous augmenter les prix ?	1 2 3 4 5

Question	Évaluation
Où pouvons-nous réduire les coûts ?	1 2 3 4 5

Opportunités d'infrastructure

Serait-il possible d'utiliser moins de ressources coûteuses pour obtenir le même résultat ? 

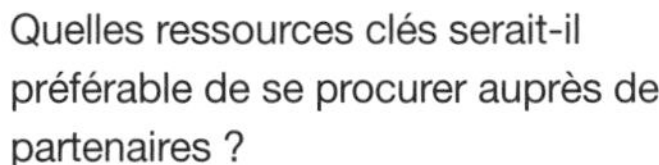

Quelles ressources clés serait-il préférable de se procurer auprès de partenaires ? 

Quelles ressources clés sont sous-exploitées ? 

Avons-nous des brevets ou d'autres découvertes inexploités qui pourraient avoir de la valeur pour d'autres ? 

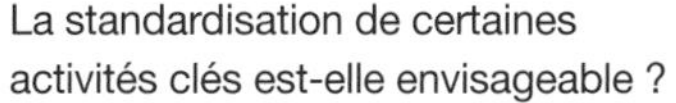

La standardisation de certaines activités clés est-elle envisageable ? 

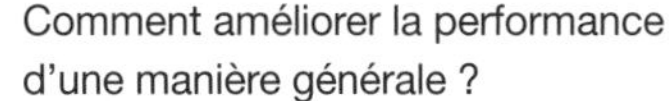

Comment améliorer la performance d'une manière générale ? 

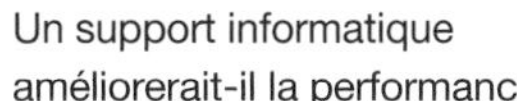

Un support informatique améliorerait-il la performance ? 

Des opportunités d'externalisation existent-elles ? 

Une collaboration plus étroite avec nos partenaires nous aiderait-elle à nous concentrer sur notre cœur d'activité ? 

Des opportunités de ventes associées avec des partenaires existent-elles ? 

Les canaux de distribution de partenaires pourraient-ils nous aider à toucher davantage de clients ? 

Des partenaires pourraient-ils compléter notre proposition de valeur ? 

Opportunités d'interface avec les clients

Comment tirer avantage d'un marché en expansion ?  

Pourrions-nous servir de nouveaux segments de clients ? 

Pourrions-nous mieux satisfaire nos clients en raffinant notre segmentation ? 

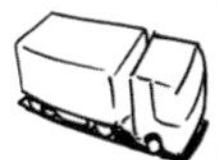

Comment améliorer la rentabilité ou la performance de nos canaux ? 

Pourrions-nous améliorer l'intégration de nos canaux ? 

Pourrions-nous trouver de nouveaux canaux partenaires complémentaires ? 

Pourrions-nous augmenter nos marges en servant directement nos clients ? 

Peut-on améliorer l'adéquation des canaux et des segments de clients ? 

Le suivi clients recèle-t-il un potentiel d'amélioration ? 

Comment resserrer nos relations avec nos clients ? 

Peut-on améliorer la personnalisation ? 

Comment augmenter les coûts de changement ? 

Avons-nous identifié et « éliminé » les clients non rentables ? Sinon, pourquoi ? 

Devons-nous automatiser certaines relations ? 

UTILISER LES RÉSULTATS DU DIAGNOSTIC SWOT POUR CONCEVOIR DE NOUVELLES OPTIONS DE MODÈLE ÉCONOMIQUE

Le diagnostic SWOT structuré de votre modèle économique produit deux résultats. Il fournit un instantané de la position actuelle (forces et faiblesses) de votre entreprise et suggère des trajectoires pour l'avenir (opportunités et menaces). Ces apports nourriront votre réflexion et vous aideront à entrevoir de nouvelles pistes d'évolution. L'analyse SWOT constitue ainsi un élément central tant du processus de conception de prototypes de modèles économiques (voir p. 160) que de la démarche qui, à terme, verra le déploiement d'un nouveau modèle.

— PROCESSUS SWOT —

STRATÉGIE OCÉAN BLEU ET *BUSINESS MODEL*

Dans cette section, nous combinons nos outils au concept de « stratégie Océan bleu » proposé par W. Chan Kim et Renée Mauborgne dans le best-seller mondial du même nom. La matrice du modèle économique prolonge et complète les outils analytiques développés par Kim et Mauborgne. Ensemble, ils fournissent une grille d'analyse particulièrement performante pour remettre en question les modèles économiques dominants et en créer de plus compétitifs.

La stratégie Océan bleu se révèle une méthodologie très efficace pour interroger les propositions de valeur et les *business models* et explorer de nouveaux segments de clients. La matrice du modèle économique la complète en donnant une image d'ensemble qui permet d'appréhender les incidences de la modification d'un élément sur les autres.

L'idée essentielle de la stratégie Océan bleu est la suivante : au lieu de rester sur son marché traditionnel et d'apporter des modifications incrémentales à son modèle économique, l'entreprise doit chercher à créer un espace de marché entièrement nouveau grâce à une différenciation fondamentale. Il ne s'agit donc plus de l'emporter sur la concurrence avec les armes traditionnelles du secteur, mais de créer de nouveaux espaces stratégiques à l'aide de ce que les auteurs appellent « l'innovation-valeur ». En d'autres termes : augmenter la valeur pour les clients en créant de nouveaux avantages et services et, dans le même temps, réduire les coûts en éliminant les caractéristiques ou les services de moindre valeur. On peut noter que cette approche s'affranchit de l'arbitrage traditionnel entre différenciation et domination par les coûts.

La démarche s'appuie sur un outil analytique, la Grille des quatre actions. Ces quatre questions clés remettent en cause la logique stratégique et le modèle économique établi d'un secteur :

1. Quels critères acceptés sans réflexion par les acteurs du secteur doivent être exclus ?
2. Quels critères doivent être atténués par rapport au niveau jugé normal dans le secteur ?
3. Quels critères doivent être renforcés bien au-delà du niveau jugé normal dans le secteur ?
4. Quels critères jusque-là négligés par le secteur doivent être créés ?

Outre l'innovation-valeur, les auteurs suggèrent d'explorer des groupes de « non-clients » pour créer des Océans bleus et exploiter des marchés inexplorés.

La combinaison du concept d'Océan bleu, de la Grille des quatre actions et de la matrice du modèle économique donne naissance à un nouvel outil très puissant. Dans la matrice, la partie droite représente la création de valeur et la partie gauche, les coûts. Ce qui correspond bien à la logique qui sous-tend le concept d'innovation-valeur : augmenter la valeur et réduire les coûts.

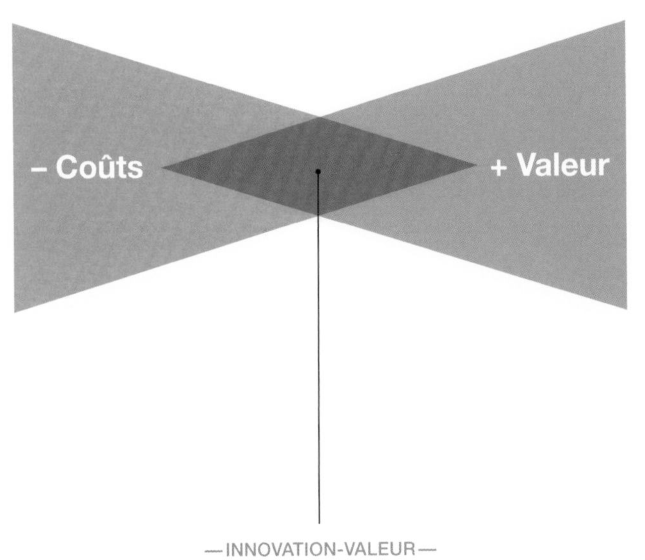

—INNOVATION-VALEUR—

Exclure	Renforcer
QUELS FACTEURS CONSIDÉRÉS DEPUIS DES ANNÉES PAR VOTRE SECTEUR COMME DES ÉLÉMENTS DE COMPÉTITIVITÉ POUVEZ-VOUS ÉLIMINER ?	QUELS ÉLÉMENTS FAUT-IL RENFORCER ?
Atténuer	**Créer**
QUELS ÉLÉMENTS DOIVENT ÊTRE ATTÉNUÉS ?	QUELS ÉLÉMENTS, ABSENTS JUSQU'ICI DU SECTEUR, FAUT-IL CRÉER ?

—GRILLE DES QUATRE ACTIONS—

Source : adapté de *Stratégie Océan bleu*.

COMBINER LA GRILLE D'ANALYSE DE LA STRATÉGIE OCÉAN BLEU ET LA MATRICE DU MODÈLE ÉCONOMIQUE

Matrice du modèle économique

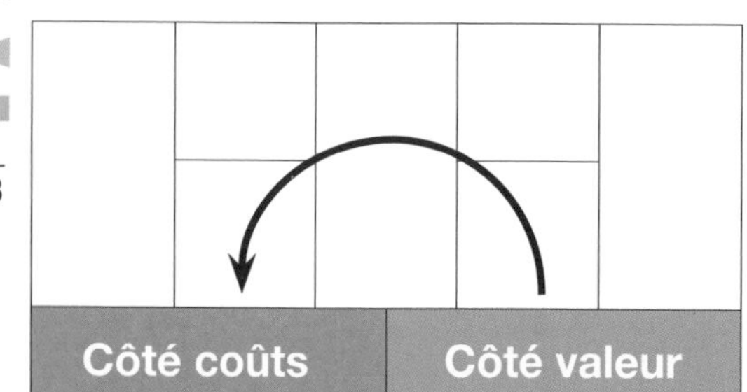

La matrice se compose d'une partie droite centrée sur le client et la valeur, et d'une partie gauche centrée sur l'infrastructure et les coûts, comme nous l'avons vu plus haut (voir p. 49). Modifier des éléments du côté droit a des implications sur la partie gauche. Par exemple, ajouter ou supprimer des éléments aux blocs Proposition de valeur, Canaux de distribution ou Relations avec les clients aura des conséquences directes sur les Ressources, les Activités, les Partenariats et les Coûts.

+

Innovation-valeur

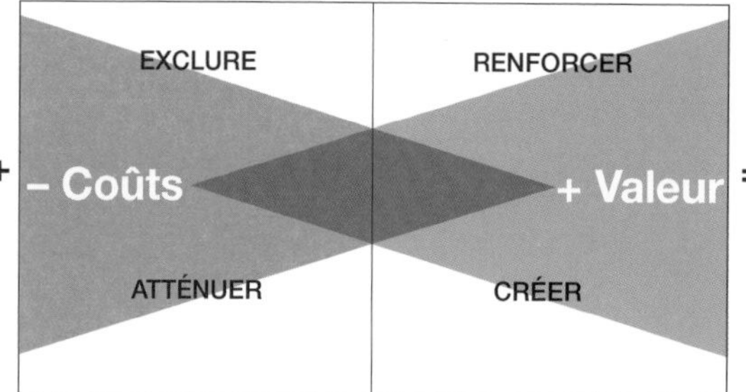

La stratégie Océan bleu cherche à augmenter la valeur tout en réduisant les coûts. Pour ce faire, il faut identifier les éléments de la proposition de valeur qui peuvent être exclus, atténués, renforcés ou créés. Le premier objectif est de réduire les coûts en limitant ou en éliminant les caractéristiques ou services les moins dignes d'intérêt. Le deuxième objectif est de renforcer ou de créer des caractéristiques ou des services de grande valeur qui n'augmentent pas la base de coûts dans des proportions trop importantes.

=

Combiner les approches

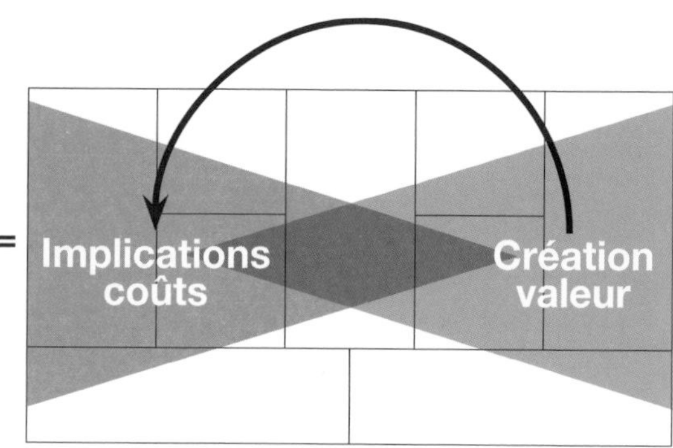

Combiner stratégie Océan bleu et matrice du modèle économique permet d'analyser de manière structurée le modèle que vous envisagez de créer. En appliquant les questions de la Grille des quatre actions (exclure, créer, atténuer, renforcer) à chaque bloc du modèle, les implications pour les autres éléments deviennent immédiatement visibles (par exemple, que se passe-t-il du côté des coûts si nous apportons des modifications du côté de la valeur ? Et inversement).

LE CIRQUE DU SOLEIL

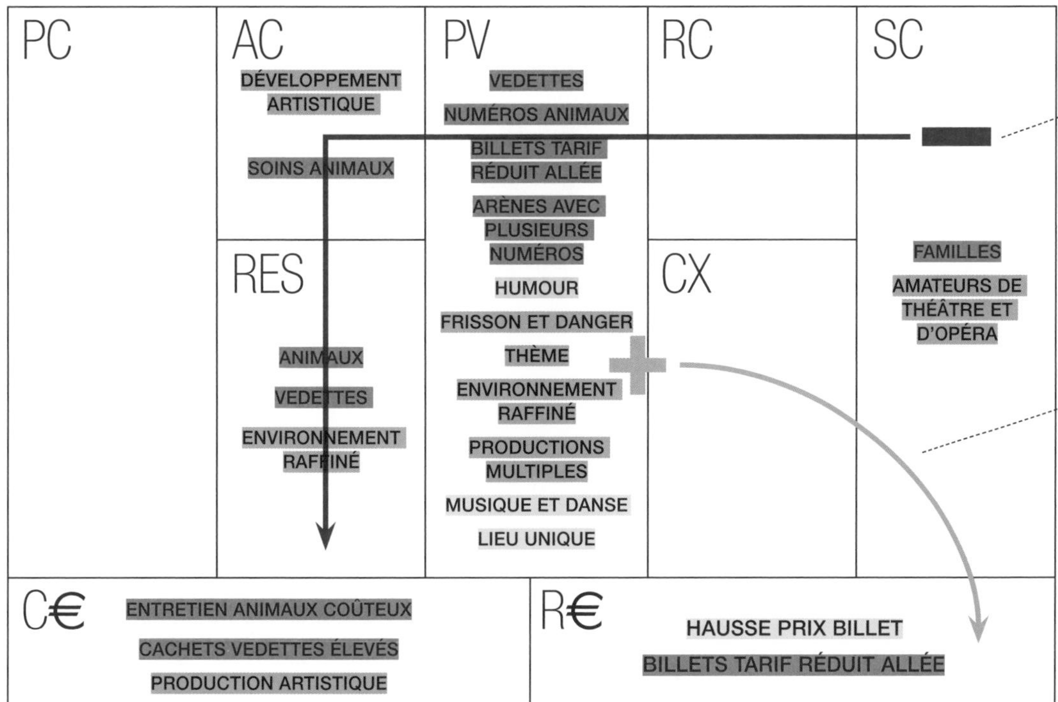

AJOUTER L'ÉLÉMENT ARTISTIQUE À LA PROPOSITION DE VALEUR MODIFIE LES ACTIVITÉS ET LES COÛTS

SUPPRIMER LES NUMÉROS AVEC DES ANIMAUX RÉDUIT SIGNIFICATIVEMENT LES COÛTS

LA PROPOSITION DE VALEUR COMBINE DES ÉLÉMENTS DU CIRQUE, DU THÉÂTRE ET DE L'OPÉRA, CE QUI PERMET DE S'ADRESSER À DES CLIENTS PLUS HAUT DE GAMME QUI PAYENT LES BILLETS PLUS CHER

Le Cirque du Soleil illustre à merveille la stratégie Océan bleu. Nous appliquons ici notre approche combinée à cette initiative canadienne aussi originale que fructueuse.

La Grille des quatre actions montre que le Cirque du Soleil a « joué » avec les éléments traditionnels de la proposition de valeur d'un cirque. Il a supprimé les éléments coûteux, animaux et vedettes notamment, tout en ajoutant d'autres éléments : thème, atmosphère artistique et musique raffinée. Cette proposition de valeur revisitée a permis au Cirque du Soleil d'élargir son public aux amateurs de théâtre et autres adultes à la recherche de divertissements sophistiqués.

En conséquence de quoi, il a pu augmenter sensiblement le prix des billets. La Grille des quatre actions, représentée en bleu et gris sur la matrice ci-dessus, illustre les conséquences des changements apportés à la proposition de valeur.

EXCLURE

VEDETTES
NUMÉROS AVEC DES ANIMAUX
BILLETS TARIF RÉDUIT ALLÉE
PLUSIEURS PISTES

ATTÉNUER

HUMOUR
FRISSON ET DANGER

RENFORCER

LIEU UNIQUE

CRÉER

THÈME
ENVIRONNEMENT RAFFINÉ
PLUSIEURS PRODUCTIONS
MUSIQUE ET DANSE

Source : adapté de *Stratégie Océan bleu.*

Wii DE NINTENDO

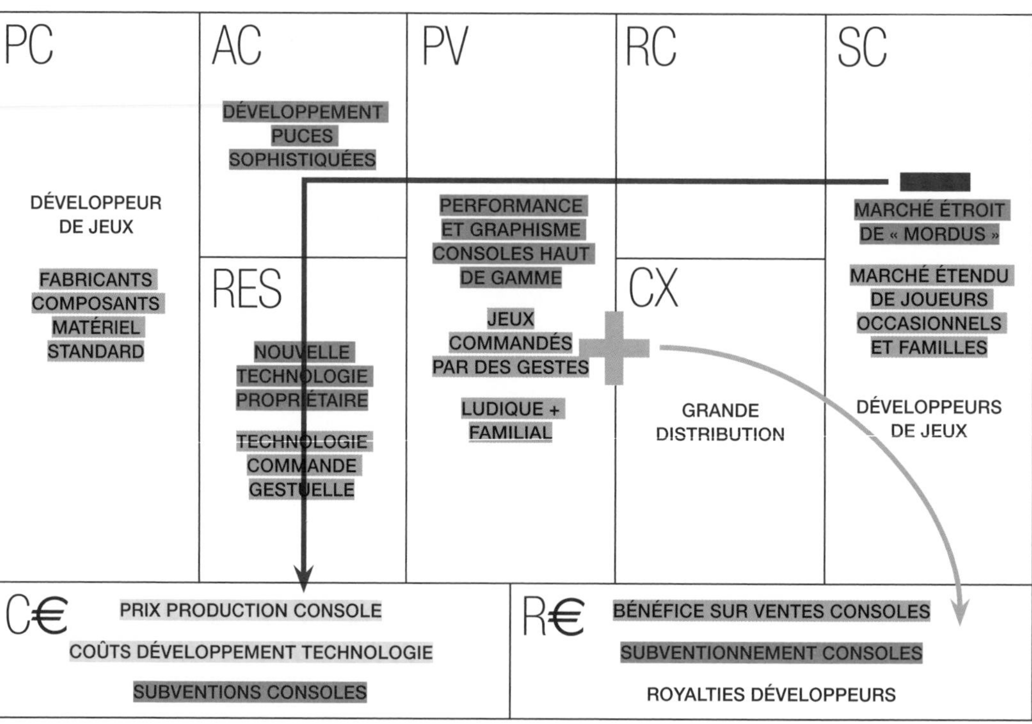

Nous nous sommes intéressés à la console de jeux de Nintendo comme exemple de modèle économique multifaces (voir p. 76). Voyons à présent en quoi la Wii se distingue des consoles concurrentes de Sony et Microsoft à l'aune de la stratégie Océan bleu. Avec sa Wii, Nintendo a en effet adopté une stratégie et un modèle économique radicalement différents de ceux de la PlayStation 3 et de la Xbox 360.

La stratégie de Nintendo repose sur l'hypothèse que les consoles de jeux n'ont pas nécessairement besoin de puissance et de performances technologiques de pointe. Cette position ne manquait pas d'audace dans un secteur où la concurrence portait traditionnellement sur les performances technologiques, la qualité du graphisme et le réalisme des jeux – caractéristiques particulièrement appréciées des mordus de jeux vidéo. Nintendo a choisi d'apporter une nouvelle forme d'interactivité, ciblant un public plus large. Avec la Wii, Nintendo a mis sur le marché une console moins performante que ses concurrentes au niveau technologique mais offrant une dimension ludique supplémentaire avec la nouvelle technologie de commande gestuelle. Grâce à une sorte de « baguette magique », la télécommande Wii, il suffisait aux joueurs de bouger pour jouer. La console rencontra un succès immédiat auprès des joueurs occasionnels et ses ventes l'emportèrent sur ses concurrentes.

Le nouveau modèle économique de Nintendo présente les caractéristiques suivantes : il ne cible pas les mordus de jeux vidéo mais les joueurs occasionnels, ce qui a permis au fabricant de réduire les performances de la console et d'ajouter un nouvel élément, la commande gestuelle, plus ludique ; la suppression du développement de microprocesseurs à la pointe de la technologie et l'utilisation accrue de composants standard, ce qui a permis de réduire les coûts et de vendre les consoles moins cher ; la suppression du subventionnement des consoles, se traduisant par des bénéfices sur chaque machine vendue.

REMETTRE EN QUESTION VOTRE MATRICE AVEC LA GRILLE DES QUATRE ACTIONS

En combinant outils de la stratégie Océan bleu et matrice du modèle économique, vous disposez d'une base solide pour remettre en question votre modèle en termes de création de valeur, de clients et de coûts. Appliquée successivement aux blocs correspondants, la Grille des quatre actions vous permet d'évaluer et d'analyser les incidences des changements sur les autres zones du modèle (voir également les épicentres de l'innovation, p. 138).

Explorer l'impact des coûts

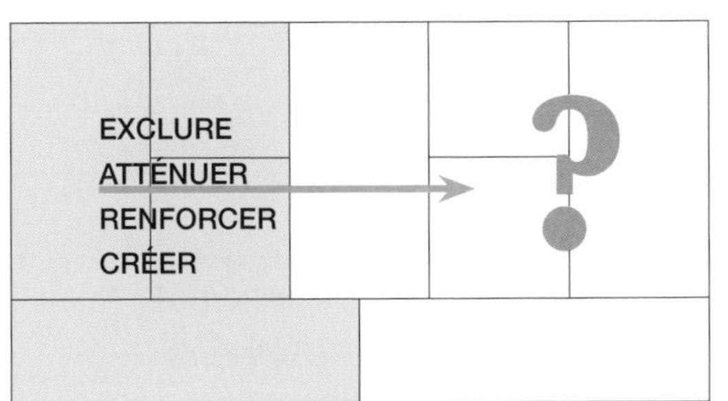

Identifiez les éléments d'infrastructure les plus coûteux et étudiez ce qu'il se produit si vous les réduisez ou si vous les supprimez. Quels éléments de valeur disparaissent, et que faudrait-il créer pour compenser leur absence ? Ensuite, identifiez les investissements d'infrastructure que vous pourriez vouloir faire et analysez combien ils créent de valeur.

- Quelles activités, quelles ressources et quels partenariats ont les coûts les plus élevés ?
- Que se passe-t-il si vous réduisez ou supprimez certains de ces facteurs de coûts ?
- Comment pourriez-vous remplacer, en utilisant des éléments moins coûteux, la valeur perdue en réduisant ou en éliminant les ressources, activités ou partenariats coûteux ?
- Quelle valeur serait créée par les nouveaux investissements envisagés ?

Explorer l'impact de la proposition de valeur

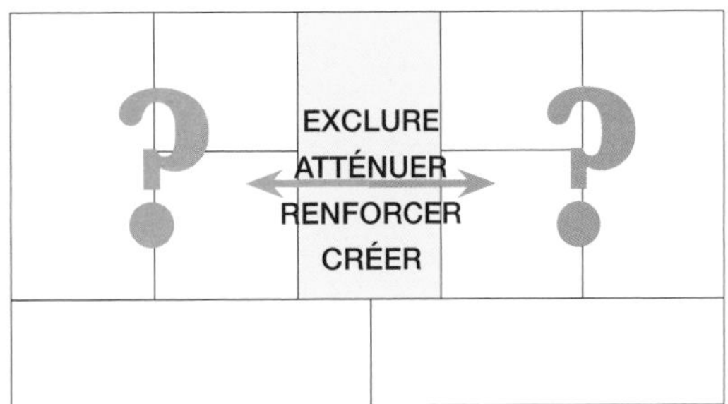

Débutez le processus de transformation de votre proposition de valeur avec les questions de la Grille des quatre actions. Prenez en compte l'impact sur la partie coûts et évaluez quels éléments vous devez (pouvez) changer côté valeur – distribution, relations, flux de revenus et segments de clients notamment.

- Quels services ou caractéristiques moins appréciés pourraient être supprimés ou atténués ?
- Quels services ou caractéristiques pourraient être améliorés ou créés pour produire une nouvelle expérience de valeur pour le client ?
- Quelles implications les changements apportés à la proposition de valeur ont-ils sur la partie coûts ?
- Quelles seront les incidences de l'évolution de la proposition de valeur sur la partie client du modèle ?

Explorer l'impact au niveau clients

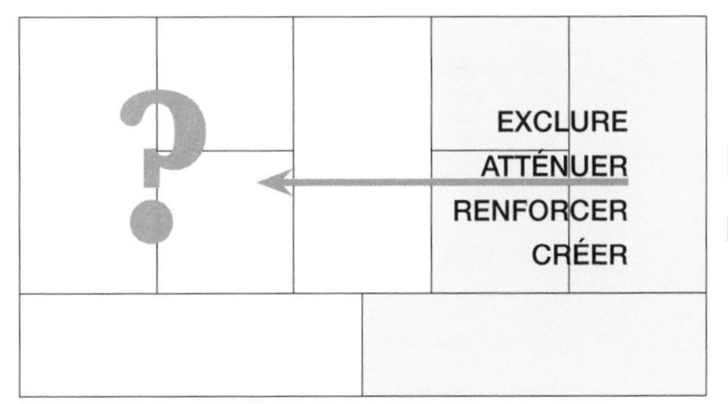

Posez-vous les questions de la Grille des quatre actions pour chaque bloc du côté clients de la matrice : distribution, relations et flux de revenus. Analysez ce qu'il se passe côté coûts si vous supprimez, réduisez ou créez des éléments côté valeur.

- Quels nouveaux segments de clients devriez-vous cibler et quels segments est-il envisageable de réduire ou d'éliminer ?
- Quels sont les besoins des nouveaux segments de clients ?
- Quels sont les canaux préférés de ces clients et quel type de relations attendent-ils ?
- Quelles sont les incidences de ces nouveaux segments de clients en termes de coûts ?

GESTION DE PLUSIEURS MODÈLES ÉCONOMIQUES

Les visionnaires, les défricheurs et les challengers créent des modèles économiques innovants aux quatre coins de la planète, qu'ils soient entrepreneurs ou salariés. Pour l'entrepreneur, le défi est de taille puisqu'il s'agit de concevoir et de déployer avec succès un nouveau modèle économique. Cela étant, la tâche qui attend les organisations existantes n'est pas moins ardue : déployer et gérer de nouveaux modèles tout en entretenant ceux qui existent.

Les théoriciens de l'entreprise Constantinos Markides, Charles O'Reilly et Michael Tushman qualifient les entreprises qui relèvent ce défi avec succès d'« organisations ambidextres ». Mettre en œuvre un nouveau modèle économique dans une entreprise qui existe depuis longtemps peut être d'autant plus difficile qu'il n'est pas rare que le nouveau modèle remette en question, voire concurrence, les modèles établis. Il exigera par exemple une culture organisationnelle différente ou ciblera des segments jusqu'alors laissés de côté par l'entreprise. Comment, dès lors, déployer des modèles économiques innovants au sein d'organisations établies de longue date ?

La question divise les chercheurs. Beaucoup suggèrent de constituer les nouvelles initiatives en entités indépendantes. D'autres, partisans d'une approche moins radicale, soutiennent que les modèles économiques innovants peuvent prospérer au sein d'entreprises existantes, soit en l'état, soit dans des *business units* distinctes.

Constantinos Markides, par exemple, propose une grille à deux variables pour décider comment gérer simultanément modèles économiques nouveaux et modèles économiques traditionnels. La première variable exprime le degré de conflit entre les modèles et la seconde, la similitude stratégique. Markides montre également que le succès ne dépend pas seulement du choix en tant que tel – déploiement intégré ou indépendant – mais aussi de la manière dont il est mis en œuvre. Les synergies, affirme ainsi Markides, doivent être soigneusement exploitées, même lorsque le nouveau modèle est mis en œuvre dans une unité indépendante.

Le risque est une troisième variable à prendre en compte lors du choix du mode de déploiement. Le nouveau modèle est-il susceptible d'avoir un effet négatif sur le modèle en place en termes d'image de marque, de recettes, de responsabilité juridique, etc. ?

Pendant la crise financière de 2008, le groupe financier néerlandais ING a quasiment été acculé à la faillite par son unité de banque en ligne ING Direct. De fait, ING considérait davantage ING Direct comme une initiative marketing que comme un nouveau modèle économique à part entière, qui aurait mérité d'être hébergé dans une unité distincte.

Enfin, les choix évoluent avec le temps. Markides souligne que certaines entreprises peuvent préférer une intégration ou une séparation progressives des modèles économiques. e.Schwab, le bras Internet de Charles Schwab, le courtier américain, était à l'origine une unité indépendante, qui a par la suite été intégrée avec succès à l'activité principale. Tesco.com, la branche Internet du distributeur britannique Tesco, a accompli le chemin inverse et est aujourd'hui une unité indépendante.

Dans les pages qui suivent, nous éclairons cette problématique à travers trois exemples. Le premier, l'horloger suisse SMH, a choisi la voie de l'intégration pour son nouveau modèle économique Swatch dans les années 1980. Le deuxième, le groupe agroalimentaire suisse Nestlé, a choisi la voie de la séparation pour lancer Nespresso. À l'heure où nous écrivons, le troisième, le fabricant automobile allemand Daimler, n'a pas encore arrêté son choix pour son concept de location automobile car2go...

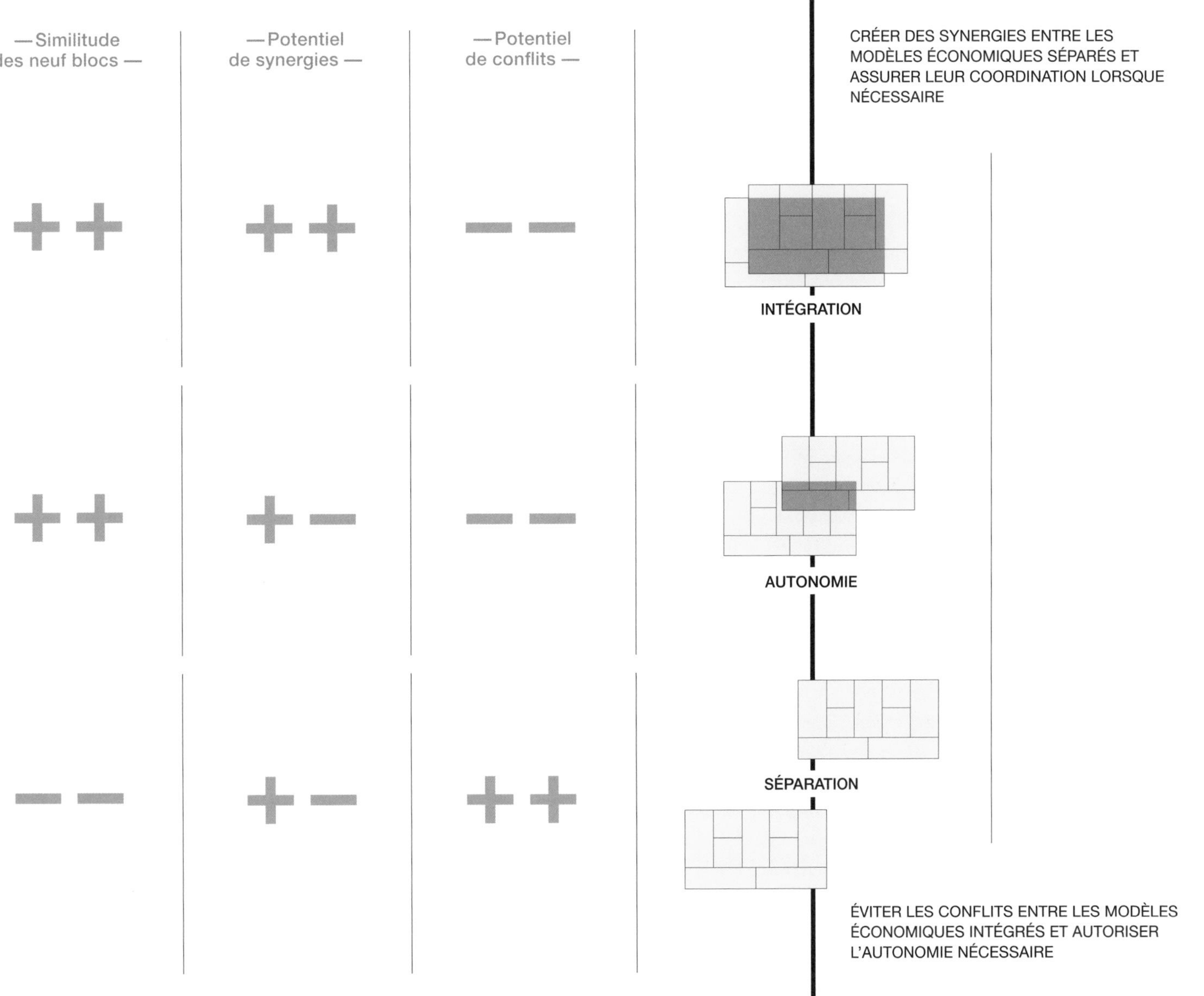
— Similitude des neuf blocs —
— Potentiel de synergies —
— Potentiel de conflits —
CRÉER DES SYNERGIES ENTRE LES MODÈLES ÉCONOMIQUES SÉPARÉS ET ASSURER LEUR COORDINATION LORSQUE NÉCESSAIRE
INTÉGRATION
AUTONOMIE
SÉPARATION
ÉVITER LES CONFLITS ENTRE LES MODÈLES ÉCONOMIQUES INTÉGRÉS ET AUTORISER L'AUTONOMIE NÉCESSAIRE

LE MODÈLE AUTONOME DE SMH POUR SWATCH

Au milieu des années 1970, l'industrie horlogère suisse, leader historique du secteur, traversait une crise sans précédent. Les fabricants de montres japonais et hongkongais avaient délogé les Suisses de leur leadership, avec des montres à quartz bon marché.

Les Suisses continuèrent à fabriquer des montres mécaniques pour les segments haut et moyen de gamme, mais leurs concurrents asiatiques entendaient bien se faire aussi une place sur ces marchés.

Au début des années 1980, la pression concurrentielle était devenue telle que la plupart des fabricants suisses, à l'exception d'une poignée de marques de luxe, étaient menacés de disparition. Et puis arriva Nicolas Hayek. Il prit les rênes de SMH (qui devait devenir Swatch Group), assemblage hétéroclite constitué sur les décombres des deux plus grands fabricants de montres suisses, et restructura totalement le groupe.

La vision stratégique de Hayek pour SMH tenait en peu de mots : être présent sur les trois segments de marché avec des marques saines, en expansion. À l'époque, les marques suisses dominaient le segment de la montre de luxe avec 97 % de part de marché. Mais leur part de marché sur le segment milieu de gamme n'était que de 3 % et elles étaient totalement absentes du segment bas de gamme, laissant tout le marché des produits à bas prix aux concurrents asiatiques.

Lancer une nouvelle marque bon marché était aussi iconoclaste que risqué. L'idée fut accueillie avec scepticisme par les investisseurs qui craignaient que cette évolution ne cannibalise Tissot, la marque de milieu de gamme de SMH. Finalement, Hayek proposait ni plus ni moins d'associer sous un même toit un modèle économique luxe et un modèle économique low-cost, avec tout ce que cela impliquait de conflits et d'arbitrages. Mais Hayek tint bon, et c'est ainsi que la Swatch allait voir le jour.

Le cahier des charges de la nouvelle montre était exigeant : suffisamment bon marché pour concurrencer les produits japonais, qualité suisse, marges suffisantes et potentiel de déclinaison d'une gamme de produits plus large. Cela obligea les ingénieurs à repenser totalement l'idée même de montre et sa fabrication – le nouveau concept leur interdisant d'appliquer leur savoir-faire horloger traditionnel.

Il en résulta une montre intégrant beaucoup moins de composants, et une fabrication largement automatisée. Le moulage remplaça les tournevis, les coûts de main-d'œuvre directs furent ramenés à moins de 10 % et la production de masse remplaça la fabrication à la main. Des concepts innovants de *Guérilla marketing* furent utilisés pour lancer la montre. Pour Hayek, le nouveau produit ne se contentait pas de donner l'heure à moindre coût mais communiquait un message de style de vie.

La Swatch était née : qualité bon marché, pour un produit fonctionnel et à la mode. On connaît la suite. 55 millions de Swatch furent vendues en cinq ans et, en 2006, l'entreprise fêtait des ventes totales de plus de 333 millions de Swatch.

Le déploiement du modèle économique de Swatch pose notamment la question de son impact potentiel sur les marques plus haut de gamme de SMH. En dépit de cultures d'organisation et d'univers de marque totalement différents, la Swatch fut lancée depuis le giron de SMH et non comme entité indépendante.

SMH, néanmoins, veilla à accorder à Swatch et à toutes ses autres marques une très grande autonomie de décision pour tout ce qui concernait les produits et le marketing, tout le reste étant centralisé. Les fonctions fabrication, achats et R&D étaient chacune constituées en entité unique servant toutes les marques de SMH. Aujourd'hui, SMH conserve une stratégie d'intégration verticale forte pour continuer à se développer et se défendre contre la concurrence asiatique.

SMH privilégie l'intégration verticale et la centralisation pour la fabrication, la R&D, les achats et les RH.

Chaque marque du groupe SMH est autonome pour toutes les décisions concernant les produits, le design et le marketing.

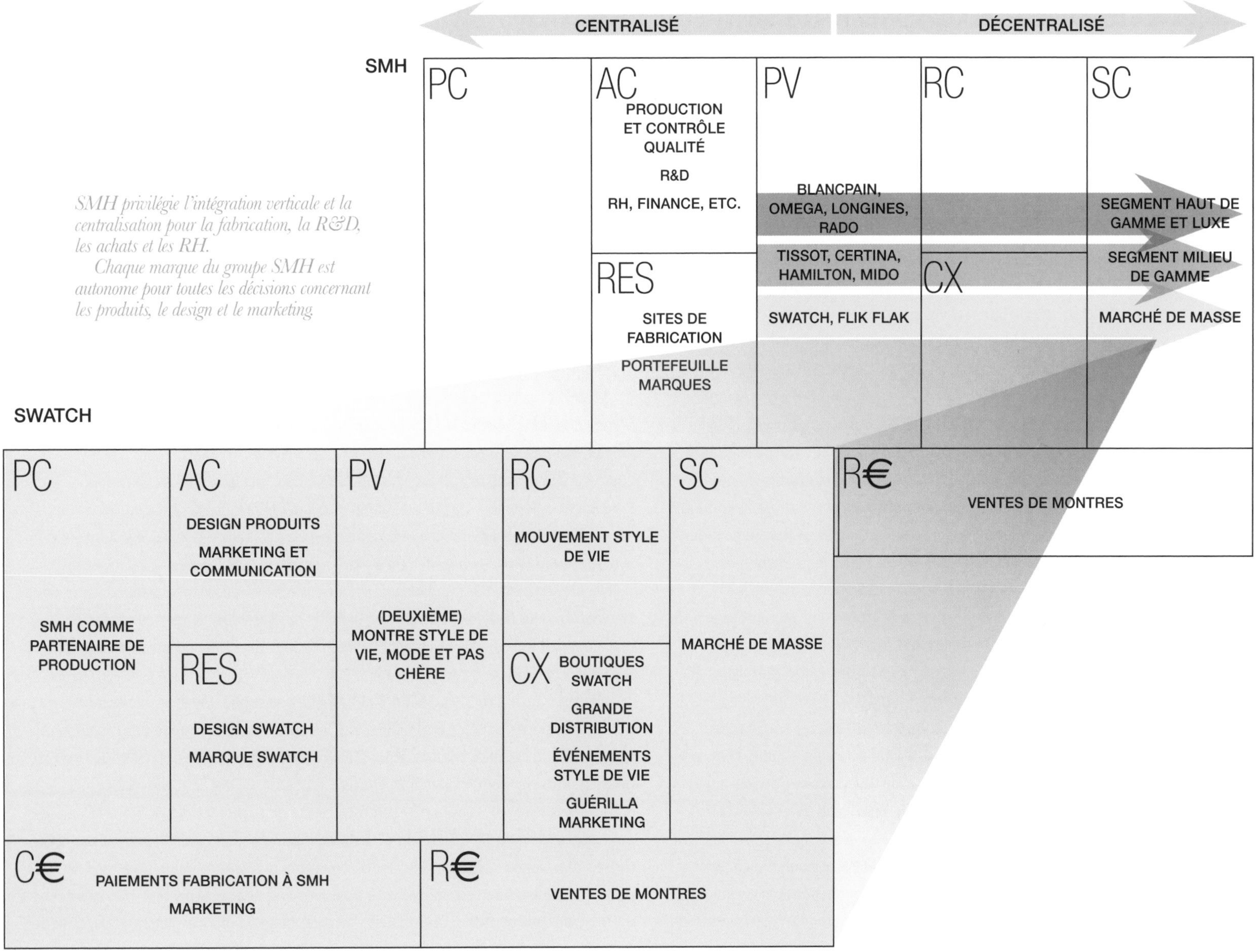

CENTRALISÉ ← → DÉCENTRALISÉ

SMH

PC	AC	PV	RC	SC
	PRODUCTION ET CONTRÔLE QUALITÉ R&D RH, FINANCE, ETC.	BLANCPAIN, OMEGA, LONGINES, RADO		SEGMENT HAUT DE GAMME ET LUXE
	RES SITES DE FABRICATION PORTEFEUILLE MARQUES	TISSOT, CERTINA, HAMILTON, MIDO	**CX**	SEGMENT MILIEU DE GAMME
		SWATCH, FLIK FLAK		MARCHÉ DE MASSE

R€
VENTES DE MONTRES

SWATCH

PC	AC	PV	RC	SC
SMH COMME PARTENAIRE DE PRODUCTION	DESIGN PRODUITS MARKETING ET COMMUNICATION	(DEUXIÈME) MONTRE STYLE DE VIE, MODE ET PAS CHÈRE	MOUVEMENT STYLE DE VIE	MARCHÉ DE MASSE
	RES DESIGN SWATCH MARQUE SWATCH		**CX** BOUTIQUES SWATCH GRANDE DISTRIBUTION ÉVÉNEMENTS STYLE DE VIE GUÉRILLA MARKETING	

C€	R€
PAIEMENTS FABRICATION À SMH MARKETING	VENTES DE MONTRES

LE MODÈLE GAGNANT DE NESPRESSO

1976 — DÉPÔT PREMIER BREVET POUR LE SYSTÈME NESPRESSO

1982 — PREMIÈRE INCURSION MARCHÉ ENTREPRISES

1986 — CRÉATION D'UNE SOCIÉTÉ DÉDIÉE

1988 — NOUVEAU PDG REMANIE STRATÉGIE

1991 — LANCEMENT INTERNATIONAL DE NESPRESSO

1997 — PREMIÈRES CAMPAGNES DE PUBLICITÉ

1998 — STRATÉGIE INTERNET, AVEC REFONTE SITE WEB

2006 — GEORGE CLOONEY EST CHOISI COMME PORTE-PAROLE DE NESPRESSO

2000-2008 — CROISSANCE ANNUELLE MOYENNE SUPÉRIEURE À 35 %

Autre organisation ambidextre, Nespresso, filiale de Nestlé, premier groupe alimentaire mondial avec un chiffre d'affaires 2008 de l'ordre de 70 milliards d'euros.

Nespresso, qui vend chaque année pour plus de 1,3 milliard d'euros de capsules de café, offre un exemple particulièrement convaincant de modèle économique ambidextre. En 1976, Eric Favre, jeune chercheur chez Nestlé, déposait son premier brevet pour le système Nespresso. À l'époque, Nestlé dominait le gigantesque marché du café instantané avec sa marque Nescafé mais sa position était nettement moins favorable sur les segments du café torréfié et moulu. Nespresso avait été développé pour conquérir ces segments grâce à un système novateur combinant machine et capsules et permettant de déguster au bureau ou à la maison un café aussi bon qu'au restaurant.

Une unité interne dirigée par Favre fut mise sur pied pour résoudre les problèmes techniques et commercialiser le système. Après une éphémère et infructueuse tentative pour pénétrer le marché des restaurants, Nestlé créa en 1986 Nespresso SA, filiale à 100 % qui allait unir ses forces à une autre joint-venture de Nestlé avec un fabricant de machines à café pour commercialiser le produit auprès, cette fois, du marché des entreprises. Nespresso SA était totalement indépendante de Nescafé, marque de café phare de Nestlé. Mais en 1987, les ventes de Nespresso étaient tombées à un niveau bien inférieur aux prévisions et seul son stock de machines à café de prix valait à la filiale d'être toujours en vie.

En 1988, Nestlé plaça Jean-Paul Gaillard à la tête de Nespresso. Celui-ci reconfigura totalement le modèle économique avec deux changements radicaux. Premièrement, Nespresso réorienta son positionnement, renonçant au marché des entreprises pour se concentrer sur les foyers à hauts revenus, et lança la vente de capsules par correspondance. Du jamais vu dans un groupe pour qui grande distribution et marché de masse constituaient l'ordinaire (par la suite, Nespresso devait également vendre ses produits en ligne et ouvrir des boutiques de prestige dans des quartiers recherchés, comme les Champs-Élysées, et mettre en place des corners dans des grands magasins de luxe). Le modèle s'avéra gagnant et, au cours des dix dernières années, Nespresso a affiché un taux de croissance annuel moyen de plus de 35 %.

La comparaison de Nespresso avec Nescafé est particulièrement riche d'enseignements. Nescafé est une marque de café instantané vendue en grande distribution, alors que Nespresso vend en direct à des consommateurs aisés. Les deux approches requièrent une logistique, des ressources et des activités totalement différentes. Du fait du positionnement spécifique de chacune, le risque de cannibalisation directe était inexistant mais, revers de la médaille, le potentiel de synergie entre les deux activités était extrêmement réduit. De même, le lancement de Nespresso pesa-t-il d'un poids considérable sur les ressources disponibles pour Nescafé jusqu'à ce que le succès soit enfin au rendez-vous. Si les deux activités n'avaient pas été séparées, il n'est pas interdit de penser que les difficultés rencontrées auraient eu raison du projet Nespresso.

L'histoire ne s'arrête pas là. En 2004, Nestlé envisagea de lancer sur le marché un nouveau système pour les cappuccinos et les latte, complémentaire des machines Nespresso. La question, naturellement, était : avec quel modèle économique et sous quelle marque lancer le nouveau système ? Ou fallait-il créer une nouvelle entité, comme Nestlé l'avait fait pour Nespresso ? À l'origine, la technologie fut développée par Nespresso mais, la déclinaison du concept appelant un positionnement de milieu de gamme, Nestlé décida finalement de créer une nouvelle marque, Nescafé Dolce Gusto, le produit étant totalement intégré au modèle économique et à l'organisation de Nescafé. Les capsules Dolce Gusto sont vendues en grande distribution à côté des pots de café soluble Nescafé, mais également sur Internet – héritage de la réussite de Nespresso sur ce canal de vente.

PORTEFEUILLE DE MODÈLES ÉCONOMIQUES DE NESTLÉ SUR LE MARCHÉ DES CAFÉS

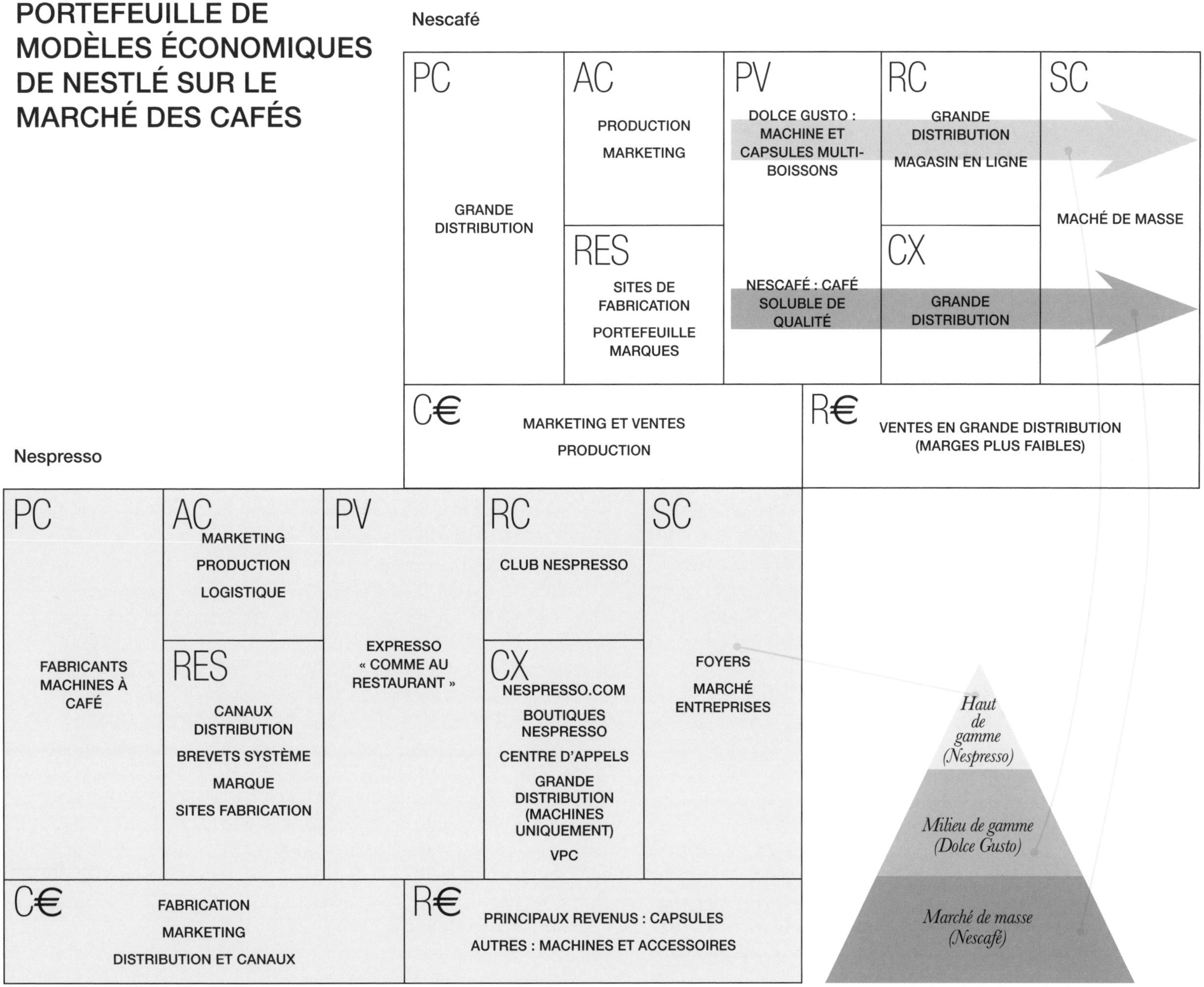

Nescafé

PC

GRANDE DISTRIBUTION

AC

PRODUCTION

MARKETING

RES

SITES DE FABRICATION

PORTEFEUILLE MARQUES

PV

DOLCE GUSTO : MACHINE ET CAPSULES MULTI-BOISSONS

NESCAFÉ : CAFÉ SOLUBLE DE QUALITÉ

RC

GRANDE DISTRIBUTION

MAGASIN EN LIGNE

CX

GRANDE DISTRIBUTION

SC

MACHÉ DE MASSE

C€

MARKETING ET VENTES

PRODUCTION

R€

VENTES EN GRANDE DISTRIBUTION (MARGES PLUS FAIBLES)

Nespresso

PC

FABRICANTS MACHINES À CAFÉ

AC

MARKETING

PRODUCTION

LOGISTIQUE

RES

CANAUX DISTRIBUTION

BREVETS SYSTÈME

MARQUE

SITES FABRICATION

PV

EXPRESSO « COMME AU RESTAURANT »

RC

CLUB NESPRESSO

CX

NESPRESSO.COM

BOUTIQUES NESPRESSO

CENTRE D'APPELS

GRANDE DISTRIBUTION (MACHINES UNIQUEMENT)

VPC

SC

FOYERS

MARCHÉ ENTREPRISES

C€

FABRICATION

MARKETING

DISTRIBUTION ET CANAUX

R€

PRINCIPAUX REVENUS : CAPSULES

AUTRES : MACHINES ET ACCESSOIRES

Haut de gamme (Nespresso)

Milieu de gamme (Dolce Gusto)

Marché de masse (Nescafé)

MODÈLE ÉCONOMIQUE DU SERVICE CAR2GO DE DAIMLER

Lancement de car2go

DÉVELOPPEMENT CONCEPT → PILOTE INTERNE → PILOTE INTERNE ÉTENDU → PILOTE PUBLIC À ULM → PILOTE INTERNE À AUSTIN → PILOTE PUBLIC À AUSTIN → QUELLE FORME D'ORGANISATION ?

À l'heure où nous écrivons, la troisième initiative de notre échantillon est toujours en cours de développement. Car2go est un nouveau concept de mobilité créé par le fabricant automobile allemand Daimler. Car2go offre l'exemple d'un modèle économique innovant complémentaire du modèle de la société mère – fabrication, vente et financement automobile, des voitures de luxe aux camions et aux bus.

Avec plus de deux millions de véhicules vendus chaque année, l'activité principale de Daimler génère un chiffre d'affaires annuel de plus de 96 milliards d'euros. Car2go est un projet expérimental de voitures en libre-service dans les villes. Le service est actuellement en phase de test en Allemagne, à Ulm, une des principales bases opérationnelles de Daimler. Le modèle économique a été développé par le département Business Innovation de Daimler, en charge du développement et de l'accompagnement du déploiement des nouveaux concepts du groupe.

Car2go fonctionne de la façon suivante : des Smart Fortwo sont stationnées en différents points de la ville, accessibles à tout moment aux utilisateurs. Après inscription au service, les clients peuvent emprunter des voitures à la volée (ou en réservant à l'avance), puis les utiliser aussi longtemps qu'ils le souhaitent. Son trajet terminé, il suffit au client de garer la voiture où il veut, en ville.

Le coût de location est de l'ordre de 0,19 centime d'euros la minute, tout compris, soit environ 10 euros de l'heure, avec un maximum de 50 euros par jour. Le paiement est mensuel. Le concept s'apparente au service d'auto-partage créé par Zipcar en Amérique du Nord et au Royaume-Uni. Car2go s'en distingue toutefois par un système de tarification plus simple et des conditions d'utilisation moins contraignantes – emprunt spontané pour la durée que l'on souhaite et dépose libre.

Daimler a lancé ce service en réponse à l'urbanisation mondiale croissante, y voyant un complément inédit à son activité traditionnelle. En tant que pur modèle de service, car2go répond naturellement à une logique totalement différente de celle de l'activité historique de Daimler, et il est probable que les revenus demeureront relativement limités pendant plusieurs années. Mais il ne fait aucun doute que Daimler place de grands espoirs dans car2go pour le long terme.

Au cours de la phase pilote, qui a débuté en octobre 2008, 50 Smart Fortwo ont été mises à la disposition de 500 collaborateurs du centre de recherche de Daimler à Ulm. Ces collaborateurs, et les 200 membres de leur famille, ont été associés au projet en tant que clients pilotes. L'objectif était de tester les systèmes techniques, de réunir des données sur l'acceptation et les comportements des usagers et d'expérimenter le service en « grandeur réelle ». En février 2009, le pilote a été étendu aux collaborateurs des points de vente et de service de Mercedes-Benz et d'autres filiales de Daimler, la flotte étant portée à 100 véhicules. À la fin du mois de mars, un test auprès du grand public a été mis en place dans la ville d'Ulm, avec 200 véhicules, pour un bassin de population de 120 000 personnes.

Dans le même temps, Daimler annonçait une deuxième expérience pilote, aux États-Unis cette fois, à Austin (Texas), une ville de 750 000 habitants. Comme pour la première phase de test en Allemagne, car2go débutera avec un nombre limité d'usagers, employés municipaux notamment, avant d'être étendu au public. Ces expériences pilotes peuvent être considérées comme des prototypes de modèle économique (voir p. 160). À présent, le prototype doit être traduit en organisation.

À l'heure où nous écrivons, Daimler n'a pas encore arbitré entre l'internalisation de car2go ou sa constitution en société indépendante. Le fabricant automobile a choisi de commencer par concevoir le modèle, puis de tester le concept en conditions réelles et d'attendre d'avoir une vision plus précise de l'articulation entre son activité historique et le nouveau concept pour prendre des décisions concernant les structures de l'organisation.

Étapes du processus d'innovation de modèle économique de Daimler :

Phase 1 : *Conception du modèle économique au sein du département d'innovation de Daimler*
Phase 2 : *Test du concept en conditions réelles conduit par le département d'innovation de Daimler*
Phase 3 : *Décision concernant la structure organisationnelle du nouveau modèle économique (intégration ou séparation) selon l'articulation avec l'activité historique*

Daimler

PC	AC	PV	RC	SC
FABRICANTS PIÈCES AUTOMOBILES	FABRICATION DESIGN	VOITURES, CAMIONS, CAMIONNETTES, BUS, SERVICES FINANCIERS (EX. MARQUES MERCEDES)	MARQUES HAUT DE GAMME ESSENTIELLEMENT	MARCHÉ DE MASSE
	RES		**CX**	
	USINES AUTOMOBILES PROPRIÉTÉ INTELLECTUELLE MARQUES		CONCESSION-NAIRES FORCE DE VENTE	
C€	MARKETING ET VENTES FABRICATION R&D	**R€**	VENTES VÉHICULES FINANCEMENT VÉHICULES	

car2go

PC	AC	PV	RC	SC
MUNICIPALITÉS	GESTION FLOTTE GESTION TÉLÉMATIQUE NETTOYAGE	MOBILITÉ URBAINE INDIVIDUELLE SANS POSSESSION DE VÉHICULE	INSCRIPTION UNIQUE	CITADINS
	RES		**CX**	
	ÉQUIPE SERVICE SYSTÈMES TÉLÉMATIQUES FLOTTE DE SMART FORTWO		CAR2GO.COM TÉLÉPHONE MOBILE ZONES DE STATIONNEMENT CAR2GO BOUTIQUES CAR2GO PRISE/DÉPOSE N'IMPORTE OÙ	
C€	GESTION SYSTÈMES GESTION FLOTTE	**R€**	PAIEMENT À LA MINUTE - 0,19 € (TOUT COMPRIS)	

Améliorer

Inventer

Proc

essus

Conception d'un modèle économique

Dans ce chapitre, nous rassemblons les concepts et les outils du livre, en vue de simplifier la tâche à tous ceux qui souhaitent s'engager dans la conception d'un modèle économique. Nous proposons un processus générique, que chacun pourra adapter en fonction des besoins particuliers de son entreprise.

Chaque projet de conception d'un *business model* est unique et présente ses propres défis, obstacles et facteurs clés de réussite. Lorsqu'une entreprise engage une réflexion aussi importante, c'est dans un contexte et avec des objectifs donnés. Certaines sont confrontées à une crise, d'autres cherchent un nouveau potentiel de croissance, d'autres encore sont en mode start-up ou envisagent de lancer sur le marché un nouveau produit ou une nouvelle technologie.

Le processus que nous décrivons fournit une base à partir de laquelle toute organisation ou presque pourra personnaliser sa propre démarche. Il comporte cinq phases : Mobiliser, Comprendre, Concevoir, Déployer et Gérer. Après avoir proposé une description générale de ces phases, nous les réexaminons à la lumière de la problématique spécifique aux entreprises établies, la création d'un modèle économique innovant dans les entreprises ayant déjà un ou plusieurs modèles exigeant de prendre en compte des facteurs complémentaires.

Lorsqu'une organisation entreprend la création d'un nouveau modèle économique, elle poursuit l'un des quatre objectifs suivants : (1) satisfaire des besoins de marché existants mais non satisfaits, (2) lancer sur le marché de nouveaux produits, services ou technologies, (3) améliorer, perturber ou transformer un marché existant avec un meilleur modèle économique ou (4) créer un marché.

Dans les entreprises qui existent depuis longtemps, lorsqu'une réflexion sur la conception d'un nouveau modèle économique est engagée, c'est généralement pour l'une des quatre raisons suivantes : (1) une crise du modèle existant (dans certains cas, l'entreprise a failli mourir), (2) ajuster, améliorer ou défendre le modèle existant pour s'adapter à l'évolution de l'environnement, (3) lancer sur le marché de nouveaux produits, services ou technologies, ou (4) préparer l'avenir en explorant et en testant des modèles économiques complètement nouveaux qui pourraient remplacer les modèles en place.

Création d'un modèle économique

Satisfaire le marché : Répondre à un besoin insatisfait du marché (ex. : *voiture Tata, NetJets, GrameenBank, Lulu.com*)
Mettre sur le marché : Lancer sur le marché un nouveau produit, service ou technologie, ou exploiter de la propriété intellectuelle existante (ex. : *Xerox 914, Swatch, Nespresso, Red Hat*)
Améliorer le marché : Améliorer ou redéfinir la donne sur un marché existant (ex. : *Dell, EFG Bank, Wii, IKEA, Bharti Airtel, Skype, Zipcar, Ryanair, Amazon.com*)
Créer un marché : Créer un type d'activité totalement nouveau (ex. : *Diners Club, Google*)

DÉFIS

- Trouver le bon modèle
- Tester le modèle avant déploiement
- Persuader le marché d'adopter le nouveau modèle
- Adapter régulièrement le modèle en fonction des réactions du marché
- Gérer l'incertitude

Cas des entreprises établies

Réaction : En réaction à une crise du modèle en place (ex. : *IBM dans les années 1990, Wii, moteurs d'avion Rolls-Royce*)
Adaptation : Ajuster, améliorer ou défendre le modèle existant (ex. : *Nokia comes with Music, innovation ouverte P&G, Hilti*)
Expansion : Lancer un nouveau produit, un nouveau service ou une nouvelle technologie (ex. : *Nespresso, Xerox 914 dans les années 1960, iPod/iTunes*)
Exploration : Préparer l'avenir (ex. : *car2go de Daimler, Amazon Web Services*)

DÉFIS

- Convaincre de la nécessité de changer
- Aligner l'ancien et le nouveau modèle
- Gérer les intérêts en place
- Se concentrer sur le long terme

Design attitude

La création d'un modèle économique innovant est rarement le fruit du hasard. Pour autant, elle n'est pas l'apanage des seuls génies créatifs. Elle peut être gérée, structurée en processus et utilisée pour impliquer l'ensemble de l'organisation.

Là où les choses se compliquent, c'est que, processus ou non, l'innovation en matière de modèle économique demeure bien souvent chaotique et imprévisible. Il faut donc être capable de faire face à l'ambiguïté et l'incertitude tant qu'une solution satisfaisante n'aura pas émergé. Ce qui demande du temps. Les personnes impliquées doivent être prêtes à consacrer beaucoup de temps et d'énergie à explorer de nombreuses possibilités, sans se précipiter pour adopter une solution. Avec, au bout du chemin, un nouveau modèle économique qui assurera la croissance future de l'entreprise.

Nous appelons cette approche la design attitude, par opposition à la logique décisionnelle qui domine les pratiques traditionnelles de management. Fred Collopy et Richard Boland, tous deux enseignants à Weatherhead School of Management, l'expliquent de manière particulièrement convaincante dans leur article « Design Matters », contribution à l'ouvrage collectif *Managing as Designing*. La logique décisionnelle, indiquent-ils, postule que trouver des options est facile et que c'est choisir entre elles qui est difficile. La design attitude, à l'inverse, postule qu'il est difficile de concevoir une option réellement intéressante mais que, une fois que vous l'avez, la décision s'impose d'elle-même (voir p. 164).

Cette distinction est particulièrement pertinente pour la démarche qui nous intéresse. Dans un environnement marqué comme le nôtre par l'ambiguïté et l'incertitude, la démarche analytique seule ne peut suffire. C'est en explorant de multiples possibilités, en particulier sous la forme de prototypes, que l'on peut espérer concevoir un nouveau modèle économique gagnant. Cette démarche suppose des allers-retours constants entre l'étude du marché, l'analyse, le prototypage et la génération d'idées. La design attitude est beaucoup moins linéaire que l'approche décisionnelle traditionnelle qui se concentre sur l'analyse, la décision et l'optimisation. C'est pourtant cette démarche itérative et désordonnée qu'appelle la quête réfléchie de nouveaux modèles de croissance compétitifs.

Damien Newman, de l'agence de création Central, synthétise ce processus dans ce qu'il appelle le « Gribouillis de la conception ». Incertain au départ, le processus se déploie de manière chaotique et opportuniste avant de se concentrer sur un point unique.

INCERTITUDE

CLARTÉ/FOCALISATION

Étudier et comprendre

Conception de prototypes de modèle économique

Mise en œuvre du projet de modèle

Source : adapté de Damien Newman, Central

5 phases

Le processus de conception de modèle économique que nous proposons comporte cinq phases : Mobiliser, Comprendre, Concevoir, Déployer et Gérer. Comme nous l'avons indiqué, la progression entre ces différentes phases est beaucoup moins linéaire que ne le suggère le tableau ci-contre. En particulier, les phases de compréhension et de conception se déroulent en parallèle l'une de l'autre. Le prototypage peut débuter relativement tôt au cours de la phase de compréhension, avec la représentation d'ébauches d'idées de modèles économiques. De même, la réalisation de prototypes durant la phase de conception débouchera-t-elle souvent sur de nouvelles idées appelant des recherches supplémentaires – et un retour à la phase de compréhension.

La dernière phase, Gérer, ne souffre aucune exception : il s'agit de gérer votre ou vos modèles au jour le jour et sur le long cours. Dans le contexte actuel, il est plus prudent de considérer que la plupart des *business models*, y compris ceux qui seront déployés avec succès, n'auront qu'une durée de vie limitée. Étant donné l'investissement que représente pour une entreprise l'élaboration d'un modèle économique, il est plus que justifié de prolonger sa durée de vie en le faisant régulièrement évoluer jusqu'à ce qu'il ait besoin d'être totalement repensé. La gestion du modèle visera en particulier à déterminer quels composants sont toujours pertinents et lesquels sont obsolètes.

Pour chaque phase du processus, nous indiquons l'objectif, le focus et les parties du livre se rapportant à la phase en question. Nous présentons ensuite les phases de manière plus détaillée et indiquons les autres facteurs à prendre en compte lorsqu'on travaille sur le modèle d'une organisation existante.

OBJECTIF

FOCUS

DESCRIPTION

PARTIES DU LIVRE

Mobiliser

Mettre en place les conditions pour réussir le projet

Planter le décor

Réunissez les éléments pour conduire le projet dans des conditions optimales. Sensibilisez à la nécessité d'un nouveau modèle, expliquez le pourquoi du projet et définissez un langage commun.

- Matrice (p. 44)
- Storytelling (p. 170)

Comprendre

Collecter et analyser les éléments requis pour engager la réflexion

Immersion

Immergez-vous, avec votre équipe, dans votre sujet : clients, technologie et environnement. Collectez des informations, interrogez des experts, étudiez des clients potentiels et identifiez les besoins et les problèmes.

- Matrice (p. 44)
- Typologie (p. 52)
- Connaissance des clients (p. 126)
- Pensée visuelle (p. 146)
- Scénarios (p. 180)
- Environnement (p. 200)
- Diagnostic (p. 212)

Concevoir

Générer et tester des options viables, puis sélectionner les meilleures

Questionnement

Transformez les informations et les idées de la phase précédente en prototypes de modèles économiques pouvant être explorés et testés. À l'issue d'un questionnement poussé, retenez le modèle le plus satisfaisant.

- Matrice (p. 44)
- Typologie (p. 52)
- Génération d'idées (p. 134)
- Pensée visuelle (p. 146)
- Prototypage (p. 160)
- Scénarios (p. 180)
- Diagnostic (p. 212)
- Modèles économiques et stratégie Océan bleu (p. 226)
- Gérer plusieurs modèles économiques (p. 232)

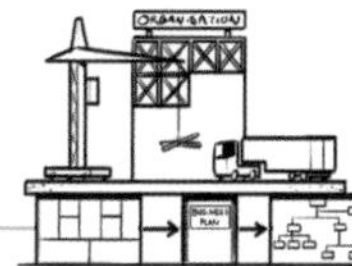

Déployer

Déployer le prototype du modèle sur le terrain

Exécution

Déployez le modèle économique retenu.

- Matrice (p. 44)
- Pensée visuelle (p. 146)
- Storytelling (p. 170)
- Gérer plusieurs modèles économiques (p. 232)

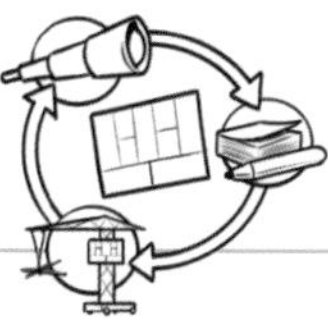

Gérer

Adapter et modifier le modèle en réponse aux réactions du marché

Évolution

Mettez en place les structures de management requises pour surveiller, évaluer et adapter ou transformer régulièrement votre modèle économique.

- Matrice (p. 44)
- Pensée visuelle (p. 146)
- Scénarios (p. 180)
- Environnement (p. 200)
- Diagnostic (p. 212)

Matrice

Mobiliser

Réunir les conditions pour réussir le projet

ACTIVITÉS

- Cadrer les objectifs du projet
- Tester les idées préliminaires
- Planifier
- Réunir une équipe

FACTEURS CLÉS DE RÉUSSITE

- Réunir les bonnes personnes, les bonnes expériences et les bonnes connaissances

DANGERS

- Surestimer la valeur des idées initiales

Au cours de cette première phase, il s'agit de concentrer ses efforts sur quatre activités : définir les objectifs du projet, tester les premières idées, planifier le projet et mettre sur pied une équipe.

Le cadrage des objectifs dépendra naturellement de la nature du projet mais cela consiste généralement à en définir la logique, l'envergure et les principaux objectifs. La planification doit couvrir les premières phases d'un projet de conception de modèle économique : Mobiliser, Comprendre et Concevoir. Les phases de déploiement et de gestion dépendent directement du résultat de ces trois premières phases – à savoir l'orientation du modèle – et ne pourront donc être planifiées qu'ultérieurement.

Constituer l'équipe, entrer en contact avec les bonnes personnes et obtenir les bonnes informations : ces activités sont essentielles au cours de cette phase initiale. Bien qu'il n'existe pas de règles pour former la bonne équipe – une nouvelle fois, tout projet est unique –, vous devez chercher à réunir un échantillon d'individus expérimentés, ayant des idées nouvelles, les bons réseaux personnels et la volonté de s'engager dans une démarche de création d'un modèle économique innovant. Vous souhaiterez peut-être commencer à tester des idées embryonnaires au cours de la phase de mobilisation. Mais, dans la mesure où le potentiel d'une idée dépend pour une large part du choix du bon modèle économique, l'exercice est plus compliqué qu'il n'y paraît. Lorsque Skype a lancé son *business model*, qui aurait imaginé qu'il deviendrait le plus grand opérateur mondial de télécommunications internationales ?

Dans tous les cas, c'est au cours de cette phase qu'il convient d'établir la matrice comme langage commun de la démarche de conception. Cela vous aidera à structurer et à présenter plus efficacement les premières idées ainsi qu'à améliorer la

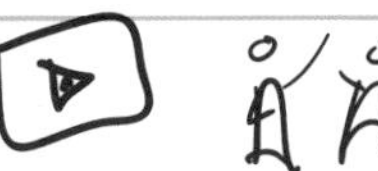

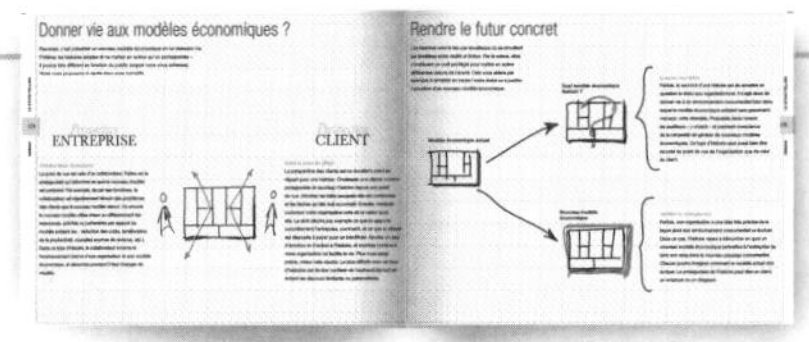

communication. Vous pouvez également essayer de transformer vos idées de modèle économique en histoires pour les tester. Un des pièges les plus évidents de cette phase est que l'on tend souvent à surestimer le potentiel des premières idées de nouveau modèle. Il en résulterait un manque d'ouverture d'esprit et une exploration limitée d'autres possibilités. Efforcez-vous d'atténuer ce risque en testant régulièrement les nouvelles idées auprès de personnes d'horizons divers. Envisagez d'organiser une session « jeu de la vérité » : pendant 20 minutes, les participants expriment toutes les raisons pour lesquelles l'idée ne marchera pas, avant de passer 20 minutes à envisager pourquoi l'idée fera un tabac. C'est un excellent exercice pour remettre en question la valeur fondamentale d'une idée.

Il existe déjà un modèle économique

- *Légitimité du projet* Construire la légitimité du projet est un facteur clé de réussite dans le contexte d'organisations déjà en place. Dans la mesure où les projets de conception de modèles économiques transcendent les frontières organisationnelles, un engagement fort et visible du conseil d'administration et/ou des dirigeants est indispensable pour obtenir soutien et coopération. Le moyen le plus direct de créer légitimité et parrainage visible consiste à impliquer un dirigeant respecté dès les premières heures du projet.
- *Gérer les intérêts en place* Veillez à identifier et gérer les intérêts particuliers, à tous les niveaux de l'organisation. Tout le monde, en effet, n'est pas nécessairement partisan de réinventer le modèle économique en place. Le projet peut menacer certaines personnes.
- *Équipe transfonctionnelle* Comme nous l'avons indiqué précédemment (voir p. 143), l'équipe d'innovation idéale est composée de collaborateurs venant de toute l'entreprise – différentes *business units*, différentes fonctions (marketing, finance, IT par exemple), différents niveaux d'ancienneté et de qualifications, etc. Cette pluralité de regards sur l'organisation contribue à générer de meilleures idées et augmente les chances de réussite du projet. Une équipe transfonctionnelle permet d'identifier et de surmonter des obstacles potentiels à la réinvention dès le début du projet et favorise l'adhésion.
- *Accompagner les décideurs* Vous devez prévoir de consacrer beaucoup de temps à guider et éduquer les décideurs sur les modèles économiques, leur importance et le processus de conception et d'innovation. C'est essentiel pour obtenir leur adhésion et vaincre les résistances que peut susciter ce que l'on ne connaît pas ou que l'on ne comprend pas. Selon le style de management de votre organisation, vous jugerez peut-être préférable de ne pas trop insister sur les aspects conceptuels des modèles économiques. Restez concret et délivrez votre message avec des histoires et des images plutôt que des concepts et de la théorie.

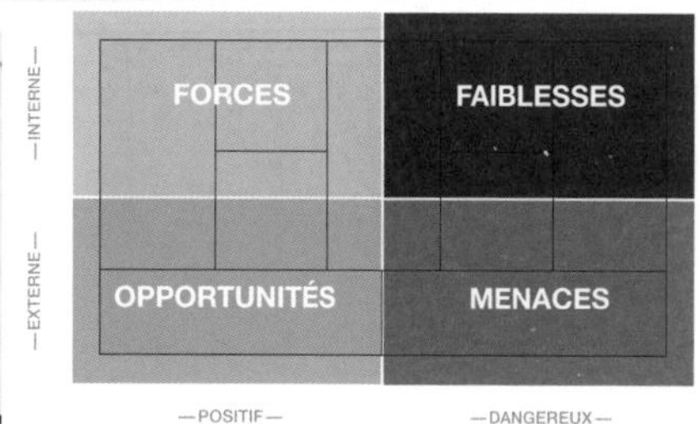

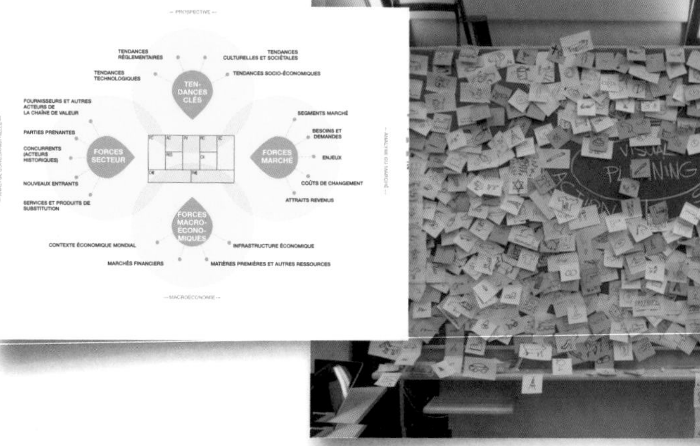

Comprendre

Réunir et analyser les données nécessaires

ACTIVITÉS

- Sonder l'environnement
- Étudier des clients potentiels
- Interroger des experts
- Étudier ce qui a déjà été essayé (qu'est-ce qui a échoué et pourquoi)
- Collecter des idées et des points de vue

FACTEURS CLÉS DE RÉUSSITE

- Connaissance et compréhension approfondies des marchés cibles potentiels
- Regarder au-delà des frontières traditionnelles définissant les marchés cibles

DANGERS

- Trop de recherches : perdre de vue les objectifs
- Recherche biaisée du fait d'une adhésion précoce à certaines idées

Cette deuxième phase a pour objectif d'acquérir une bonne compréhension du contexte dans lequel le modèle économique évoluera.

Dans un premier temps, il s'agit de déployer différents outils et techniques en vue de réunir informations et données : études de marché, travail en collaboration avec les clients, interviews de spécialistes du domaine et représentation des modèles économiques des concurrents. À ce stade, la priorité de l'équipe projet doit être d'acquérir une excellente connaissance de « l'espace de conception » du modèle économique.

Il arrive cependant que cette démarche de recherche et d'analyse s'égare et perde de vue ses objectifs. Sensibilisez votre équipe à ce risque dès le départ et veillez à ce que chacun accepte de ne pas se lancer dans une recherche sans fin. Prototyper les modèles économiques à un stade relativement précoce du processus (voir p. 160) est un autre moyen d'éviter la « paralysie par l'analyse ». Cela vous permet en outre de recueillir rapidement du feedback. Comme nous l'avons déjà souligné, recherche, compréhension et conception vont main dans la main et les frontières entre ces phases sont souvent incertaines.

Au cours de la phase de recherche, un domaine retiendra plus particulièrement l'attention : la connaissance du client. Cela semble évident, mais c'est une dimension qui est souvent négligée, en particulier dans les projets à forte orientation technologique. La carte d'empathie du client (voir p. 131) constitue à cet égard un outil particulièrement intéressant pour aider à structurer votre démarche. À ce stade, il est fréquent que le segment de clients ne soit pas encore précisément défini. Une

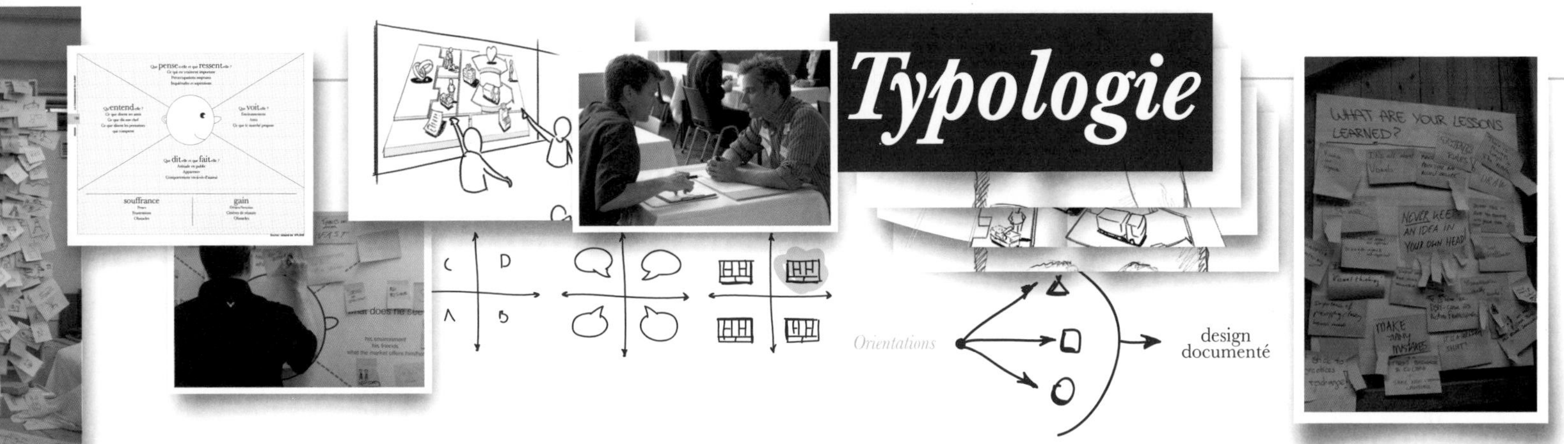

technologie « toujours en quête d'un problème à résoudre » peut être applicable à plusieurs marchés.

Un des facteurs clés de réussite au cours de cette phase est la remise en question des hypothèses et des types de modèles économiques dominants du secteur. L'industrie des consoles de jeux construisait et vendait des consoles subventionnées, à la pointe de la technologie, jusqu'à ce que la Wii de Nintendo vienne bouleverser ce schéma (voir p. 82). S'affranchir des modèles dominants consiste notamment à explorer le potentiel de la « fourchette basse » de marchés existants, comme le souligne Scott Anthony dans *The Silver Lining*. En sondant l'environnement et en évaluant les tendances, les marchés et les concurrents, n'oubliez pas que les graines d'un nouveau modèle peuvent surgir n'importe où.

Au cours de la phase de compréhension, il est également important de rechercher activement les apports de différentes sources, notamment des clients. Commencez à tester relativement tôt les premières orientations envisagées en sollicitant des retours sur des représentations de la matrice des modèles. Sachez cependant que les idées réellement révolutionnaires suscitent souvent de fortes réticences.

Il existe déjà un modèle économique

- *Cartographier/diagnostiquer les modèles existants* Les organisations en place s'engagent dans le processus avec un modèle existant. Idéalement, la cartographie et l'évaluation de votre modèle actuel devraient être conduites lors d'ateliers distincts, impliquant des collaborateurs de l'ensemble de l'organisation, au moment où sont collectés idées et points de vue. Ces différentes perspectives sur les forces et faiblesses de votre modèle ouvriront les premières pistes d'évolution.
- *Voir au-delà du statu quo* Se projeter au-delà du modèle économique en place n'est pas chose facile. Parce que le statu quo résulte généralement d'un passé de réussite, il est profondément enraciné dans la culture de l'organisation.
- *Chercher au-delà de la base de clients actuelle* Cette démarche est essentielle lorsqu'on est en quête de nouveaux modèles économiques lucratifs. Le potentiel de profits pour l'avenir peut fort bien résider ailleurs.
- *Afficher des progrès* À trop analyser, le risque est réel de perdre le soutien des dirigeants à cause d'un manque perçu de productivité. Faites la preuve des avancées de votre réflexion et affichez-les en décrivant ce que vous avez appris auprès des clients ou en présentant les résultats de vos recherches sous la forme d'esquisses de nouveaux modèles économiques.

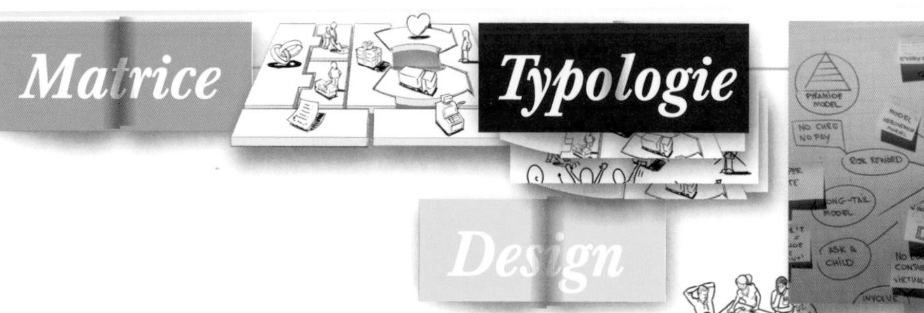

Concevoir

Adapter et modifier le modèle économique en fonction des réactions du marché

ACTIVITÉS

- Brainstorming
- Prototypage
- Test
- Sélection

FACTEURS CLÉS DE RÉUSSITE

- Co-création avec des collaborateurs de toute l'organisation
- Capacité à se projeter au-delà du statu quo
- Phase d'exploration de plusieurs idées de modèle économique

DANGERS

- Atténuer ou exclure les idées téméraires
- Tomber trop vite amoureux d'une idée

Le défi clé durant la phase de conception est de générer de nouveaux modèles économiques audacieux, et de s'y tenir. Ne craignez pas de voir loin et grand ! Pour générer des idées réellement nouvelles, les membres de l'équipe doivent renoncer au statu quo (modèles et types existants). La « design attitude » et le questionnement sont indispensables. Les équipes doivent prendre le temps d'explorer plusieurs idées pour faire surgir les meilleures options.
Évitez de « tomber amoureux » trop vite des idées. Prenez le temps d'analyser plusieurs modèles avant de choisir celui que vous voulez déployer. Expérimentez différents partenariats, cherchez d'autres flux de revenus et explorez la valeur de différents canaux de distribution. Essayez différents motifs de modèle économique (voir p. 52) et testez de nouvelles possibilités.

Pour tester des modèles auprès d'experts extérieurs ou de clients, racontez « l'histoire » de chaque modèle en demandant à vos publics de réagir. Vous entendrez vraisemblablement des choses comme : « les clients n'en ont pas besoin », « cela va à l'encontre de la logique du secteur », « le marché n'est pas prêt »… Si ces commentaires suggèrent effectivement que des obstacles vous attendent, ce n'est pas une raison pour tout arrêter. La poursuite du questionnement vous permettra au contraire d'affiner votre modèle.

La démarche d'Iqbal Quadir pour offrir aux villageois du Bangladesh l'accès à la téléphonie mobile à la fin des années 1990 en constitue une illustration révélatrice. La plupart des spécialistes rejetaient son idée, affirmant que les villageois avaient déjà du mal à satisfaire des besoins élémentaires et qu'ils ne paieraient pas pour des téléphones mobiles.

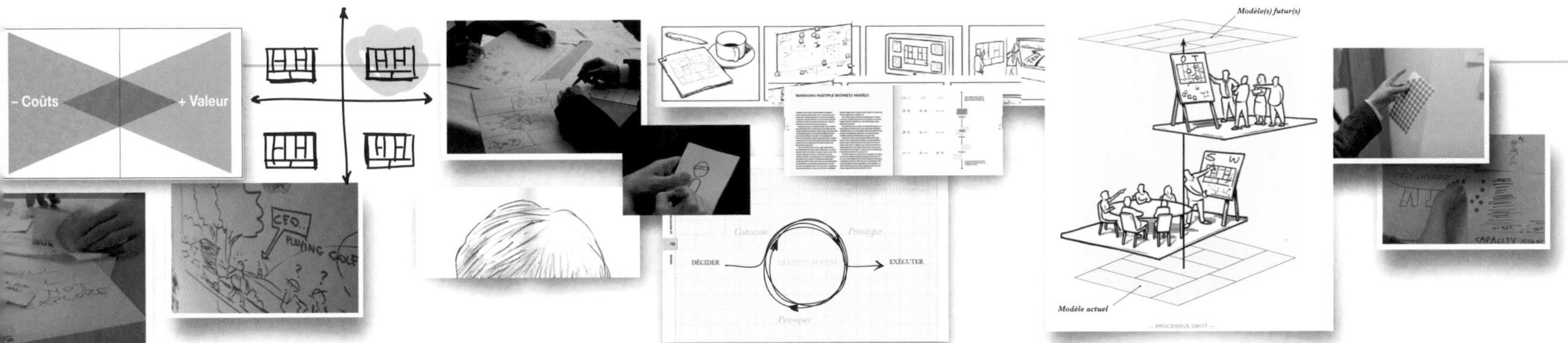

Mais en prenant des contacts hors du secteur des télécommunications, les porteurs du projet purent mettre en place un partenariat avec l'établissement de microcrédit Grameen Bank, qui devint la pierre angulaire du modèle économique de Grameenphone. Contrairement à ce que pensaient les experts, les villageois pauvres étaient disposés à payer pour des services de téléphonie mobile, et Grameenphone est devenu le premier opérateur de télécommunications du Bangladesh.

Il existe déjà un modèle économique

- *Empêcher que les idées audacieuses soient vidées de leur substance* Les organisations en place ont tendance à édulcorer les idées de modèles économiques très innovantes. Le défi consiste à défendre leur audace – tout en faisant en sorte qu'elles ne se heurtent pas à des obstacles insurmontables si elles étaient déployées.

Pour parvenir à ce subtil équilibre, il peut être utile d'établir un profil risque/bénéfices de chaque modèle. Quel est le potentiel de bénéfices/pertes ? Décrivez les conflits potentiels avec les *business units* existantes. Quelles conséquences pour notre marque ? Comment réagiront les clients existants ? Cette approche contribuera à clarifier et lever les incertitudes des différents modèles. Plus l'option est audacieuse, plus le niveau d'incertitude est élevé. Si vous définissez les incertitudes en jeu (ex. : nouveaux mécanismes de prix, nouveaux canaux de distribution), vous pourrez élaborer des prototypes et les tester sur le marché afin d'avoir une idée plus précise du comportement du modèle s'il était déployé à grande échelle.

- *Design participatif* Une autre manière d'augmenter les chances de voir adoptées puis déployées des idées audacieuses est de veiller à la diversité de l'équipe de conception. Menez le processus avec des collaborateurs venus de différentes *business units*, de différents échelons hiérarchiques et de différents domaines d'expertise. En prenant en compte des remarques et des préoccupations émanant de l'ensemble de l'organisation, votre projet anticipera bon nombre d'obstacles de mise en œuvre.
- *Ancien contre nouveau* Une question essentielle de conception est de savoir si le nouveau et l'ancien modèle économique doivent être séparés ou réunis. Du bon choix de conception dépend pour une large part la réussite du projet (voir p. 232).
- *Ne pas privilégier le court terme* Il serait dangereux de vous focaliser sur les idées présentant le potentiel de revenus à un an le plus élevé. Les grands groupes, en particulier, peuvent connaître une croissance absolue très importante. Une entreprise au chiffre d'affaires annuel de 5 milliards de dollars, par exemple, génère 200 millions de dollars de revenus nouveaux avec un taux de croissance de 4 %. Peu de modèles économiques de rupture peuvent prétendre réaliser pareils revenus la première année. Dès lors, une perspective de long terme est indispensable lorsqu'on explore de nouveaux modèles économiques. Faute de quoi, il est à craindre que votre organisation ne passe à côté de beaucoup d'opportunités de croissance future. À votre avis, combien a gagné Google la première année ?

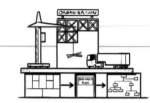

Déployer

Déployer le prototype du modèle économique en conditions réelles

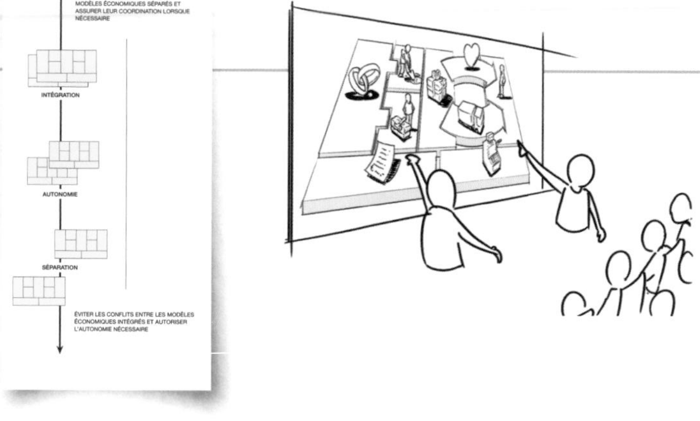

ACTIVITÉS

- Communiquer et impliquer
- Exécuter

FACTEURS CLÉS DE RÉUSSITE

- Gestion de projet
- Capacité et volonté d'adapter rapidement le modèle
- Aligner l'« ancien » et le « nouveau » modèles

DANGERS

- Dynamique faible ou languissante

Ce livre traite avant tout de la connaissance et du développement de modèles économiques innovants, mais nous souhaitons également proposer des suggestions concernant leur mise en œuvre, en particulier au sein d'entreprises établies.

Une fois finalisée la conception de votre nouveau modèle économique, il vous faudra le traduire en un schéma de déploiement. Vous aurez en particulier à définir tous les projets associés, préciser les jalons, organiser les structures juridiques correspondantes, préparer un budget détaillé et une feuille de route, etc. La phase de mise en œuvre est souvent exposée dans un business plan, et détaillée dans un document de gestion de projet.

La gestion des incertitudes requiert une attention toute particulière. Elle exige de contrôler et de comparer les prévisions de risques/bénéfices par rapport aux résultats, mais aussi de développer des mécanismes permettant d'adapter rapidement votre modèle en fonction des réactions du marché.

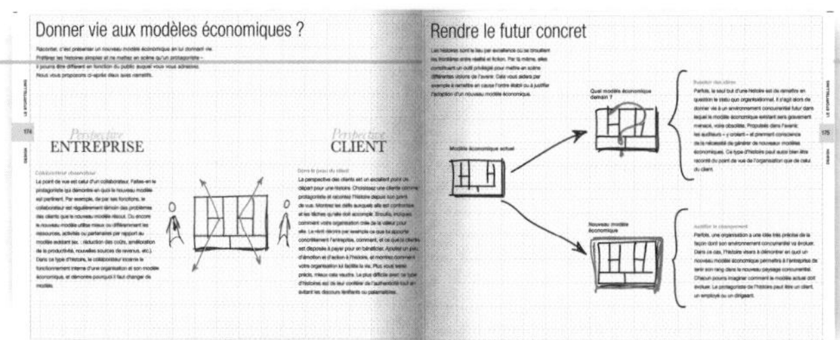
Donner vie aux modèles économiques ?

ENTREPRISE

CLIENT

Rendre le futur concret

Par exemple, lorsque Skype a commencé à décoller et que des milliers de nouveaux utilisateurs s'inscrivaient chaque jour, il a fallu immédiatement développer des mécanismes pour traiter efficacement les remarques et les réclamations des utilisateurs. Faute de quoi, les dépenses exponentielles et l'insatisfaction galopante des utilisateurs auraient mis l'entreprise à genoux.

Il existe déjà un modèle économique

- *Gérer les obstacles de manière proactive* Le seul élément qui augmente réellement les chances de réussite d'un modèle économique en place est en fait bien avant son déploiement. Nous voulons parler ici de la participation de collaborateurs de toute l'organisation aux phases de mobilisation, compréhension et conception. Cette démarche participative vous permet d'intégrer directement à votre réflexion les préoccupations des uns et des autres et, partant, de mettre à jour les obstacles et de créer l'adhésion bien avant que le déploiement du nouveau modèle ne soit même planifié.
- *Parrainage du projet* Autre facteur de réussite, le soutien durable et visible du sponsor de votre projet, qui marque l'importance et la légitimité de la démarche de conception du nouveau modèle. C'est essentiel si l'on ne veut pas que les intérêts particuliers sapent le déploiement du nouveau modèle.
- *Ancien modèle et nouveau modèle* Il importe également de créer la bonne structure d'organisation pour votre nouveau modèle (voir p. 232). Doit-il être constitué en entité autonome ou être intégré comme *business unit* à la société mère ? S'appuiera-t-il sur des ressources partagées avec un autre modèle économique ? Héritera-t-il de la culture organisationnelle de la société mère ?
- *Campagne de communication* Enfin, mettez en place une campagne de communication interne multi-canaux pour annoncer la création du nouveau modèle économique. C'est un excellent moyen de lutter contre la « peur de l'inconnu » au sein de votre organisation. N'hésitez pas à utiliser des histoires et des images pour faire comprendre la logique du modèle.

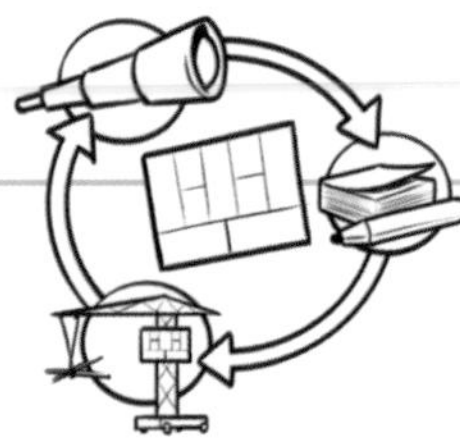

Matrice

Gérer

Adapter et modifier le modèle économique en fonction des réactions du marché

ACTIVITÉS

- Sonder l'environnement
- Évaluer régulièrement votre modèle économique
- Rajeunir ou repenser votre modèle
- Aligner les modèles économiques au sein de l'organisation
- Gérer les synergies ou les conflits entre modèles

FACTEURS CLÉS DE RÉUSSITE

- Perspective de long terme
- Proactivité
- Gouvernance des modèles économiques

DANGERS

- Devenir victime de votre propre succès, ne pas savoir évoluer

Pour les entreprises ayant derrière elles de nombreuses années de réussite, créer un nouveau modèle économique ou repenser un modèle existant n'est pas un exercice ponctuel. C'est une activité au long cours, qui se poursuit au-delà du déploiement. Cette phase exige d'évaluer régulièrement le modèle et de sonder fréquemment l'environnement pour anticiper son évolution et ses conséquences.

Un membre au moins de l'équipe stratégique – sinon une nouvelle équipe – devrait être en charge des modèles économiques et de leur évolution à long terme. Envisagez par exemple d'organiser régulièrement des ateliers avec des équipes pluridisciplinaires pour conduire le diagnostic de votre modèle. Cela vous permettra de déterminer si un modèle requiert des ajustements mineurs ou une refonte complète.

Dans l'idéal, l'amélioration et l'évolution du modèle économique de l'entreprise devraient être la préoccupation de tous et non des seuls dirigeants. Avec la matrice du modèle économique, vous disposez désormais d'un outil formidable pour prêcher la bonne parole dans toute l'entreprise. Les nouvelles idées de modèle émergent souvent là où on les attend le moins.

Anticiper les évolutions du marché est également de plus en plus important. Envisagez de gérer un « portefeuille » de modèles économiques. Rappelez-vous que l'époque est telle que la durée de vie des bons modèles économiques ne cesse de se réduire.

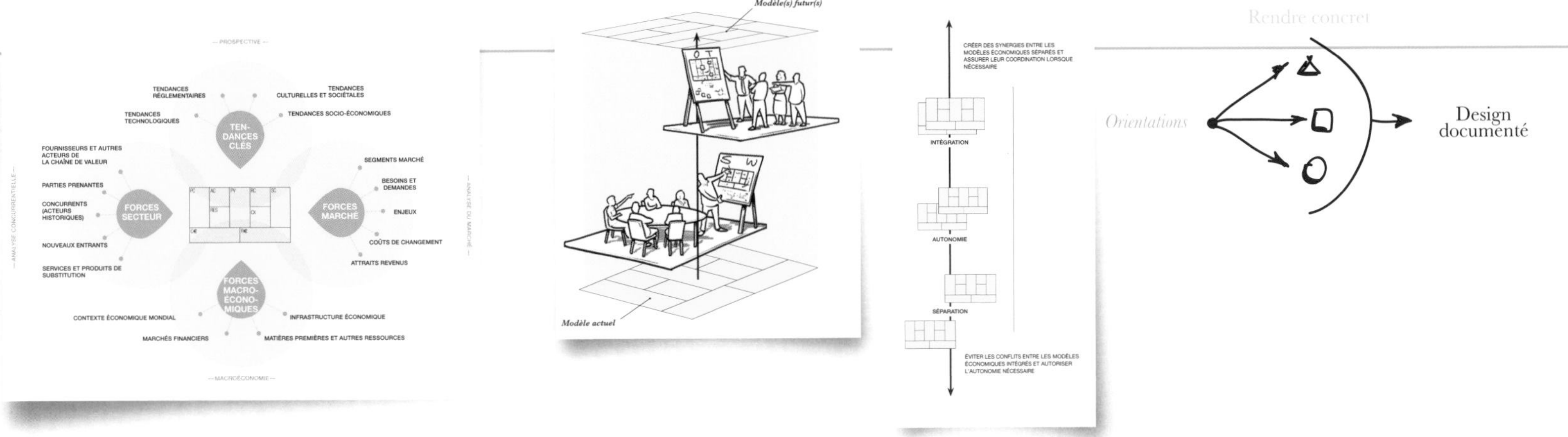

Comme pour les produits, nous devons commencer à réfléchir au remplacement de nos modèles actuels par des modèles de croissance pour les marchés de demain.

Dell a changé la donne de l'industrie informatique lorsque l'entreprise a lancé sa formule d'assemblage à la demande et de vente directe en ligne. Au fil des années, Dell s'est si bien développé que la marque est devenue n° 1 du secteur. Mais l'entreprise n'a pas su repenser son modèle économique hier révolutionnaire. Le paysage informatique a changé et Dell risque aujourd'hui de se retrouver coincé sur un marché du PC banalisé alors que la croissance et les profits, générés ailleurs, sont hors de sa portée.

Il existe déjà un modèle économique

- *Gouvernance du modèle économique* Envisagez de mettre en place une autorité de « gouvernance du modèle économique » pour faciliter et améliorer la gestion des modèles économiques dans l'entreprise. Le rôle de ce groupe serait d'orchestrer les modèles, mobiliser les parties prenantes, initier les projets d'innovation ou de refonte, et surveiller l'évolution générale des modèles économiques de l'entreprise. Il lui reviendrait également de gérer le modèle « maître » qui décrit l'ensemble de l'organisation. Ce gabarit pourrait servir de point de départ pour chaque nouveau projet de modèle économique et il aiderait également les groupes fonctionnels – opérations, fabrication ou ventes par exemple – à s'aligner sur les objectifs de l'organisation.
- *Gérer les synergies et les conflits* Une des tâches principales de l'autorité de gouvernance des modèles économiques serait d'aligner les modèles pour exploiter leurs synergies et éviter ou gérer les conflits. Dans cette perspective, une matrice décrivant les modèles permettrait de mieux saisir l'image d'ensemble et, partant, une meilleure articulation.
- *Portefeuille de modèles économiques* Les entreprises bien positionnées sur leurs marchés doivent s'engager dans la gestion proactive d'un portefeuille de modèles économiques. Ce que n'ont pas fait bon nombre de grands noms des secteurs de la presse, de la musique ou encore de l'automobile, dont la situation s'est gravement détériorée. Pour ne pas subir le même sort, envisagez de constituer un portefeuille de modèles économiques grâce auquel les activités génératrices de revenus financent l'expérimentation de nouveaux modèles.
- *L'état d'esprit du débutant* Conserver l'état d'esprit du débutant aide à ne pas devenir victime de son propre succès. Nous avons tous besoin de sonder en permanence notre environnement et d'évaluer régulièrement nos modèles économiques. Restez vigilant et gardez l'esprit ouvert. Vous aurez peut-être besoin de remanier un modèle porteur plus tôt que vous ne le pensiez.

MAIS ENCORE ?

Le prototypage est sans doute la partie la plus importante du livre et des outils qu'il propose.

Les organisations bien établies sont soumises à beaucoup de tensions et de résistances lorsqu'elles veulent faire évoluer ou transformer leurs propres modèles économiques. Dans ce contexte, le prototypage est une stratégie très puissante pour créer les processus d'adhésion nécessaires.

Terje Sand, Norvège

Généralement, quand une entreprise cherche à améliorer son modèle économique, c'est à cause de déséquilibres. Visualiser le modèle existant peut révéler des failles logiques et les rendre concrètes.

Ravila White, États-Unis

Dans les organisations en place, il y a souvent des tonnes d'« idées de produits » qui ne sont jamais sérieusement étudiées parce qu'elles ne correspondent pas au modèle économique existant.

Gert Steens, Pays-Bas

Ne vous accrochez pas trop à la première idée ou à la première mise en œuvre. Procédez par itérations successives et surveillez les signaux d'alarme précoces pour remettre explicitement en cause votre concept original et être prêt à le modifier du tout au tout si nécessaire.

Erwin Fielt, Australie

Le modèle économique Freemium ou l'inversion de l'assurance – instructif ! Ça me donne envie de mettre d'autres modèles la tête en bas !

Victor Lombardi, États-Unis

Un modèle économique est le **« NOYAU »** ou le **« RÉSUMÉ »** de l'entreprise (existante ou à créer). Un business plan est le « guide pour l'action » ou « la version intégrale de l'histoire ».

Fernando Saenz-Marrero, Espagne

Lorsque je travaille avec des associations, la première chose que je leur explique, c'est qu'elles ont bien un modèle économique en ce sens qu'elles doivent créer et capter de la valeur, quand bien même celle-ci provient de donations, cotisations, etc.

Kim Kom, États-Unis

Commencez en pensant à la fin : mettez-vous dans la peau du client final.

Karl Burrow, Japon

C'est une chose de représenter la matrice d'un modèle économique. Mais pour créer un modèle qui soit en lui-même une innovation radicale, il est intéressant d'utiliser les outils de l'innovation de rupture développés dans d'autres secteurs, et notamment le design.

Ellen Di Resta, États-Unis

Aravind utilise le modèle Freemium pour rendre la chirurgie des yeux accessible aux pauvres, en Inde. Des modèles économiques inédits peuvent réellement changer les choses !

Anders Sundelin, Suède

La plupart des managers comprennent les concepts stratégiques, mais ils ont du mal à les appliquer à leur niveau de l'organisation. Les discussions relatives aux modèles économiques font le lien entre concepts et prise de décision au quotidien. C'est un excellent moyen terme.
Bill Welter, États-Unis

Personnages, scénarios, visualisation, carte de l'empathie : j'utilise ces techniques depuis la fin des années 1990 dans des projets sur le comportement des usagers. Ces dernières années, j'ai observé qu'elles sont de plus en plus efficaces au niveau stratégique.
Erik V. Johsen, Norvège

Si la résolution des problèmes actuels de l'humanité exige de repenser comment et pour qui la valeur est créée, alors, la démarche de création d'un modèle économique est l'outil par excellence pour organiser, communiquer et déployer cette nouvelle façon de penser.
Nabil Harfoush, Canada

Comment intégrer les idées technologiques à un modèle en utilisant la matrice ? Nous avons d'abord essayé d'en faire une strate supplémentaire (au-dessus ou au-dessous du financier) mais avons à présent décidé de les intégrer à chacune des neuf zones clés sous la forme de notes. À partir de là, nous repartons en arrière et élaborons un plan technologique intégré distinct.
Rob Manson, Australie

VOTRE **MODÈLE ÉCONOMIQUE** N'EST **PAS** VOTRE **ENTREPRISE.** C'est une méthode de questionnement pour vous aider à comprendre vers quoi vous orienter. Les expérimentations et les itérations sont essentielles.
Matthew Milan, Canada

Les plates-formes multi-faces sont relativement faciles à modéliser. C'est avec l'exécution que les choses se compliquent : attirer le « côté subventionné », définir les prix des deux côtés, intégration verticale ou horizontale, modifier le modèle en cohérence avec la taille du marché de chaque côté.
Hampus Jakobsson, Suède

LE PROCESSUS DE CRÉATION D'UN MODÈLE ÉCONOMIQUE COMBINE LA *créativité* ET UNE *démarche structurée* – LE MEILLEUR DE DEUX MONDES.
Ziv Baida, Pays-Bas

Beaucoup de mes clients n'ont pas de vision d'ensemble de leur modèle économique et tendent à privilégier la résolution du problème immédiat. La matrice de modèle économique fournit un cadre qui aide à clarifier le « pourquoi », le « qui », le « quoi », le « quand », le « où » et le « comment ».
Patrick van Abbema, Canada

J'adore l'idée d'utiliser ces outils pour concevoir des entreprises et bricoler sous le capot du moteur de l'organisation.
Michael Anton Dila, Canada

Il y a **des milliers de modèles économiques à explorer** et plusieurs milliers de personnes qui s'y intéressent.
Steven Devijver, Belgique

La simplicité est très importante pour expliquer les motifs et pour déclencher la participation des néophytes à une réflexion sur les modèles économiques.
Gertjan Verstoep, Pays-Bas

Nous travaillons trop dur et depuis trop longtemps pour des entreprises dont le modèle économique est mauvais ou inadéquat.
Lytton He, Chine

L'expression « modèle économique » est beaucoup trop souvent utilisée pour désigner une compréhension incomplète de ce qu'est une entreprise (uniquement les aspects financiers/revenus, en général).
Livia Labate, États-Unis

La réflexion sur les modèles économiques est un des moyens LES MOINS UTILISÉS **ET LES PLUS PUISSANTS** de créer une croissance durable et rentable, le développement économique, de nouveaux marchés et de nouveaux secteurs.
Deborah-Mills Scofield, États-Unis

Perspectives

Nous espérons vous avoir montré comment les visionnaires et les audacieux abordent cet enjeu fondamental que sont les modèles économiques. Nous espérons également vous avoir apporté le langage, les outils, les techniques et l'approche dynamique nécessaires pour concevoir de nouveaux modèles innovants et compétitifs. Mais il reste beaucoup à dire. Nous allons donc aborder à présent cinq thèmes, dont chacun mériterait sans doute un livre à lui seul.

Le premier traite des modèles économiques à but non lucratif : l'utilisation de la matrice pour piloter l'innovation de modèle économique dans le secteur public et le secteur associatif. Le deuxième explore les avantages que l'on pourrait retirer de la conception de modèles économiques assistée par ordinateur, cet outil permettant des manipulations complexes des éléments des modèles. Le troisième envisage les relations entre modèles économiques et business plans. Le quatrième s'intéresse aux difficultés que soulève le déploiement des modèles économiques, dans les nouvelles entreprises comme dans les organisations existantes. Enfin, notre dernière analyse est consacrée à la mise en cohérence des modèles économiques et des systèmes d'information des entreprises.

L'application de la matrice n'est en aucun cas limitée aux entreprises du secteur privé. La technique peut être tout aussi facilement utilisée par les organisations à but non lucratif, les associations caritatives, le secteur public ou encore celui de l'économie solidaire.

Toute organisation a un modèle économique, même si elle échappe à la définition traditionnelle de « l'entreprise ». Pour survivre, en effet, toute organisation qui crée et délivre de la valeur doit générer suffisamment de revenus pour couvrir ses dépenses. La différence n'est qu'affaire de vocation : le but des entreprises est de maximiser leurs bénéfices là où les autres types d'organisations revendiquent des missions non financières fortes, en matière d'écologie, de causes sociales ou encore de services publics. Avec l'entrepreneur Tim Clark, nous utiliserons pour ces organisations le terme de « modèle d'entreprise ».

Nous distinguons deux types de modèles d'entreprise : ceux qui sont financés par des fonds extérieurs (ex. : initiatives philanthropiques, associations caritatives, administrations) et les modèles dits de « triple bilan » ayant une mission écologique et/ou sociale forte. (Pour mémoire, la notion de « triple bilan » renvoie à la déclinaison comptable de la notion d'entreprise durable, les coûts environnementaux et sociaux étant pris en compte au niveau comptable au même titre que les coûts financiers). Ces deux modèles se distinguent essentiellement par la nature de leurs sources de revenus et présentent donc des configurations et des contraintes très différentes.

Modèles financés par des fonds extérieurs

Dans ce type de modèle, ce n'est pas le produit ou le service qui rapporte de l'argent. Les produits et services sont financés par une tierce partie, un donateur ou le secteur public par exemple. La tierce partie rémunère l'organisation pour qu'elle accomplisse une mission, de nature sociale, écologique ou de service public. Par exemple, les pouvoirs publics (et indirectement, les contribuables) financent l'école pour qu'elle apporte des services éducatifs. Les tierces parties n'attendent généralement pas de bénéfices économiques directs de l'échange, à la différence des annonceurs publicitaires – acteurs dans les modèles lucratifs basés sur des financements externes.

Un des risques associés à ce type de modèle d'entreprise est que les incitations à créer de la valeur sont parfois déséquilibrées. La tierce partie qui finance devient en quelque sorte le principal « client », et le bénéficiaire n'est plus qu'un simple « receveur ». L'existence même de l'organisation dépendant de contributions extérieures, la motivation à créer de la valeur pour les donateurs peut l'emporter sur celle à créer de la valeur pour les bénéficiaires.

Cela ne signifie pas, naturellement, que les modèles d'entreprise financés par des fonds extérieurs sont mauvais, ni que les modèles économiques financés par les bénéficiaires sont bons. Le mode traditionnel de vente de produits ou de services n'est pas toujours pertinent : l'éducation, la santé et les services publics en général en sont des exemples évidents. Il n'y a pas de réponses simples aux questions que soulèvent les modèles d'entreprise financés par des tierces parties. Il faut commencer par déterminer quels modèles sont pertinents pour ensuite concevoir les solutions optimales.

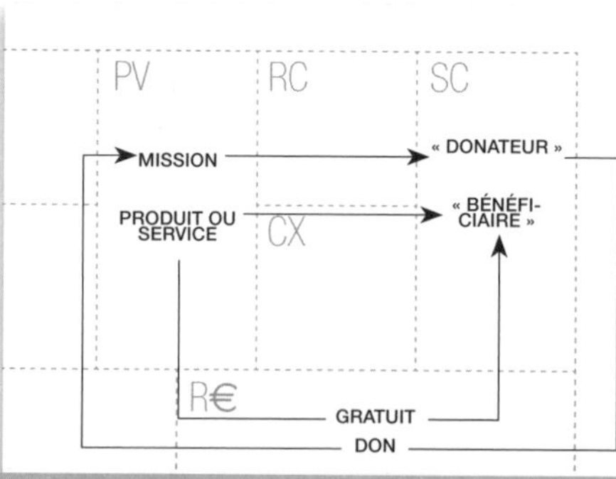

Les villageois du Bangladesh étant trop pauvres pour acheter des téléphones, Grameenphone s'est associé à Grameen Bank, l'établissement de micro-crédit, pour proposer aux femmes des villages des micro-prêts pour l'achat de téléphones mobiles. Les femmes ont vendu des services de téléphone dans leur village, remboursé les emprunts, gagné de l'argent et amélioré leur statut social.

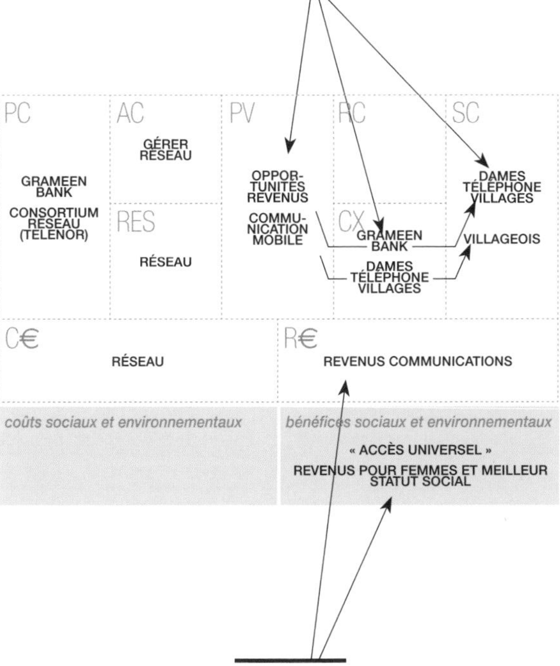

Grameenphone ne s'est pas contenté d'apporter un accès quasiment universel à un service de téléphone et de réaliser des bénéfices. L'organisation a également eu un impact social important en permettant aux « dames téléphone des villages » d'accéder à des opportunités de revenus et d'améliorer leur position sociale.

Résoudre les grands problèmes de notre temps exige de nouveaux modèles économiques audacieux

Modèles économiques « triple bilan »

Nous avons raconté plus haut l'histoire d'Iqbal Quadir, le banquier d'investissement new-yorkais qui a créé Grameenphone.
Son but était d'apporter un accès universel à des services de télécommunications dans les régions rurales reculées de son pays natal, le Bangladesh. Son projet a vu le jour sous la forme d'un modèle lucratif qui a eu un impact profond et positif sur le Bangladesh rural. Grameenphone a offert à plus de 200 000 villageoises des opportunités de revenus, contribué à améliorer leur position sociale, connecté 60 000 villages à un réseau de téléphonie mobile, touché 100 millions de personnes et réalisé des bénéfices – devenant le premier contribuable du Bangladesh.

Pour prendre en charge les modèles économiques « triple bilan », nous pouvons ajouter à la matrice des blocs illustrant : (1) les coûts sociaux et environnementaux d'un modèle (son impact négatif) et (2) les bénéfices sociaux et environnementaux d'un modèle (son impact positif). De même qu'on augmente les bénéfices en diminuant les coûts financiers et en maximisant les revenus, le modèle « triple bilan » cherche à minimiser les impacts sociaux et environnementaux négatifs et à maximiser les impacts positifs.

Conception de modèles économiques assistée par ordinateur

Mike, analyste dans un grand groupe financier, termine le premier des deux ateliers qu'il anime pour un groupe de 24 dirigeants. Il récupère les prototypes et les idées de modèles économiques que les participants ont dessinés sur de grandes feuilles et se précipite dans son bureau.

Là, Mike et son équipe entrent les idées dans un programme collaboratif de conception de modèle économique assistée par ordinateur, pour aller plus loin dans le développement des prototypes. D'autres analystes travaillant à l'étranger ajoutent des estimations sur les coûts des ressources et des activités, et des calculs de flux de revenus potentiels. Le logiciel produit alors quatre scénarios financiers, avec les données et les diagrammes des prototypes reportés sur de grandes feuilles de papier. Le lendemain matin, Mike présente ces résultats aux dirigeants réunis pour leur deuxième atelier, au cours duquel ils vont discuter des risques et des atouts potentiels de chaque prototype.

Ce scénario relève pour l'instant de la fiction mais sans doute pas pour longtemps. Une matrice de modèle économique imprimée sur une grande feuille de papier et une grosse boîte de Post-it® restent, de fait, les meilleurs outils pour stimuler la créativité et générer des idées innovantes de modèles économiques. Mais cette approche « papier » pourrait être étendue grâce à l'outil informatique.

Transformer un modèle économique expérimental en feuille de calcul demande du temps et chaque modification apportée au prototype exige généralement de la reporter manuellement sur la feuille de calcul. Un système assisté par ordinateur pourrait le faire automatiquement et permettre des simulations instantanées. Qui plus est, l'informatique faciliterait la création, la manipulation, le suivi et la communication des modèles économiques. Sans cet apport technologique, il semble même difficilement envisageable que des équipes dispersées géographiquement puissent travailler de manière collaborative sur des *business models*.

N'est-il pas étrange de se dire que l'on peut concevoir, simuler et construire des avions ou développer des logiciels d'un continent à l'autre mais qu'il nous est impossible de manipuler de précieux modèles économiques ailleurs que dans une salle de réunion et sans papier ou stylos ? Il est grand temps de mettre la rapidité et la puissance des microprocesseurs au service du développement et de la gestion de nouveaux modèles économiques. Pour inventer des modèles innovants, on ne saurait certes se passer de la créativité humaine mais les systèmes assistés par ordinateur peuvent nous aider à appliquer aux modèles des manipulations plus sophistiquées et plus complexes.

Pour mieux mesurer la puissance de la conception assistée par ordinateur, il suffit de penser à l'architecture. Dans les années 1980, les systèmes de CAO (conception assistée par ordinateur) sont devenus plus abordables et ont été progressivement adoptés par les cabinets d'architecture. Ils ont notamment permis aux architectes de créer plus facilement, et à moindres coûts, des modèles et des prototypes en trois dimensions. La CAO a profondément modifié les pratiques du secteur. Elles y ont gagné en rapidité, en intégration et ont pu bénéficier de collaborations, de simulations et d'une planification plus performantes. De lourdes tâches manuelles – recommencer sans cesse les plans et dessins, par exemple – ont été éliminées et tout un nouveau monde de possibilités – exploration et prototypage rapide en 3D – s'est ouvert. Aujourd'hui, la table à dessin et la CAO coexistent avec bonheur, chaque méthode conservant ses atouts et ses inconvénients.

Prototype d'un éditeur de modèle économique assisté par ordinateur : www.bmdesigner.com

Dans le domaine des modèles économiques également, les systèmes assistés par ordinateur pourraient faciliter de nombreuses tâches tout en révélant des opportunités inédites. À tout le moins, les systèmes de conception assistée par ordinateur aideraient-ils à visualiser, conserver, manipuler, suivre, annoter et diffuser les modèles économiques. Ils pourraient également permettre de manipuler des strates ou des versions de modèles, ou de déplacer des blocs et d'en évaluer les incidences en temps réel. Grâce à des systèmes sophistiqués, il serait possible de pousser plus loin l'analyse des modèles, de créer une banque de motifs et de blocs standard, de conduire le développement et la gestion distribués des modèles ou encore de les intégrer à d'autres systèmes informatiques de l'entreprise (ERP ou gestion des processus par exemple).

Les systèmes de conception de modèles économiques assistée par ordinateur évolueront vraisemblablement avec les progrès des interfaces. La manipulation des modèles sur des écrans tactiles géants rapprocherait la conception assistée par ordinateur de l'approche papier, plus intuitive, et en faciliterait l'utilisation.

	Papier	**Assisté par ordinateur**
Avantages	• Des matrices peuvent être créées facilement et utilisées à peu près partout • Peu de barrières : pas besoin de se former à une application informatique • Très intuitif et attrayant dans un contexte de groupe • Stimule la créativité et la génération d'idées quand utilisé sur de grandes surfaces	• Facile de créer, stocker, manipuler et suivre des modèles économiques • Permet la collaboration à distance • Simulations rapides et complètes, financières notamment • Aide à la conception (systèmes critiques, bases de données de modèles économiques, idées de motifs, mécanismes de contrôle)
Applications	• Petits dessins pour représenter, comprendre ou expliquer des modèles • Séances de brainstorming collaboratif pour trouver des idées de modèles • Diagnostic collaboratif de modèles	• Conception collaborative de modèles avec des équipes éloignées • Manipulations complexes (navigation, strates, fusion modèles) • Analyse approfondie

Un business plan a pour fonction de décrire un projet (à but lucratif ou non lucratif) et sa mise en œuvre, à l'intérieur ou à l'extérieur d'une organisation. On établira par exemple un business plan pour « vendre » un projet à des investisseurs potentiels ou à des parties prenantes internes. Il peut aussi servir de guide pour le déploiement.

De fait, le travail que vous avez conduit pour concevoir et élaborer votre modèle économique constitue une base de choix pour rédiger un business plan solide. Nous suggérons d'ordonner un business plan en six grandes parties : Équipe, Modèle économique, Analyse financière, Environnement, Mise en œuvre et Analyse de risques.

L'équipe

L'équipe de management est un élément du business plan sur lequel insistent particulièrement les investisseurs. L'équipe est-elle expérimentée, qualifiée et suffisamment connectée pour accomplir ce qu'elle envisage ? Les membres ont-ils des succès à leur actif ? Expliquez pourquoi votre équipe est la bonne pour construire et déployer avec succès le modèle économique que vous proposez.

Le modèle économique

Cette section expose l'attractivité du modèle. Utilisez la matrice pour fournir au lecteur une image instantanée de votre modèle. Dans l'idéal, illustrez les éléments avec des dessins. Ensuite, décrivez la proposition de valeur, démontrez l'existence d'un besoin du marché et expliquez comment vous toucherez le marché. Mettez en avant l'attractivité de vos segments pour éveiller l'intérêt du lecteur. Enfin, décrivez les ressources et les activités clés requises pour élaborer et mettre en œuvre le modèle.

L'analyse financière

C'est traditionnellement un élément très important du business plan, qui retient particulièrement l'attention. Les blocs du modèle peuvent vous servir de base de calcul, vous aidant ainsi à estimer le nombre de clients. Faites apparaître des indicateurs tels que l'analyse de rentabilité, les scénarios de vente et les coûts d'exploitation. La matrice peut aussi être utile pour estimer les dépenses d'équipements et les coûts au sens large. Le total des projections de coûts, de revenus et de trésorerie détermine vos besoins de financement.

L'environnement

Cette section décrit le positionnement de votre modèle économique par rapport à l'environnement. Les quatre forces externes étudiées plus haut (voir p. 201) sont à la base de cette description. Synthétisez les avantages concurrentiels de votre modèle économique.

La mise en œuvre

Cette section indique au lecteur ce que va exiger le déploiement de votre modèle économique et comment vous allez procéder. Joignez-y une liste de tous les projets et des principaux jalons, ainsi que des diagrammes de Gantt. Les projets peuvent être dérivés directement de votre matrice.

L'analyse de risques

Enfin, décrivez les facteurs limitatifs et les obstacles, ainsi que les facteurs critiques de réussite. Ils peuvent être déduits de l'analyse SWOT de votre modèle économique (voir p. 216).

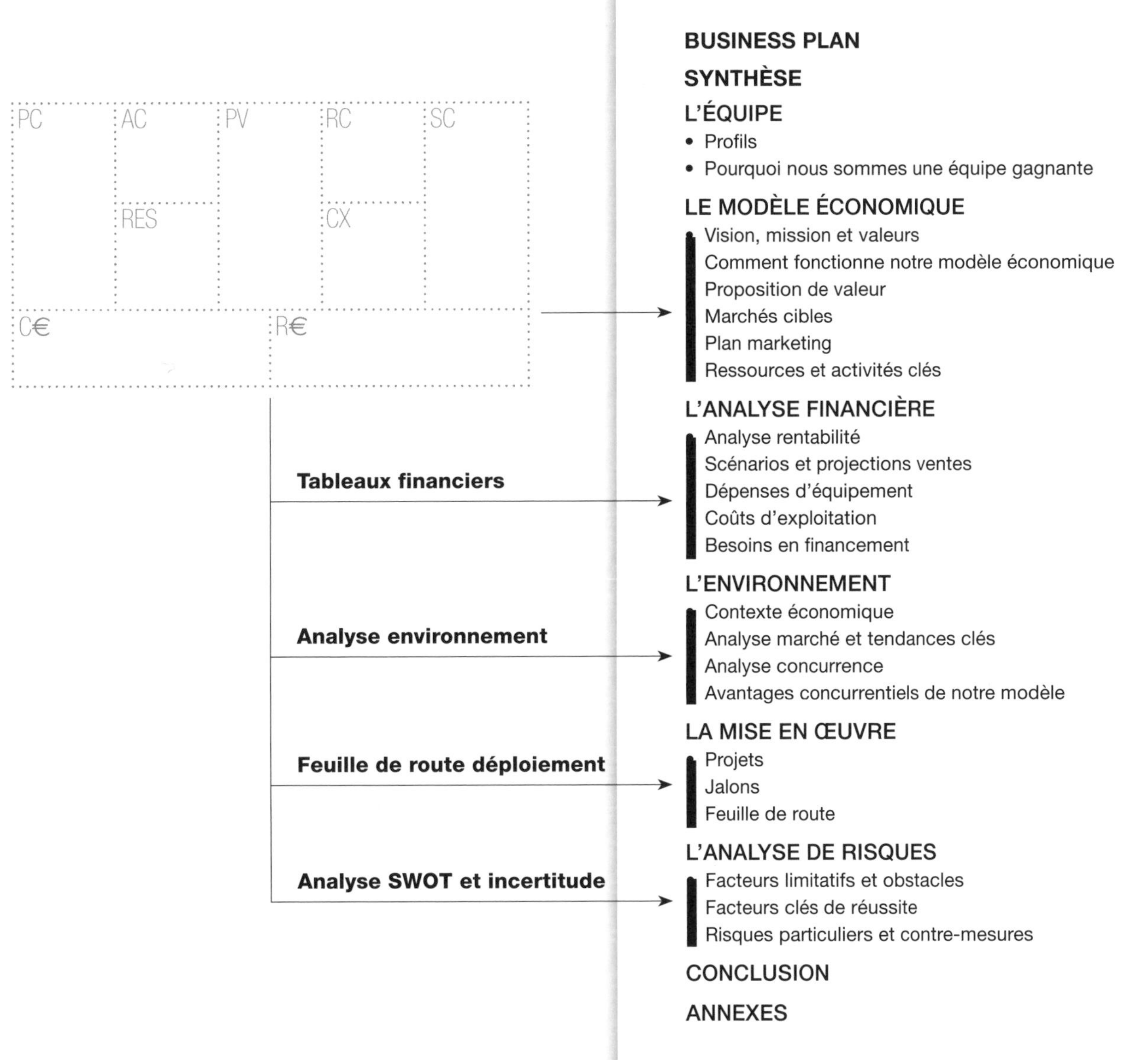
PC
AC
PV
RC
SC
RES
CX
C€
R€
Tableaux financiers
Analyse environnement
Feuille de route déploiement
Analyse SWOT et incertitude
BUSINESS PLAN
SYNTHÈSE
L'ÉQUIPE
Profils
Pourquoi nous sommes une équipe gagnante
LE MODÈLE ÉCONOMIQUE
Vision, mission et valeurs
Comment fonctionne notre modèle économique
Proposition de valeur
Marchés cibles
Plan marketing
Ressources et activités clés
L'ANALYSE FINANCIÈRE
Analyse rentabilité
Scénarios et projections ventes
Dépenses d'équipement
Coûts d'exploitation
Besoins en financement
L'ENVIRONNEMENT
Contexte économique
Analyse marché et tendances clés
Analyse concurrence
Avantages concurrentiels de notre modèle
LA MISE EN ŒUVRE
Projets
Jalons
Feuille de route
L'ANALYSE DE RISQUES
Facteurs limitatifs et obstacles
Facteurs clés de réussite
Risques particuliers et contre-mesures
CONCLUSION
ANNEXES

Nous avons exposé les fondamentaux de la création de modèles économiques innovants, expliqué la logique de différents types de modèles et proposé des techniques de conception. Naturellement, il reste beaucoup à dire sur la mise en œuvre, dont dépend pour une large part la réussite d'un modèle économique.

Nous avons déjà abordé la question de la gestion de plusieurs modèles économiques (voir p. 232). Intéressons-nous à présent à un autre aspect de la mise en œuvre : transformer votre modèle en entreprise ou le déployer au sein d'une organisation existante. Nous combinons ici la matrice et le modèle en étoile de Jay Galbraith pour donner une vision d'ensemble des différents aspects de l'organisation à prendre en compte.

Galbraith identifie cinq domaines qui doivent être mis en cohérence : Stratégie, Structure, Processus, Récompenses et Collaborateurs. Nous positionnons le modèle économique au milieu de l'étoile, centre de gravité qui maintient ensemble les cinq pôles.

Stratégie

La stratégie pilote le modèle économique. Vous visez une croissance de 20 % sur de nouveaux segments de marché ? Votre modèle économique devra le refléter au niveau des segments de clients, des canaux ou des activités clés.

Structure

Ce sont les caractéristiques d'un modèle économique qui déterminent la structure d'organisation optimale pour son exécution. Votre modèle appelle-t-il une structure d'organisation très centralisée ou décentralisée ? Si le modèle est destiné à être déployé dans une entreprise existante, la nouvelle activité doit-elle être intégrée ou essaimée (voir p. 233) ?

Processus

Chaque modèle économique exige des processus différents. Dans un modèle économique de low-cost, par exemple, les opérations doivent employer le moins de ressources possible et être très automatisées. Si le modèle vise à vendre des machines de grande valeur, les processus qualité devront être particulièrement rigoureux.

Récompenses

Différents modèles économiques requièrent différents systèmes de récompense. Un système de récompense doit utiliser des dispositifs propres à motiver les collaborateurs. Votre modèle appelle-t-il une force de vente directe pour acquérir de nouveaux clients ? Si oui, votre système de récompense devra être centré sur les résultats. Votre modèle dépend pour une large part de la satisfaction des clients ? Dans ce cas, les dispositifs de motivation doivent en tenir compte.

Collaborateurs

Certains modèles économiques réclament des collaborateurs ayant un état d'esprit particulier. Par exemple, certains modèles exigent des mécanismes très entrepreneuriaux pour lancer les produits et services sur le marché. Ce type de modèles doit accorder une grande autonomie aux collaborateurs, ce qui implique de recruter des esprits libres, proactifs et fiables.

Compétences/état d'esprit

De quel genre de collaborateurs, dotés de quelles compétences, a besoin votre modèle ? Quelle sorte d'état d'esprit correspond à votre modèle ?

Orientation

Quels sont vos objectifs stratégiques ? Comment pilotent-ils le modèle ?

Pouvoir

De quel type de structure organisationnelle a besoin votre modèle ?

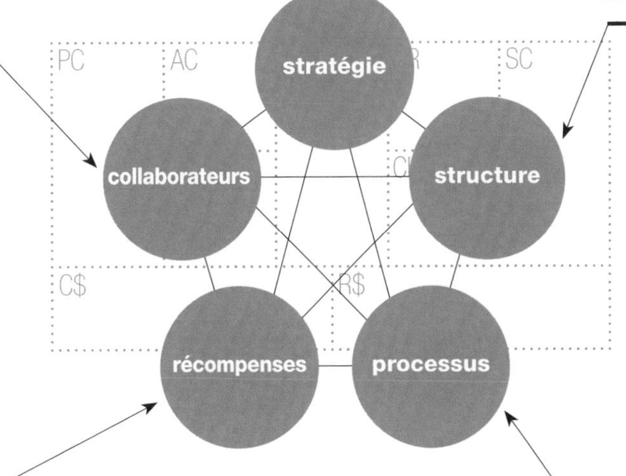

Motivation

De quel système de récompense a besoin votre modèle ? Comment motiver vos troupes ?

Information

Quels flux, processus et workflows d'information sont nécessaires à votre modèle ?

Aligner activités et systèmes d'information

Les systèmes d'information doivent être en cohérence avec les objectifs de l'entreprise, c'est fondamental pour sa réussite. Les dirigeants demandent à leur DSI (directeur des systèmes d'information) : « Avons-nous les bons systèmes d'information ? Comment savoir ? Comment aligner au mieux nos activités et nos systèmes technologiques ? »

Le cabinet de conseil et d'études Gartner souligne cet enjeu dans un récent rapport intitulé « Avoir les bons systèmes d'information : utiliser les modèles économiques ». Il affirme que la matrice du modèle économique peut être un outil utile aux DSI, notamment pour les aider à cerner rapidement comment fonctionne une entreprise sans s'enliser dans des détails opérationnels. Gartner encourage les DSI à utiliser la matrice pour mettre en cohérence les systèmes d'information et les processus clés. Ils y trouveront un outil d'aide à la décision efficace, sans avoir à se plonger dans les enjeux tactiques.

Il est intéressant d'associer la matrice à une approche dite « d'urbanisation du système d'information » (en anglais, *Enterprise Architecture*). Parmi les multiples concepts qui ont fleuri, beaucoup décrivent l'entreprise depuis trois perspectives : stratégie, applications et technologie. Nous conseillons d'utiliser la matrice pour accompagner la stratégie, puis de mettre en cohérence les perspectives applications et technologies.

Dans la partie Applications, vous décrivez le portefeuille d'applications qui soutient certains aspects de votre modèle (ex. : systèmes de recommandations, applications de gestion de la supply chain, etc.) ainsi que les impératifs du modèle en termes d'information (profils clients, entreposage par exemple). Dans la partie Technologie, vous décrivez l'infrastructure technologique qui pilote votre modèle (grappes de serveurs, systèmes de stockage des données, etc.).

Peter Weill et Michael Vitale proposent une autre manière intéressante d'explorer l'alignement des systèmes d'information : ils associent des catégories de services d'infrastructure IT à des modèles économiques. Ils proposent de mettre en cohérence le modèle économique et l'infrastructure applicative, la gestion de la communication, la gestion des données, la gestion des systèmes d'information, la sécurité, l'architecture informatique, la gestion des canaux, la R&D IT et la formation aux technologies de l'information.

Nous avons rassemblé ces différents éléments sur le graphique ci-contre pour vous aider à engager la réflexion sur la cohérence de vos systèmes d'information et des objectifs et activités de votre organisation.

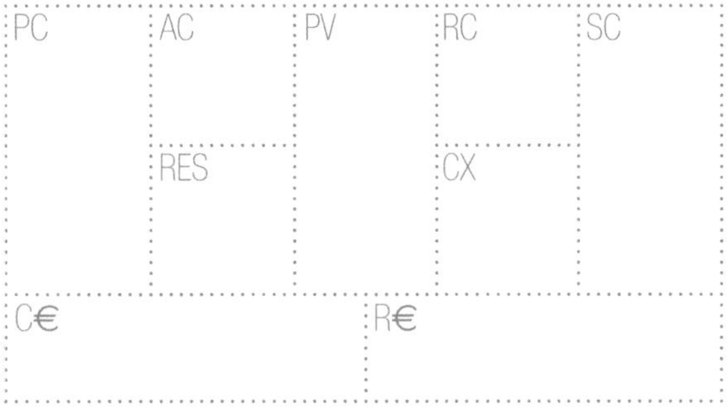

PC
AC
PV
RC
SC
RES
CX
C€
R€

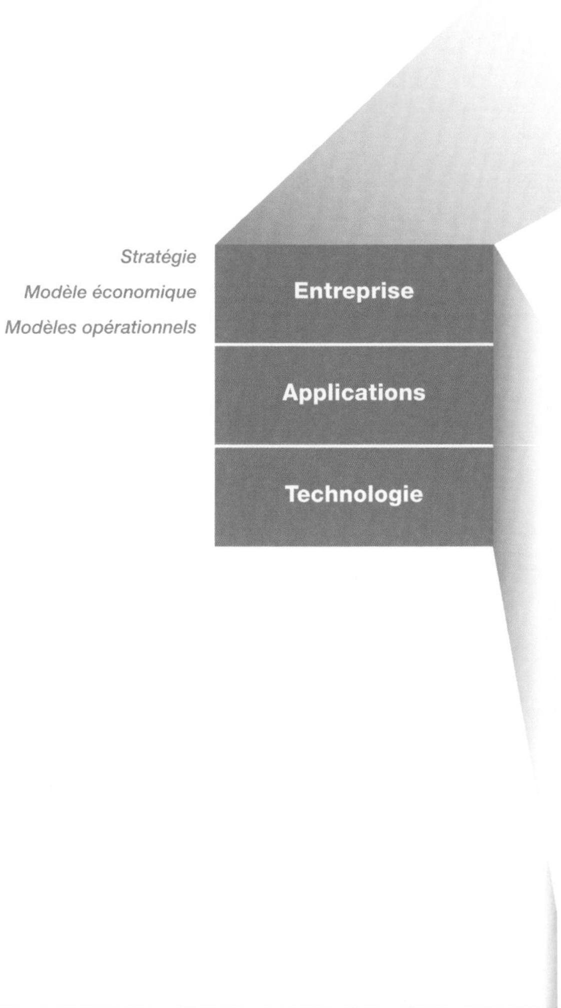

Stratégie
Modèle économique
Modèles opérationnels

Entreprise

Applications

Technologie

Comment le système d'information peut-il soutenir les processus et les séquences de tâches requis par mes modèles économiques ?

Quelles informations dois-je collecter, stocker, partager et gérer pour améliorer mon modèle économique ?

Comment mon portefeuille d'applications exploite-t-il les dynamiques spécifiques de mon modèle économique ?

En quoi l'architecture, les normes et les choix des interfaces informatiques limitent-ils ou renforcent-ils mon modèle économique ?

Quelle infrastructure technologique est requise et essentielle au succès de mon modèle économique (ex. : fermes de serveurs, communication, etc.) ?

Où dans mon modèle économique la sécurité joue-t-elle un rôle important et quelle influence cela a-t-il sur mon système d'information ?

Ai-je besoin d'investir dans des formations informatiques pour exploiter mon modèle économique ?

Des investissements en R&D informatique pourraient-ils améliorer mon modèle économique dans le futur ?

D'OÙ VIENT CE LIVRE ?

CONTEXTE

2004 : Alexander Osterwalder achève la rédaction de sa thèse de doctorat sur les modèles économiques innovants, sous la direction d'Yves Pigneur, professeur à HEC Lausanne. Avance rapide. 2006 : la démarche décrite dans la thèse commence à être appliquée un peu partout dans le monde à partir du blog d'Alexander, notamment par 3M, Ericsson, Deloitte et Telenor. Lors d'un atelier aux Pays-Bas, Patrick van der Pijl demande : **« Pourquoi la méthode ne s'accompagne-t-elle pas d'un livre ? »** Alexander et Yves le prennent au mot et relèvent le défi. **Mais comment se différencier sur un marché où des centaines de livres de stratégie et de management sont publiés chaque année ?**

UN NOUVEAU MODÈLE

Alexander et Yves décident **qu'ils ne peuvent décemment pas écrire un livre sur l'innovation de modèle économique sans un modèle économique innovant.** Ils laissent tomber les éditeurs et lancent « the Hub », plateforme en ligne où ils publient leurs écrits. Toute personne intéressée par le sujet peut participer moyennant le paiement d'un droit d'inscription (d'un montant de 24 dollars au départ, le droit d'inscription est progressivement porté à 243 dollars pour préserver l'élitisme de la plate-forme). Que ces droits d'inscription et d'autres flux de revenus innovants financent en amont la production du livre constitue en soi une innovation. La démarche rompt avec le format traditionnel des livres de stratégie et de marketing pour créer plus de valeur pour les lecteurs : c'est une création collective, l'ouvrage est très visuel, et complété par des exercices et des suggestions d'ateliers.

CIBLE

entrepreneurs/
consultants/
dirigeants/
. . .

visionnaires et défricheurs

FABRIQUÉ EN...

Rédaction : **Lausanne, Suisse**
Conception : **Londres, Royaume-Uni**
Édition : **Portland, États-Unis**
Images : **Toronto, Canada**
Fabrication : **Amsterdam, Pays-Bas**
Événements : **Amsterdam et Toronto**

PROCESSUS

Le noyau de l'équipe – Alexander, Yves et Patrick – donne le coup d'envoi du projet en organisant plusieurs réunions pour définir le modèle économique du livre. La plate-forme The Hub est mise en place pour co-créer le livre avec des personnes du monde entier engagées dans la création de modèles économiques innovants. Le directeur artistique de l'agence The Movement, Alan Smith, entend parler du projet et lui apporte les compétences de son agence. Enfin, Tim Clark, membre de The Hub, rejoint le noyau de l'équipe au titre d'éditeur. L'équipe est complétée par JAM, agence spécialiste des outils et méthodes de la pensée visuelle. Un cycle de rendez-vous est lancé pour soumettre de nouveaux « morceaux » de contenu à la communauté en ligne en vue d'obtenir du feedback et des contributions. L'écriture du livre devient totalement transparente : contenu, conception, illustrations et structure sont partagés et commentés par les membres de la communauté. L'équipe répond à tous les commentaires et prend en compte les retours d'expérience dans l'élaboration du livre. Une première version du livre est présentée à la communauté lors d'un événement organisé à Amsterdam, aux Pays-Bas. L'occasion pour les membres de se rencontrer, de partager leurs expériences... et de représenter, sous la houlette de JAM, leurs modèles économiques. Deux cents prototypes du livre (inachevé) en édition limitée partent à l'imprimerie et une vidéo du processus d'écriture est réalisée par Fisheye Media.
À l'issue de plusieurs autres itérations, le premier tirage est imprimé.

OUTILS UTILISÉS

STRATÉGIE

- Analyse de l'environnement
- Matrice du modèle économique
- Carte d'empathie

CONTENU ET R&D :

- Connaissance des clients
- Études de cas

PROCESSUS COLLABORATIF :

- Plate-forme en ligne
- Co-création
- Accès à des travaux non définitifs
- Commentaires et retours d'expérience

CONCEPTION

- Processus de conception ouvert
- Moodboards
- Maquettes en papier
- Visualisation
- Illustration
- Photographie

LES CHIFFRES

9 ans de recherches et de pratique

470 co-auteurs

19 morceaux de livre

8 prototypes

200 exemplaires ratés

77 forums de discussion

287 appels Skype

1 360 commentaires

45 pays

137 757 vues de la méthode en ligne avant la publication du livre

13,18 GB de contenu

28 456 Post-it® utilisés

+4 000 heures de travail

521 photos

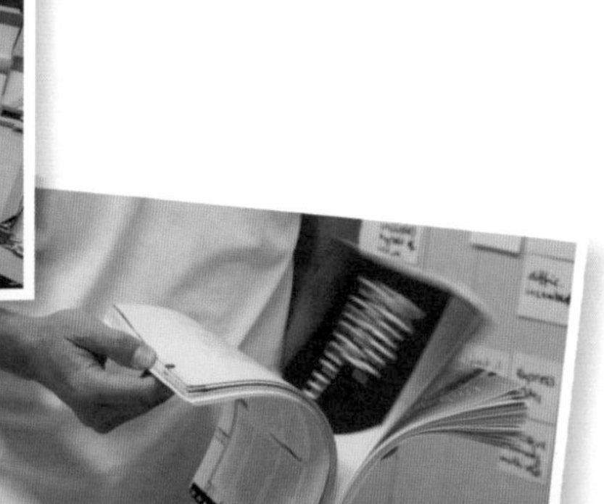

BIBLIOGRAPHIE

Boland Richard et Collopy Fred, *Managing as Designing*, Stanford, Stanford Business Books, 2004.

Buxton Bill, *Sketching user Experience, Getting the Design Right and the Right Design*, New York, Elsevier, 2007.

Denning Stephen, *The Leader's Guide to Storytelling : Mastering the Art and Discipline of Business Narrative*, San Francisco, Jossey-Bass, 2005.

Galbraith Jay, *Designing Complex Organizations*, Reading, Addison-Wesley, 1973.

Goodwin Kim, *Designing for the Digital Age : How to Create Human-Centered Products and Services*, New York, John Wiley & Sons, 2009.

Harrison Sam, *Ideaspotting : How to find Your Next Great Idea*, Cincinnati, How Books, 2006.

Heath Chip et Heath Dan, *Ces idées qui collent,* Paris, Pearson, 2007.

Huntern Richard et McDonald Mark, *« Getting the Right IT : Using Business Models »*, Gartner EXP CIO Signature report, octobre 2007.

Kelley Tom et al., *The Art of Innovation : Lessons in Creativity from IDEO, America's Leading Design Firm*, New York, Broadway Business, 2001.

Kelley Tom. *The Ten Faces of Innovation : Strategies for Heightening Creativity*, New York, Profile Business, 2008.

Kim W. Chan et Mauborgne Renée, *Stratégie Océan Bleu : Comment créer de nouveaux espaces stratégiques*, Paris, Pearson, 2010.

Markides Constantinos, *Game-Changing Strategies : How to Create New Market Space in Established Industries by Breaking the Rules*, San Francisco, Jossey-Bass, 2008.

Medina John, *Les 12 lois du cerveau*, Leduc, 2010.

Moggridge Bill, *Designing Interactions*, Cambridge, MIT Press, 2007.

O'Reilly Charles et Tushman Michael, *« The Ambidextrous Organization »*, *Harvard Business Review,* 82, n°4 (avril 2004), p. 74-81.

Pillkhan Ulf, *Using Trends and Scenarios as Tools for Strategy Development*, New York, John Wiley & Sons, 2008.

Pink Daniel, *L'Homme aux deux cerveaux*, Robert Laffont, 2007.

Porter Michael, *Competitive Strategy : Techniques for Analyzing Industries and Competitors*, New York, Free Press, 1980.

Roam Dan, *Convaincre en deux coups de crayon*, ESF, 2009.

Schrage Michael, *Serious Play* : *How the World's Best Companies Simulate to Innovate,* Boston, Harvard Business School Press, 1999.

Schwartz Peter, *The Art of the Long View : Planning for the Future in an Uncertain World*, New York, Currency Doubleday, 1996.

Weill Peter et Vitale Michael, *Place to Space : Migrating to Ebusiness Models*, Boston, Harvard Business School Press, 2001.

ELLES/ILS ONT DIT...

Nous ne pouvons que nous féliciter de l'accueil qu'a reçu *Business Model Generation*. Le premier tirage de 5 000 exemplaires a été épuisé en 2 mois, sans budget marketing et sans le soutien d'un éditeur traditionnel. Toute la publicité pour le livre s'est faite par du bouche-à-oreille, des blogs, des sites Internet, des courriels et Twitter. Plus satisfaisant encore, des rencontres locales, réunissant lecteurs et membres de la plate-forme pour discuter du contenu du livre, ont eu lieu spontanément dans le monde entier.

#BMGEN

@business_design Trois étapes pour bien utiliser « Business Model Generation » : 1) Acheter le livre 2) Tester en vrai 3) Être emballé :-) http://bit.ly/OzZh0
@Acluytens

Le pied ! Le livre vient d'arriver ! Désolé, ça va être un week-end lecture ! :-) #bmgen
@tkeppins

Dimanche matin, toute la maisonnée dort encore. Je déguste un cappuccino en lisant Business Model Generation.
@hvandenbergh

J'ai un dilemme : rattraper mes lectures en retard pour mes cours ou m'éclater avec Business Model Generation…
@vshamanov

Je viens de recevoir mon exemplaire de Business Model Generation by @business_design, conçu par @thinksmith. Encore plus beau que je ne l'avais imaginé #bmgen
@remarkk

Je vais à #tjco pour voir @ ryan_taylor et lui emprunter son exemplaire de #bmgen. Soirée géniale !
@bgilham

Je MEURS d'envie d'annoter mon exemplaire mais il est trop beau ! Je crois qu'il va m'en falloir deux. #bmgento
@skanwar

Je viens de recevoir mon exemplaire – aussi beau à l'extérieur qu'à l'intérieur. Bravo !
@francoisnel

@business_design Je suis EMBALLÉ par ce que j'ai appris grâce à #bmgen ! Je ne vous remercierai jamais assez de l'avoir écrit !
@will_lam

Lire Business Model Generation… C'est peut-être le livre le plus malin et le plus innovant que j'aie jamais lu !
@jhemlig

Je suis raide dingue de mon exemplaire ! Merci @business_design #bmgen
@evelynso

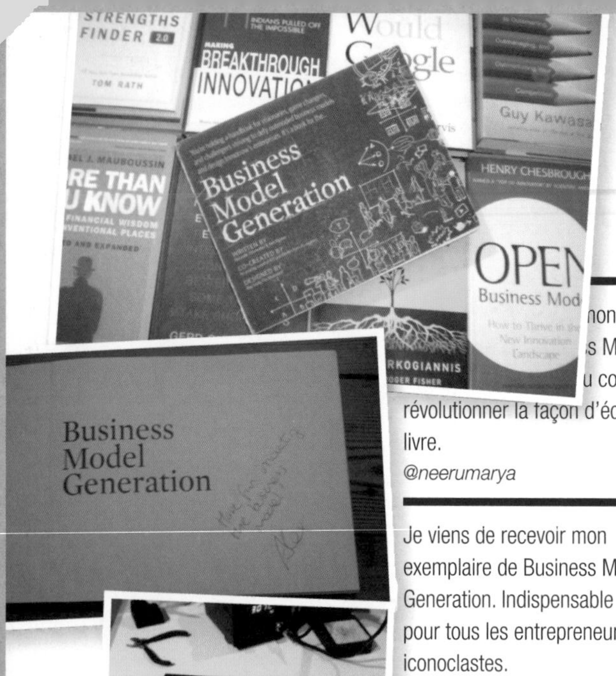

Je rêve, ou tout le monde à Toronto a son exemplaire de Business Model Generation ? #bmgen
@will_iam

mon
s Model
u comment
révolutionner la façon d'écrire un livre.
@neerumarya

Je viens de recevoir mon exemplaire de Business Model Generation. Indispensable pour tous les entrepreneurs iconoclastes.
@Peter_Engel

C'est un livre vraiment incroyable. J'ai l'impression d'être un enfant le jour de Noël.
#bmgen
@mrchrisadams

Mon édition de http://www.businessmoedlgeneration.com est arrivée ! Le livre de management le plus cool jamais écrit ! Chapeau ! #bmgen
@snuikas

Ce livre apportera du fond aux débats actuels sur les ME, souvent superficiels.
#bmgen http://pic.gd/667lef
@provice

Lecture de Business Model Generation au cours d'un délicieux dîner à Londres. La mise en page est divine. Une fois qu'on l'a vu, impossible de s'en défaire.
@roryoconnor

Ravi d'avoir participé au livre Business Model Generation. Le voici publié !
@pvanabbema

Excité comme un gosse. Viens de recevoir mon exemplaire de Business Model Generation http://tinyurl.com/l847fj magnifique mise en page.
@santiago_rdm

Suis en train de lire Business Model Generation d'Alex Osterwalder et Yves Pigneur. Meilleur livre management depuis longtemps.
@JoostC

Votre incroyable expérience vient juste d'arriver au Japon. Premier tirage de Business Model Generation. Pratique, concret, emballant.
@CoCreatr

Mon Business Model Generation by @business_design & Yves Pigneur est arrivé ! Quel bonheur d'y avoir un tout petit peu contribué.
@jaygoldman

@thinksmith @business_design @patrickpijl Les mecs, je suis heureux ! Fou. Quel résultat merveilleux.
@dulk

J'ai eu entre les mains le livre #bmgen il y a quelques jours. Très bien ! Beau boulot. @business_design, @thinksmith et al !
@evangineer

C'était tellement fou de voir plus de 40 personnes s'enthousiasmer pour le concept à Toronto #bmgento – la ville est en ébullition !
@davidfeldt

Business Model Generation - Toronto Meetup (#bmgento)
Monday, November 30 at Centre for Social Innovation
Ticket Information
Share
When
Where
Centre for Social Innovation
215 Spadina Avenue
Toronto, ON M5T 2C7
Canada
Event Information
The Business Model Canvas
Customer Segments
Relationships
Business Model Generation

Production et logistique

Hormis la création de contenu, tout est externalisé auprès de prestataires de services

Différenciation

Format et modèle économique innovants, originalité du mode de conception et de rédaction : le livre se distingue sur un marché encombré

Communauté

Le livre est co-créé avec des professionnels du monde entier, co-auteurs officiels

Acheteurs

Le livre n'est pas seulement acheté par des lecteurs mais aussi par des co-auteurs et des entreprises qui souhaitent disposer d'une version personnalisée, à l'attention de leurs collaborateurs et de leurs clients

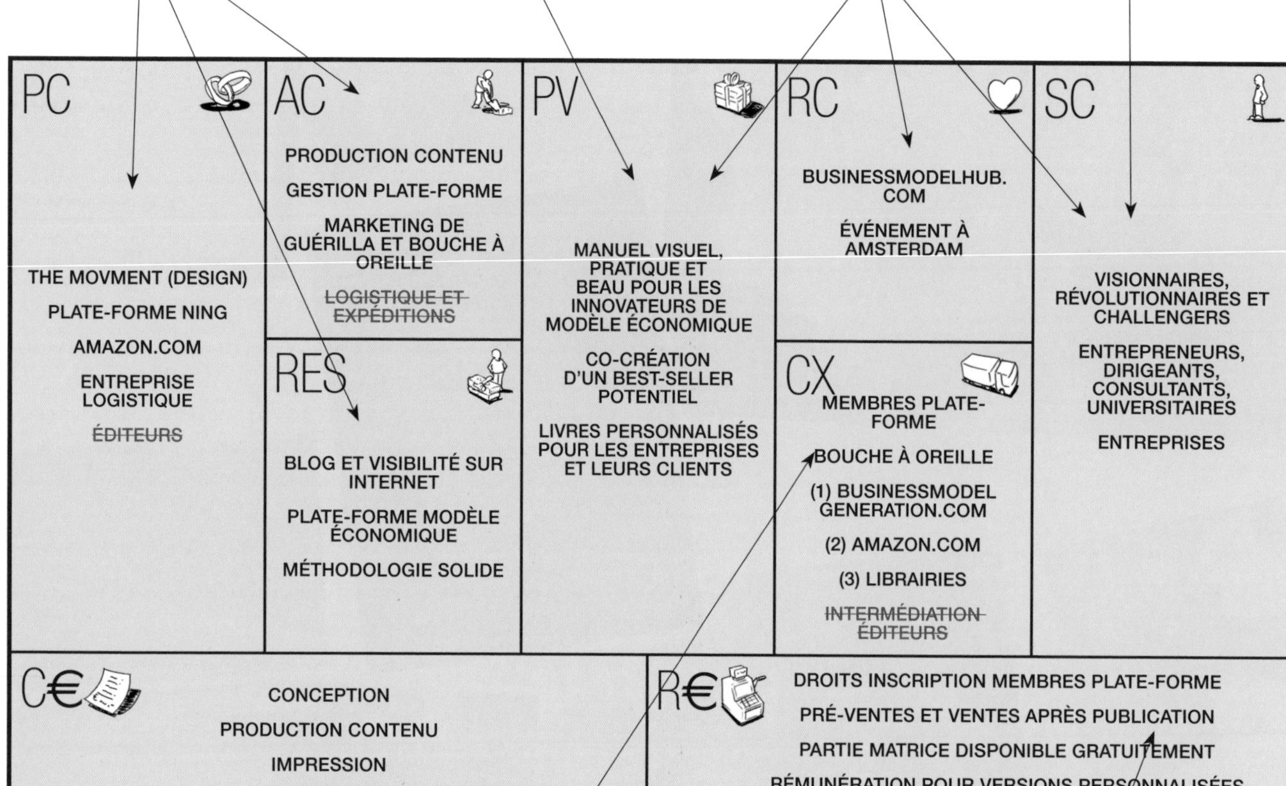

LA MATRICE DE CE LIVRE

Diffusion

L'utilisation de canaux directs et indirects et une montée en puissance progressive optimisent la couverture et les marges. L'histoire de la conception du livre lui-même se prête bien au marketing viral et au bouche à oreille.

Revenus

Le livre a été financé par les pré-ventes et les droits d'inscription payés par les co-créateurs. Des revenus supplémentaires ont été générés par des versions personnalisées du livre pour des entreprises et leurs clients.

Alex Osterwalder, auteur

Auteur, conférencier et consultant, Alex Osterwalder est spécialiste des modèles économiques. Sa méthodologie pour la conception de modèles économiques innovants, développée avec Yves Pigneur, est utilisée dans de nombreux secteurs, par des entreprises aussi différentes que 3M, Ericsson, Capgemini, Deloitte et Telenor pour n'en citer que quelques-unes. Son parcours professionnel est riche de multiples autres expériences : il a créé, puis revendu, une société de conseil en stratégie, participé au développement d'une ONG mondiale de lutte contre le SIDA et la malaria basée en Thaïlande, et conduit des recherches à l'université de Lausanne, en Suisse.

Yves Pigneur, co-auteur

Yves Pigneur est professeur de gestion des systèmes d'information à l'université de Lausanne depuis 1984 et a enseigné à la Georgia State University, à Atlanta, et à l'université de Colombie Britannique, à Vancouver. Il a participé à de nombreux projets de recherche dans les domaines de la conception de systèmes d'information, l'ingénierie des spécifications, la gestion des technologies de l'information, l'innovation et le e-business.

Alan Smith, directeur de création

Alan voit grand et se passionne tout autant pour les détails. Il est un des cofondateurs de l'agence The Movement. Il travaille avec des clients passionnés pour mêler connaissance de la communauté, logique d'entreprise et pensée créative. Les projets qui en découlent dans les domaines de la communication et de la stratégie évoquent des objets venus du futur mais parlent toujours aux acteurs du temps présent. Pourquoi ? Parce qu'Alan s'y investit corps et âme.

Tim Clark, éditeur et contributeur

Enseignant, écrivain et conférencier, Tim est spécialiste de l'entrepreneuriat, un sujet qu'il connaît d'autant mieux qu'il a créé, puis revendu, une agence de conseil en marketing qui a compté parmi ses clients Amazon.com, Bertelsmann, General Motors, LVMH et PeopleSoft. La réflexion sur les modèles économiques est essentielle à la démarche d'*Entrepreneuriat pour tous* qu'il applique à l'apprentissage professionnel et personnel, et au cœur de ses recherches de doctorat sur la portabilité internationale des modèles économiques. *Business Model nouvelle génération* est son quatrième livre.

Patrick van der Pijl, producteur

Patrick van der Pijl est le fondateur de Business Models Inc., société internationale de conseil spécialisée dans les modèles économiques. Patrick aide les organisations, les entrepreneurs et les équipes dirigeantes à se réinventer en imaginant, évaluant et déployant de nouveaux modèles économiques. Il travaille avec eux dans le cadre d'ateliers intensifs, de formations et de prestations de coaching.

IMPRIMÉ EN ESPAGNE

Imprimé par **GraphyCems**
31132 Villatuerta (Espagne)

Suivant sa politique de développement,
amélioration continue, qualité et gestion de l'environnement,
GraphyCems possède les certifications **ISO 9001**,
ISO 14001 et **FSC** (Forecast Stewardship Council).